AF823001

Kohlhammer

Kompass Recht

herausgegeben von Dieter Krimphove

Sozialrecht

von

Prof. Dr. jur. Ingo Palsherm
Technische Hochschule Nürnberg
Georg Simon Ohm

2. aktualisierte und überarbeitete Auflage

Verlag W. Kohlhammer

Inhalt der beiliegenden CD-ROM:

- Gesetzestexte
- Interaktive Fälle
- Wichtige und didaktisch relevante Gerichtsentscheidungen
- Multiple-Choice-Tests zu jedem Teil des Sozialrechts
- Weiterführende Informationen
- Hörfassung des Buchinhalts in MP3 (DAISY)

Die in dem Werk verwendeten Symbole bedeuten:

= Prüfungstipps für Studenten

= Tipps für Praktiker

§ = Gesetzestext

= Weiterführender bzw. ergänzender Text auf der CD-ROM

Der Text sämtlicher im Buchtext zitierter Paragraphen des Sozialgesetzbuchs ist auf der beiliegenden CD-ROM enthalten.

2. Auflage 2015

Gesamtherstellung: W. Kohlhammer GmbH, Stuttgart

Print:
ISBN: 978-3-17-025993-5

Vorwort

Dieses Buch richtet sich sowohl an Praktiker/-innen, die einen Einblick in das Sozialrecht gewinnen wollen, als auch an Studierende, z.B. der Rechts-, Politik-, Wirtschafts- und Sozialwissenschaften sowie der Sozialen Arbeit. Denn es verbindet Praxisorientierung mit der Beachtung der Belange Lernender.
Als Lernbuch vermittelt es die Strukturen des Sozialrechts. Es ist aufgrund seiner Orientierung an der obergerichtlichen Rechtsprechung praxisnah und gut verständlich. Dabei strebt das Buch als Grundriss zu den prüfungsrelevanten Fragen bewusst nicht nach – ohnehin nur schwerlich erreichbarer – allumfassender Vollständigkeit. Insofern sei für Details und Vertiefungen auf die im Literaturverzeichnis aufgeführten vorzüglichen, aber auch hunderte Seiten umfassenden Handbücher zum Sozialrecht verwiesen.
Das Buch adressiert somit nicht „fertige“ Sozialrechts-Expertinnen und -Experten. Zweck dieses Buches ist vielmehr, die wesentlichen Themen anschaulich und didaktisch aufbereitet, aber auch so kurz als möglich für einen ersten Zugang zu erläutern. Erfahrungsgemäß ist die saubere Kenntnis allgemeiner Regeln und Strukturen nämlich wichtiger als jedes Detailproblem, das in der praktischen Arbeit im Einzelfall ohnehin in einem Kommentar nachgeschlagen wird. Besonderer Wert wurde daher auf die fall- und prüfungsorientierte Darstellung unter strikter Orientierung an der Rechtsprechung, insbesondere des Bundessozialgerichts, gelegt. Diese Form der Veranschaulichung wurde in zahlreichen Lehrveranstaltungen des Verfassers in Hochschule und Universität praktisch erprobt. Die beiliegende CD-ROM unterstützt den didaktischen Ansatz, indem Fälle mit ausformulierten Musterlösungen sowie Multiple-Choice-Tests Leserinnen und Lesern die selbstständige Prüfung ermöglichen, ob das Gelesene verstanden wurde.
Neben der Befassung mit diesem Buch sei diesen Lesern – was als generisches Maskulinum hier und im folgendem selbstverständlich auch immer die Leserinnen umfasst – die aufmerksame Lektüre der zitierten Gesetzesvorschriften dringend ans Herz gelegt. Nur beides zusammen schafft die erforderliche solide Basis für die tägliche Arbeit mit dem Sozialrecht.
Konstruktive Kritik und Hinweise, aber natürlich auch Zustimmung, sind mir unter der Email sozialrechtsbuch@web.de sehr willkommen.

Nürnberg, August 2014 Ingo Palsherm

Inhaltsverzeichnis

Abkürzungsverzeichnis

AEUV	Vertrag über die Arbeitsweise der Europäischen Union
AFG	Arbeitsförderungsgesetz (außer Kraft)
ALG	Gesetz über die Alterssicherung der Landwirte
AufenthG	Gesetz über den Aufenthalt, die Erwerbstätigkeit und die Integration von Ausländern im Bundesgebiet – Aufenthaltsgesetz
AZAV	Verordnung über die Voraussetzungen und das Verfahren zur Akkreditierung von fachkundigen Stellen und zur Zulassung von Trägern und Maßnahmen der Arbeitsförderung nach dem Dritten Buch Sozialgesetzbuch – Akkreditierungs- und Zulassungsverordnung Arbeitsförderung
BAföG	Bundesgesetz über individuelle Förderung der Ausbildung – Bundesausbildungsförderungsgesetz
BAG	Bundesarbeitsgericht
BAGüS	Bundesarbeitsgemeinschaft der überörtlichen Träger der Sozialhilfe
BetrAVG	Gesetz zur Verbesserung der betrieblichen Altersversorgung – Betriebsrentengesetz
BGB	Bürgerliches Gesetzbuch
BGBl	Bundesgesetzblatt
BKGG	Bundeskindergeldgesetz
BKV	Berufskrankheiten-Verordnung
BR-Drs.	Bundesrats-Drucksache
BSG	Bundessozialgericht
BSHG	Bundessozialhilfegesetz (außer Kraft)
BT-Drs.	Bundestags-Drucksache
BVerfG	Bundesverfassungsgericht
BVerwG	Bundesverwaltungsgericht
BVFG	Gesetz über die Angelegenheiten der Vertriebenen und Flüchtlinge – Bundesvertriebenengesetz
BVG	Gesetz über die Versorgung der Opfer des Krieges – Bundesversorgungsgesetz
die BG	Die Berufsgenossenschaft – Zeitschrift für Arbeitssicherheit und Unfallversicherung
D-Arzt	Durchgangsarzt
DAV	Durchgangsarztverfahren
DÖV	Die öffentliche Verwaltung (Zeitschrift)
EAO	Anordnung des Verwaltungsrats der Bundesanstalt für Arbeit zur Pflicht des Arbeitslosen, Vorschlägen des Arbeitsamtes zur beruflichen Eingliederung zeit- und ortsnah Folge leisten zu können – Erreichbarkeits-Anordnung
EStG	Einkommensteuergesetz
EuGH	Gerichtshof der Europäischen Union – „Europäischer Gerichtshof"
GA Bundesagentur	Geschäftsanweisungen der Bundesagentur für Arbeit
G-BA	Gemeinsamer Bundesausschuss
GG	Grundgesetz für die Bundesrepublik Deutschland
H-Arzt	Heilbehandlungsarzt (auslaufend)
HHG	Gesetz über Hilfsmaßnahmen für Personen, die aus politischen Gründen außerhalb der Bundesrepublik Deutschland in Gewahrsam genommen wurden – Häftlingshilfegesetz
IfSG	Gesetz zur Verhütung und Bekämpfung von Infektionskrankheiten beim Menschen – Infektionsschutzgesetz
info also	Informationen zum Arbeitslosenrecht und Sozialhilferecht (Zeitschrift)
JA	Juristische Arbeitsblätter (Zeitschrift)
JURA	Juristische Ausbildung (Zeitschrift)
jurisPK	Juris Praxiskommentar
JuS	Juristische Schulung (Zeitschrift)

KFZ	Kraftfahrzeug
KSVG	Gesetz über die Sozialversicherung der selbständigen Künstler und Publizisten – Künstlersozialversicherungsgesetz
LSG	Landessozialgericht
MDK	Medizinischer Dienst der Krankenversicherung
MedR	Medizinrecht (Zeitschrift)
NJW	Neue Juristische Wochenschrift (Zeitschrift)
NZS	Neue Zeitschrift für Sozialrecht
OEG	Gesetz über die Entschädigung für Opfer von Gewalttaten – Opferentschädigungsgesetz
PflegeZG	Gesetz über die Pflegezeit – Pflegezeitgesetz
PflVersG	Gesetz über die Pflichtversicherung für Kraftfahrzeughalter – Pflichtversicherungsgesetz
RBEG	Gesetz zur Ermittlung der Regelbedarfe nach § 28 des Zwölften Buches Sozialgesetzbuch – Regelbedarfs-Ermittlungsgesetz
SAV	Schwerstverletzungsartenverfahren
SG	Sozialgericht
SGb	Die Sozialgerichtsbarkeit (Zeitschrift)
SGB I	Sozialgesetzbuch Erstes Buch – Allgemeiner Teil
SGB II	Sozialgesetzbuch Zweites Buch – Grundsicherung für Arbeitsuchende
SGB III	Sozialgesetzbuch Drittes Buch – Arbeitsförderung
SGB IV	Sozialgesetzbuch Viertes Buch – Gemeinsame Vorschriften für die Sozialversicherung
SGB V	Sozialgesetzbuch Fünftes Buch – Krankenversicherung
SGB VI	Sozialgesetzbuch Sechstes Buch – Rentenversicherung
SGB VII	Sozialgesetzbuch Siebtes Buch – Unfallversicherung
SGB VIII	Sozialgesetzbuch Achtes Buch – Kinder- und Jugendhilfe
SGB IX	Sozialgesetzbuch Neuntes Buch – Rehabilitation und Teilhabe behinderter Menschen
SGB X	Sozialgesetzbuch Zehntes Buch – Verwaltungsverfahren, Schutz der Sozialdaten, Zusammenarbeit der Leistungsträger und ihre Beziehungen zu Dritten
SGB XI	Sozialgesetzbuch Elftes Buch – Pflegeversicherung
SGB XII	Sozialgesetzbuch Zwölftes Buch – Sozialhilfe
SGG	Sozialgerichtsgesetz
SozSich	Soziale Sicherheit – Zeitschrift für Arbeit und Soziales
SozVers	Die Sozialversicherung – Zeitschrift für alle Angelegenheiten der Kranken-, Renten- und Unfallversicherung
StGB	Strafgesetzbuch
StrRehaG	Gesetz über die Rehabilitierung und Entschädigung von Opfern rechtsstaatswidriger Strafverfolgungsmaßnahmen im Beitrittsgebiet – Strafrechtliches Rehabilitierungsgesetz
st.Rspr.	ständige Rechtsprechung
SVG	Gesetz über die Versorgung für die ehemaligen Soldaten der Bundeswehr und ihre Hinterbliebenen – Soldatenversorgungsgesetz
VAV	Verletzungsartenverfahren
VG	Verwaltungsgericht
VwGO	Verwaltungsgerichtsordnung
VwRehaG	Gesetz über die Aufhebung rechtsstaatswidriger Verwaltungsentscheidungen im Beitrittsgebiet und die daran anknüpfenden Folgeansprüche – Verwaltungsrechtliches Rehabilitierungsgesetz
WoGG	Wohngeldgesetz
WzS	Wege zur Sozialversicherung – Zeitschrift für die Sozialversicherungspraxis
ZDG	Gesetz über den Zivildienst der Kriegsdienstverweigerer – Zivildienstgesetz
ZfS	Das Zentralblatt für Sozialversicherung, Sozialhilfe und Versorgung (Zeitschrift)
ZMV	Zeitschrift für die Mitarbeitervertretung
ZPO	Zivilprozessordnung

Literaturverzeichnis

Becker/Seewald, Fälle zum Sozialrecht, 2004
Becker, Der Arbeitsunfall, SGb 2007, 721 ff.
Becker, Versicherungsfall: Listen-Berufskrankheit, SGb 2010, 131 ff.
Bender/Eicher (Hrsg.), Sozialrecht – eine Terra incognita, 2009
Bereiter-Hahn/Mehrtens, Gesetzliche Unfallversicherung, Siebtes Buch Sozialgesetzbuch – Handkommentar, 2014
Bley/Kreikebohm/Marschner, Sozialrecht, 9. Auflage 2007
Brandenburg (Hrsg.), juris PraxisKommentar SGB VII, 2. Auflage 2014
Ebsen, Die gesetzliche Pflegeversicherung (SGB XI) auf dem Prüfstand des Bundesverfassungsgerichts, JURA 2002, 401 ff.
Eichenhofer, Sozialrecht, 8. Auflage 2012
Erlenkämper/Fichte, Sozialrecht, 6. Auflage 2007
Fastabend, Der Begriff der notwendigen Krankenbehandlung im SGB V, NZS 2002, 299 ff.
Felix, Die Wertneutralität des Sozialrechts – Zum Bestehen eines Beschäftigungsverhältnisses bei sittenwidrigem oder verbotenem Tun, NZS 2002, 225 ff.
Francke, Richtlinien, Normsetzungsverträge und neue Behandlungsmethoden im Rechtskonkretisierungskonzept des Bundessozialgerichts, SGb 1999, 5 ff.
Frenz, Grenzüberschreitende medizinische Leistungen und Grundfreiheiten im Spiegel der EuGH-Rechtsprechung, MedR 2004, 296 ff.
Fuchs/Preis, Sozialversicherungsrecht, 2. Auflage 2009
Gitter/Schmitt, Sozialrecht, 5. Auflage 2001
Grahn, Studenten in Beschäftigungsverhältnissen, JA 2003, 346 ff.
Hauck/Noftz/Voelzke (Hrsg.), SGB III, 2. Auflage 2012
Igl/Welti, Gesundheitsrecht, 2012
Igl/Welti, Sozialrecht, 8. Auflage 2007
Janda, Medizinrecht, 2. Auflage 2012
Kahl, Der Verwaltungsakt – Bedeutung und Begriff, JURA 2001, 505 ff.
Kasseler Kommentar Sozialversicherungsrecht, 2014
Kingreen/Rixen, Sozialrecht: Ein verwaltungsrechtliches Utopia?, DÖV 2008, 741 ff.
Kluth, Kassenärztliche Vereinigungen – Körperschaften des öffentlichen Rechts, MedR 2003, 123 ff.
Kokemoor, Sozialrecht, 5. Auflage 2013
Kokemoor/Oberrath, Ausgewählte Grundfragen des Sozialversicherungsrechts, JA 2004, 839 ff.
Kraiczek, Gleichstellung behinderter Menschen – Recht auf barrierefreie Kommunikation und Gestaltung von Dokumenten, SozVers 2003, 259 ff.
Krasney, Die „Wie-Beschäftigten“ nach § 2 Abs. 2 Satz 1 SGB VII, NZS 1999, 577 ff.
Luthe/Palsherm, Fürsorgerecht: Grundsicherung und Sozialhilfe, 3. Auflage 2013

Luthe (Hrsg.), Rehabilitationsrecht, 2. Auflage 2014
Marburger, Schönheitsoperationen als Leistung der gesetzlichen Krankenversicherung?, SGb 1995, 432 ff.
von Maydell/Ruland/Becker, Sozialrechtshandbuch, 5. Auflage 2012
Mayer-Ladewig, Besonderheiten des sozialgerichtlichen Verfahrens, SGb 1980, 461 ff.
Mehrtens/Brandenburg, Die Berufskrankheitenverordnung (BKV) – Handkommentar, 2014
Mehrtens/Brandenburg, Entwicklungen des Berufskrankheitenrechts, SGb 1993, 588 ff., 652 ff.
Muckel/Ogorek, Sozialrecht, 4. Auflage 2011
Mutschler/Palsherm (Hrsg.), juris Praxiskommentar SGB X, 2013
Palsherm, Das gegliederte System der Rehabilitation und die Zusammenarbeit der Rehabilitationsträger nach dem SGB IX, WzS 2011, 135 ff.
Palsherm, Das Vertragsarztrecht – die elementaren Grundzüge, ZfS 2006, 38 ff.
Palsherm, Die staatliche Lenkung des Arbeitsmarktes, 2005
Palsherm, Der vorläufige Rechtsschutz nach dem Sozialgerichtsgesetz, JA 2004, 652 ff.; Grundfälle zum Prozessrecht nach dem Sozialgerichtsgesetz, JA 2004, 328 ff.
Papenheim/Baltes/Dern/Palsherm, Verwaltungsrecht für die soziale Praxis, 24. Auflage 2013
Peters/Sautter/Wolff, Kommentar zur Sozialgerichtsbarkeit, 2014
Pitschas, Das Verwaltungsverfahren nach dem Sozialgesetzbuch, JuS 1983, 434 ff.
Römer/Brandenburg, Versicherungsfall § 3 BKV?, die BG 2006, 169 ff.
Schlegel/Engelmann (Hrsg.), juris PraxisKommentar SGB V, 2. Auflage 2012
Schlegel (Hrsg.), juris PraxisKommentar SGB IV, 2. Auflage 2011
Schnapp, Rücknahme von Verwaltungsakten, SGb 1993, 1 ff.
Schönberger/Mehrtens/Valentin, Arbeitsunfall und Berufskrankheit, 8. Auflage 2010
Schubert (Hrsg.), juris Praxis Kommentar SGB III, 2014
Spellbrink, Gemischte Tätigkeit und gemischte Motivationslage bei der Feststellung von Arbeitsunfällen, WzS 2011, 351 ff.
Voelzke (Hrsg.), juris PraxisKommentar SGB I, 2. Auflage 2012
Waltermann, Sozialrecht, 10. Auflage 2012
Waßer, Der sozialrechtliche Herstellungsanspruch, JA 2001, 137 ff.
Welti, Das neue SGB IX – Recht der Rehabilitation und Teilhabe behinderter Menschen, NJW 2001, 2210 ff.
Winkler/Skipka (Hrsg.), juris PraxisKommentar SGB VI, 2. Auflage 2013
Wollenschläger/Becker, Einführung in das Sozialrecht, JA 1992, 321 ff.; JA 1993, 1 ff.
Zacher, Sozialrecht und Gerechtigkeit, in: Kaufmann/Mestmäcker/Zacher (Hrsg.), Rechtsstaat und Menschenwürde, Festschrift für Werner Maihofer zum 70. Geburtstag, 1988

1. Kapitel Einführung in das Sozialrecht

I. Begriff des Sozialrechts

Das Recht lässt sich unterteilen in das Öffentliche Recht und das Privatrecht. **1**
Ersteres behandelt die Rechtsbeziehungen des Bürgers zum Staat und die Organisation des Staates und seiner Organe, Letzteres die Rechtsbeziehungen der Bürger untereinander und ausnahmsweise die des Bürgers zum Staat, sofern sich dieser auf die Ebene der Gleichordnung mit dem Bürger begibt (z. B. beim Materialeinkauf für die Verwaltungstätigkeit – „Bleistiftkauf"). Das **Sozialrecht** ist **Öffentliches Recht**. Denn es regelt die Beziehungen zwischen dem Bürger als Leistungsempfänger und dem Staat – sei es z. B. in Gestalt einer Kommune oder eines Sozialversicherungsträgers als einem Teil der mittelbaren Staatsverwaltung (Art. 87 Abs. 2 GG; BVerfG v. 9.4.1975 – 2 BvR 879/73 – juris Rn. 70). Da das Sozialrecht nicht die Staatsorganisation an sich, sondern die leistende Verwaltung betrifft, ist es **Besonderes Verwaltungsrecht** (vgl. vertiefend *Kingreen/Rixen* DÖV 2008, 741–750). Zugleich ist das Sozialrecht aber auch eine Art „Querschnittsmaterie", denn es weist deutliche Bezüge zu privatrechtlichen, insbesondere arbeitsrechtlichen Fragestellungen auf (z. B. bei dem Modus der Prüfung eines Leistungsanspruchs oder der Versicherteneigenschaft als Beschäftigter).

Bei der Annäherung an ein Rechtsgebiet ist es für das Verständnis hilfreich, **2**
zunächst dessen Gegenstand präzise zu klären. Es geht gleichsam darum, sich eine „**Landkarte**" zu erarbeiten, mit deren Hilfe man später durch die „Untiefen" dieser Rechtsmaterie steuern kann. Zum Sozialrecht kann man verschiedene Bereiche des Rechts zählen, wie die nachfolgende an den Sozialrechtler *Hans Zacher* angelehnte Übersicht verdeutlicht.

Formeller Sozialrechtsbegriff	**Materieller Sozialrechtsbegriff**	
Sozialrecht ist das im Sozialgesetzbuch kodifizierte Recht (s. §§ 3–10 SGB I)	im engeren Sinne	im weiteren Sinne
	Sozialrecht ist das Recht der sozialen Sicherheit (Sozialleistungsrecht).	Sozialrecht ist das Recht, das durch seinen sozialpolitischen Zweck geprägt ist (Schutz des Schwächeren).

3 Wegen der einfachen und plausiblen Zuordnung von Rechtsmaterien ist der formelle Sozialrechtsbegriff vorzuziehen. Die Kodifizierung des Sozialrechts im Sozialgesetzbuch schreitet zudem stetig voran (beispielsweise sind ab dem Jahre 2005 die Grundsicherung für Arbeitssuchende im SGB II und die Sozialhilfe im SGB XII geregelt). Demgegenüber dürfte insbesondere der materielle Sozialrechtsbegriff im weiteren Sinne abzulehnen sein, weil er zu viele Rechtsmaterien als Bestandteil des Sozialrechts anerkennt (z. B. dient auch das Mietrecht dem Schutz des Schwächeren).

II. Gliederung des Sozialrechts

4 Mit der Orientierung am Sozialgesetzbuch ist bereits eine Abgrenzung des Sozialrechts von den anderen Bereichen des Rechts gelungen. Gleichwohl ist es für das Erfassen der Materie überdies nützlich, wenn man das Sozialrecht in sich untergliedert. Denn gerade bei einer so umfangreichen Materie wie dem Sozialrecht bedarf es der **Sub-Kategorisierung**, um den Überblick zu gewinnen und zu behalten. *Hans Zacher* unterteilt überzeugend in Vorsorge-, Entschädigungs- und Ausgleichssysteme:

Vorsorgesysteme	**Entschädigungssysteme**	**Ausgleichssysteme**
Zur Vorsorge ist die kollektive Absicherung gegen bestimmte soziale Risiken zu zählen, insbesondere in der Sozialversicherung. Diese Risiken sind Krankheit, Pflegebedürftigkeit, Mutterschaft, Invalidität, Alter, Unfall und Arbeitslosigkeit.	Die Entschädigung dient dem Ausgleich von Schäden, für die die Allgemeinheit eine besondere Verantwortung trägt oder übernimmt. Zu diesen Schäden zählen z. B. Kriegsfolgen, Wehrdienstschäden, Schäden durch helfendes Eintreten für andere, Impfschäden, Schäden durch Gewaltverbrechen.	Beim sozialen Ausgleich soll Hilfe und Förderung geleistet werden, wo eine Notlage besteht oder wo Entfaltungshilfen angemessen erscheinen, ohne dass dafür vorgesorgt wurde oder die Umstände eine soziale Entschädigung rechtfertigen. Hierzu rechnen Grundsicherung, Sozialhilfe, Kindergeld, Eltern- und Betreuungsgeld, Jugendhilfe, Ausbildungs- und Berufsförderung sowie Wohngeld.

III. Die einzelnen Bücher des Sozialgesetzbuchs

Das Sozialrecht befindet sich, wie auch der formelle Sozialrechtsbegriff verdeutlicht, vorwiegend in den verschiedenen **Büchern des Sozialgesetzbuches**. Diese Bücher werden mit römischen Ziffern gekennzeichnet (also z. B. SGB III für das Sozialgesetzbuch – Drittes Buch). Das Sozialgesetzbuch soll nach dem Willen des Gesetzgebers die Gesetzesinhalte des Sozialrechts nach und nach aufnehmen und in „einem Gesetzbuch" zusammenfassen, das freilich aus verschiedenen Büchern besteht. Insofern ist das Sozialgesetzbuch zu vergleichen mit „dem" Bürgerlichen Gesetzbuch, das bekanntlich aus fünf Büchern besteht. Das Sozialgesetzbuch löst mit seiner Kodifikation z. T. Vorläuferregelungen wie die ehemalige Reichsversicherungsordnung für die Kranken-, Renten- und Unfallversicherung oder das ehemalige Bundessozialhilfegesetz für das Recht der Sozialhilfe ab. Einige wenige Materien sind aber nach wie vor in besonderen Gesetzen geregelt. Diese Gesetze gelten gemäß § 68 SGB I als besondere Teile des Sozialgesetzbuchs. 5

Buch	Inhalt	Inkrafttreten
Sozialgesetzbuch I	Allgemeiner Teil	1.1.1976
Sozialgesetzbuch II	Grundsicherung für Arbeitsuchende	1.1.2005
Sozialgesetzbuch III	Arbeitsförderung	1.1.1998
Sozialgesetzbuch IV	Gemeinsame Vorschriften für die Sozialversicherung	1.7.1977
Sozialgesetzbuch V	Krankenversicherung	1.1.1989
Sozialgesetzbuch VI	Rentenversicherung	1.1.1992
Sozialgesetzbuch VII	Unfallversicherung	1.1.1997
Sozialgesetzbuch VIII	Kinder- und Jugendhilfe	1.1.1991
Sozialgesetzbuch IX	Rehabilitation und Teilhabe behinderter Menschen	1.7.2001
Sozialgesetzbuch X	Verwaltungsverfahren, Schutz der Sozialdaten, Zusammenarbeit der Leistungsträger und ihre Beziehungen zu Dritten	1.1.1981
Sozialgesetzbuch XI	Pflegeversicherung	1.1.1995
Sozialgesetzbuch XII	Sozialhilfe	1.1.2005

6 **Besondere Teile des SGB (§ 68 SGB I)**

BAföG	Ausbildungsförderung	1.7.1970 bzw. 1.1.1971
BVG, SVG, OEG	Kriegsopfer-, Soldatenversorgung, Opferentschädigung	1.10.1950 (BVG), 1.4.1956 (SVG), 16.5.1976 (OEG)
BKGG	Kindergeld	1.4.1964 bzw. 1.7.1964
WoGG	Wohngeld	2.4.1965 bzw. nach länderspezifischen Verordnungen

IV. Der Sozialleistungsanspruch

7 **1. Begriff der Sozialleistung.** Der Begriff der Sozialleistung wird von § 11 Abs. 1 SGB I gesetzlich definiert. **Sozialleistungen** sind demnach die im Sozialgesetzbuch vorgesehenen Dienst-, Sach- und Geldleistungen, die die sozialen Rechte der §§ 3 bis 10 SGB I realisieren. Diese **sozialen Rechte** konkretisieren den Gedanken der Verwirklichung sozialer Gerechtigkeit und sozialer Sicherheit durch Sozialleistungen nach § 1 Abs. 1 SGB I. Sie beinhalten „Leitvorstellungen der einzelnen Sozialleistungsbereiche" (BT-Drs. 7/868, S. 23), ohne selber bereits Anspruchsgrundlage für konkrete Ansprüche zu sein (§ 2 Abs. 1 S. 2 SGB I). Zusammenfassend ist festzuhalten, dass der Gesetzgeber unter einer Sozialleistung „alle Vorteile [versteht], die nach den Vorschriften des Sozialgesetzbuchs zur Verwirklichung sozialer Rechte dem Einzelnen zugute kommen sollen" (BT-Drs. 7/868, S. 24).

8 **Beispiele:**

- Geldleistung zur Ausbildungsförderung nach § 3 SGB I,
- die von der Unfallversicherung als einer Säule der Sozialversicherung i. S. v. § 4 SGB I gewährte ärztliche Dienstleistung zur Heilbehandlung oder
- die von der Krankenversicherung als weiterer Form von Sozialversicherung gewährte Sachleistung der Versorgung mit Hilfsmitteln wie Prothesen (von § 33 SGB V als Körperersatzstücke bezeichnet).

9 **2. Entstehen und Fälligkeit des Sozialleistungsanspruchs.** Ein **Anspruch** definiert sich im Zivilrecht gemäß § 194 Abs. 1 BGB als das Recht, von einem anderen ein Tun oder Unterlassen zu verlangen. Dementsprechend ist der **Sozi-**

alleistungsanspruch das Recht, vom Sozialleistungsträger eine Sozialleistung zu verlangen.

Für das Entstehen des Anspruchs ist zwischen Ermessensleistungen und gebundenen Ansprüchen auf Sozialleistungen zu unterscheiden. Der gesetzgeberisch beabsichtigte Regelfall ist nach § 38 SGB I derjenige des gebundenen Rechtsanspruchs. Hier muss der Leistungsträger bei Vorliegen der Tatbestandsvoraussetzungen die Leistung gewähren, ohne dass er noch eine Entscheidung nach seinem Ermessen treffen darf. Der **gebundene Anspruch** entsteht nach § 40 Abs. 1 SGB I, sobald alle gesetzlichen Voraussetzungen vorliegen. Dazu gehört nach näherer Bestimmung der einzelnen Bücher des SGB u. U. auch ein Antrag, der nach § 16 SGB I bei dem zuständigen Leistungsträger zu stellen ist. **10**

Ermessensleistungen sind nach § 39 SGB I solche, bei denen die Leistungsträger ermächtigt sind, nach ihrem Ermessen zu handeln. Sie haben also einen gewissen Entscheidungsspielraum. Bei **Ermessensleistungen** entsteht der Anspruch gemäß § 40 Abs. 2 SGB I vorbehaltlich anderweitiger Bestimmung durch den Leistungsträger in dem Zeitpunkt der Bekanntgabe der Entscheidung über die Leistung durch den Leistungsträger. **11**

Die Sozialleistung wird nach § 41 SGB I grundsätzlich mit ihrem Entstehen **fällig**. Davon wird in den besonderen Teilen des SGB aber vielfach abgewichen, z. B. beim Rentenbeginn nach § 99 SGB VI. Falls bei einer Geldleistung das Bestehen des Anspruchs prinzipiell feststeht, aber die Ermittlung der konkreten Höhe voraussichtlich noch länger braucht, kann nach Ermessen ein **Vorschuss** gezahlt werden (§ 42 Abs. 1 S. 1 SGB I). **12**

Geldleistungen sind gemäß § 44 Abs. 1 SGB I nach Ablauf eines Monats nach Eintritt der Fälligkeit mit vier Prozent zu **verzinsen**. Dies betrifft jedoch nur Sozialleistungen. Die Norm ist dagegen nicht auf das Verhältnis von Sozialleistungsträgern untereinander anwendbar (BSG v. 28.10.2008 – B 8 SO 23/07 R – Rn. 17). **13**

3. Erlöschen des Sozialleistungsanspruchs. Der Sozialleistungsanspruch kann durch verschiedene Handlungen erlöschen, die man in vergleichbarer Form auch aus dem Schuldrecht des Bürgerlichen Rechts kennt. Der Leistungsanspruch kann zunächst erfüllt werden. Die **Erfüllungswirkung** tritt gemäß § 107 Abs. 1 SGB X auch dann ein, wenn ein unzuständiger Leistungsträger die Leistung erbringt. § 47 SGB I sieht für Geldleistungen dabei grundsätzlich den bargeldlosen Verkehr vor. Ferner kann auf die Sozialleistung nach § 46 Abs. 1 SGB **14**

I durch schriftliche, empfangsbedürftige Willenserklärung (BSG v. 24.7.2003 – B 4 RA 13/03 R – juris Rn. 16) verzichtet werden. Ein **Verzicht** ist aber nach § 46 Abs. 2 SGB I ausgeschlossen, wenn dadurch eine andere Person oder ein anderer Leistungsträger belastet oder Rechtsvorschriften umgangen würden. Außerdem kann der Leistungsanspruch durch **Aufrechnung** nach § 51 SGB I und durch **Verrechnung** nach § 52 SGB I erlöschen.

15 **4. Durchsetzbarkeit des Sozialleistungsanspruchs.** Der Durchsetzbarkeit des Sozialleistungsanspruchs kann die **Verjährung** entgegenstehen. Ansprüche auf Sozialleistungen verjähren nach § 45 Abs. 1 SGB I in vier Jahren nach Ablauf des Kalenderjahres, in dem sie entstanden sind. Weil die Verjährung ein Leistungsverweigerungsrecht darstellt, liegt es im Ermessen des Leistungsträgers, ob er sich auf die Verjährung beruft (BSG v. 26.6.2007 – B 4 R 19/07 R – Rn. 25).

16 **Beispiel:**
Anspruchsentstehung am 1.8.2004, Beginn des Laufs der Verjährungsfrist nach § 45 Abs. 2 SGB I i. V. m. § 199 Abs. 1 BGB am 1.1.2005 (BSG v. 10.4.2008 – B 3 KR 7/07 R – Rn. 23), Ende des Laufs der Verjährungsfrist mit Ablauf des 31.12.2008, ab dem 1.1.2009 ist der in 2004 entstandene Anspruch also verjährt.

17 **5. Leistungsansprüche auf Beratung und Auskunft.** Das Verhältnis von Sozialleistungsträger und Leistungsberechtigtem wird maßgeblich durch den Anspruch auf **Beratung** nach § 14 SGB I geprägt. Dieses subjektive Recht auf rechtliche Beratung durch den Leistungsträger, wenn man soziale Rechte geltend macht oder Pflichten nach dem Sozialgesetzbuch erfüllen muss, besteht nicht nur auf ausdrückliche Anforderung. Vielmehr muss der Leistungsträger auch von sich aus auf solche klar zutage liegenden Gestaltungsmöglichkeiten hinweisen, deren Wahrnehmung offenbar so zweckmäßig ist, dass jeder verständig Handelnde sie mutmaßlich nutzen würde (sog. Spontanberatung, BSG v. 19.12.2013 – B 2 U 14/12 R – Rn. 328). Die Beratungspflicht erstreckt sich allerdings nur auf Rechte aus dem Sozialgesetzbuch (BSG v. 24.7.2003 – B 4 RA 13/03 R).

18 Außerdem sind die gesetzliche Krankenversicherung, die soziale Pflegeversicherung sowie weitere durch Landesgesetz bestimmte Stellen (zumeist die Kommunen) nach § 15 SGB I verpflichtet, über den für die Sozialleistung zuständigen Leistungsträger **Auskunft** zu erteilen.

Demgegenüber gewährt § 13 SGB I, der mit **Aufklärung** überschrieben ist, keinen einklagbaren Anspruch des Einzelnen auf Aufklärung. Die Pflicht zur Aufklärung besteht lediglich gegenüber der Allgemeinheit (BSG v. 27.7.2004 – B 7 SF 1/03 R – juris Rn. 21). 19

6. Sozialrechtlicher Herstellungsanspruch. Die Rechtsprechung des BSG hat den sog. **sozialrechtlichen Herstellungsanspruch** entwickelt (BSG v. 29.8.2012 – B 12 R 7/10 R – Rn. 28), der insbesondere bei Verletzungen einer Beratungspflicht nach § 14 SGB I oder Auskunftspflicht nach § 15 SGB I zur Anwendung kommt. Der sozialrechtliche Herstellungsanspruch lässt sich dogmatisch als ein Spezialfall des aus dem allgemeinen Verwaltungsrecht bekannten Folgenbeseitigungsanspruchs begreifen (BSG v. 23.7.1992 – 7 RAr 38/91 – juris Rn. 38; zu weiteren Herleitungen: BSG v. 29.10.1992 – 10 RKg 24/91 – juris Rn. 25; s. auch *Waßer* JA 2001, 137 ff.). Der sozialrechtliche Herstellungsanspruch hat drei **Voraussetzungen** (BSG v. 16.5.2012 – B 4 AS 166/11 R – Rn. 27): 20

- Verletzung einer aufgrund Gesetzes oder eines Sozialrechtsverhältnisses obliegenden Pflicht eines Sozialleistungsträgers (insbesondere auf Beratung oder Auskunft),
- ursächlicher Zusammenhang zwischen dieser Pflichtverletzung des Sozialleistungsträgers und einem Nachteil des Betroffenen, und
- dieser Nachteil muss durch eine zulässige Amtshandlung beseitigt werden können.

Rechtsfolge des Herstellungsanspruchs ist somit die Vornahme einer Amts- oder Rechtshandlung zur Herbeiführung desjenigen Zustands, der bestünde, wenn der Sozialleistungsträger die ihm obliegenden Pflichten ordnungsgemäß erfüllt hätte. Aufgrund des Prinzips der Gesetzmäßigkeit der Verwaltung muss die Herstellung durch eine zulässige Amtshandlung möglich sein (BSG v. 29.8.2012 – B 12 R 7/10 R – Rn. 28).

Beispiele: 21
Dies sind eine verspätete Antragstellung, verspätete Beitragsentrichtung oder verspätete Vorlage von Unterlagen, falls die Verspätung auf einem pflichtwidrigen Verhalten des Leistungsträgers beruht (BSG v. 11.3.2004 – B 13 RJ 16/03 R –). Andererseits können mangels zulässiger Amtshandlung z. B. folgende Voraussetzungen nicht durch den Herstellungsanspruch ersetzt werden: fehlende Arbeitslosmeldung, fehlende Anwartschaftszeit, fehlende Verfügbarkeit, fehlende rechtzeitige Anzeige des Arbeitsausfalls, fehlende Eingliederungschancen (BSG v. 11.3.2004 – B 13 RJ 16/03 R – juris Rn. 26).

22 7. **Mitwirkung des Leistungsberechtigten.** Der Sozialleistungsberechtigte muss nach den §§ 60–64 SGB I verschiedene **Mitwirkungshandlungen** vornehmen, um eine Sozialleistung zu erhalten. Denn nur so lässt sich die in § 20 SGB X vorgesehene Ermittlung des Sachverhalts durch die (Sozialleistungs-)Behörde von Amts wegen realisieren (sog. Untersuchungsgrundsatz). Der *Leistungsberechtigte muss*: **(1)** erhebliche Tatsachen angeben und Änderungen mitteilen sowie Beweise vorlegen gemäß § 60 SGB I, **(2)** auf Verlangen persönlich erscheinen nach § 61 SGB I, **(3)** auf Verlangen sich den für eine Entscheidung erforderlichen Untersuchungen unterziehen nach § 62 SGB I, **(4)** auf Verlangen sich einer Heilbehandlung unterziehen nach § 63 SGB I und **(5)** auf Verlangen an Leistungen zur Teilhabe am Arbeitsleben teilnehmen nach § 64 SGB I. Das Fehlen der Mitwirkung kann im Ermessenswege gemäß § 66 SGB I nach schriftlicher Androhung und Fristsetzung zur Nachholung der versäumten Handlung mit der Versagung oder Entziehung der Sozialleistung *sanktioniert* werden. Voraussetzung ist aber immer, dass die Grenzen der Mitwirkungspflicht nach § 65 SGB I nicht überschritten sind. § 65 SGB I begrenzt die Mitwirkung auf verhältnismäßige, insbesondere angemessene, und zumutbare Handlungen. Obwohl der Wortlaut dieser Bestimmung von Mitwirkungs*pflichten* spricht, handelt es sich bei den §§ 60–64 SGB I rechtsdogmatisch um Obliegenheiten. Denn mit der Versagung der Leistung bis zur Nachholung der Mitwirkungshandlung ziehen die Vorschriften nur verfahrensrechtliche Konsequenzen nach sich (BSG v. 29.3.2006 – B 13 RJ 31/05 R – juris Rn. 22), sie begründen aber keine zwangsweise durchsetzbaren Erfüllungsansprüche.

2. Kapitel Prozessrecht nach dem Sozialgerichtsgesetz

Im Sozialrecht ist – wie in anderen Rechtsgebieten auch – zu unterscheiden zwischen dem Teil des Rechtsgebiets, der die rechtlichen Beziehungen der Beteiligten regelt, also die Inhalte des Rechts, und dem Teil des Rechtsgebiets, der die Durchsetzung von Rechten im gerichtlichen Prozess normiert. Vereinfacht gesagt, geht es um den Unterschied zwischen „Recht haben" und „Recht bekommen". Der erste, eher inhaltliche Teil nennt sich **materielles Recht**, der zweite Teil **Prozessrecht**. Diese Einteilung korreliert mit dem Vorgehen des Gerichts im Klageverfahren. Eine Klage hat nämlich nur dann Erfolg, wenn sie prozessrechtlich zulässig und materiell-rechtlich begründet ist. Im Rahmen der Prüfung der **Zulässigkeit der Klage** untersucht das Gericht, ob die prozessrechtlichen Voraussetzungen für eine Entscheidung vorliegen (vgl. 2. Kapitel). Erst wenn diese gegeben sind, befasst sich das Gericht mit der **Begründetheit der Klage**, also der materiell-rechtlichen Frage, „wer Recht hat" (vgl. ab dem 3. Kapitel). **23**

I. Sozialgerichtsbarkeit

Die meisten sozialrechtlichen Verfahren sind vor Gerichten der Sozialgerichtsbarkeit zu verhandeln (s. dazu Rn. 31). Die Sozialgerichtsbarkeit wird durch unabhängige, von den Verwaltungsbehörden getrennte, besondere Verwaltungsgerichte ausgeübt (§ 1 SGG). Das bei der Sozialgerichtsbarkeit anwendbare Prozessrecht ist im **Sozialgerichtsgesetz** (= SGG) niedergelegt. Das SGG stammt vom 3.9.1953 und ist am 1.1.1954 in Kraft getreten. Es ist damit älter als seine „Schwester", die Verwaltungsgerichtsordnung vom 21.1.1960 (VwGO), die vor den Gerichten der Verwaltungsgerichtsbarkeit angewendet wird. **24**

Die **Sozialgerichtsbarkeit** ist dreistufig aufgebaut: In der ersten Instanz gibt es die Sozialgerichte, in der zweiten, der Berufungsinstanz, die Landessozialgerichte, und in der dritten, der Revisionsinstanz, das Bundessozialgericht in Kassel. Während es in jedem Bundesland mit Ausnahme der Stadtstaaten und **25** dem Saarland mehrere regional gegliederte Sozialgerichte gibt, hat es pro Bundesland nur ein Landessozialgericht. Die Bundesländer Berlin und Brandenburg sowie die Bundesländer Niedersachsen und Bremen haben überdies ein gemeinsames Landessozialgericht.

26 Die Sozialgerichte entscheiden als **Tatsachengerichte** über den Streitstoff in tatsächlicher und in rechtlicher Hinsicht. Dies bedeutet: Sie ermitteln zunächst den zu entscheidenden Sachverhalt von sich aus, auch ohne entsprechende Anträge der Beteiligten des Prozesses (sog. Amtsermittlungsgrundsatz nach § 103 SGG), und entscheiden dann die sich daraus ergebenden rechtlichen Fragen. Freilich haben die Beteiligten trotz dieser Sachverhaltsermittlung von Amts wegen bestimmte Prozessförderungspflichten, z. B. müssen sie rechtzeitig Prozesshandlungen vornehmen (§§ 104, 106, 106a SGG). Die Sachverhaltsklärung wird von den Sozialgerichten durch **Beweismittel** wie Vernehmung von Zeugen, Einholung von Gutachten etc. betrieben. Auf Antrag des Versicherten, Behinderten, Versorgungsberechtigten oder Hinterbliebenen muss ein bestimmter Arzt gutachtlich gehört werden (§ 109 Abs. 1 S. 1 SGG). Auch die Landessozialgerichte sind Tatsachengerichte. Sie klären also ebenfalls den zu entscheidenden Sachverhalt auf. Das Bundessozialgericht entscheidet dagegen grundsätzlich ausschließlich über Rechtsfragen.

27 An den Sozialgerichten entscheidet prinzipiell eine **Kammer** aus einem Berufsrichter als Vorsitzendem und zwei ehrenamtlichen Richtern (§ 12 Abs. 1 SGG), an den Landessozialgerichten und dem Bundessozialgericht ein **Senat** aus drei Berufsrichten, davon ist einer der Vorsitzende, und zusätzlich zwei ehrenamtlichen Richtern (§ 33 S. 1, § 40 S. 1 SGG).

28 Während vor den Sozial- und Landessozialgerichten sich jedermann auch selbst vertreten kann (§ 73 Abs. 1 SGG), besteht vor dem Bundessozialgericht grundsätzlich **Vertretungszwang** (§ 73 Abs. 4 S. 1 SGG). Dies bedeutet, dass sich Beteiligte mit Ausnahme der Behörden und privaten Pflegeversicherungsunternehmen, die eigene Beschäftigte mit Befähigung zum Richteramt einsetzen können, durch einen zugelassenen Prozessbevollmächtigten, z. B. einen Rechtsanwalt, vertreten lassen müssen. Die Vollmacht ist schriftlich zu erteilen (§ 73 Abs. 6 SGG).

29 Im Hinblick auf die **Kosten des Prozesses** ist zu unterscheiden zwischen den gerichtlichen und den außergerichtlichen Kosten (insbesondere den Anwaltskosten). Verfahren der Sozialgerichtsbarkeit sind für klagende Versicherte, Leistungsempfänger und Behinderte grundsätzlich gerichtskostenfrei (§ 183 SGG). Verschuldet ein an sich gerichtskostenfreier Kläger aber die Vertagung eines

Termins oder führt er einen Rechtsstreit missbräuchlich fort, z. B. trotz richterlichen Hinweises bei Aussichtslosigkeit, kann das Gericht ihm Kosten auferlegen (§ 192 SGG, sog. „Mutwillenskosten"). Gehören die Beteiligten nicht zu den Gruppen der Versicherten, Leistungsempfänger oder Behinderten (z.B. bei Vertragsarztstreitigkeiten), fallen Kosten gemäß dem Gerichtskostengesetz an (§ 197a SGG). Bezüglich der Kosten entscheidet das Gericht im Urteil in der Kostenentscheidung je nach Ausmaß des Obsiegens bzw. Unterliegens eines Beteiligten, wer diese Kosten zu tragen hat (§ 193 SGG). Da mithin ein Kostenrisiko besteht, das u. U. für einen Beteiligten eine zu hohe Hürde für die Prozessführung darstellt, gibt es die Möglichkeit, Prozesskostenhilfe zu beantragen (§ 73a SGG i. V. m. § 114 ZPO).

II. Die Zulässigkeit der Klage in der Sozialgerichtsbarkeit

1. Prüfungsschema. Für die Prüfung der Zulässigkeit einer Klage in der Sozialgerichtsbarkeit empfiehlt sich die Orientierung an folgendem Prüfungsschema: **30**

Zulässigkeit der Klage

I. Allgemeine (= klageartunabhängige) Sachentscheidungsvoraussetzungen

1. Eröffnung des Sozialrechtsweges (§ 51 SGG)
2. Sachliche (§ 8 SGG) und örtliche (§ 57 SGG) Zuständigkeit
3. Beteiligtenfähigkeit (§ 70 SGG) und Prozessfähigkeit (§ 71 SGG)
4. Ordnungsgemäße Klageerhebung (§ 90, § 92 SGG)

II. Statthafte Klageart (§§ 54 f., § 88 SGG)

III. Besondere (= klageartabhängige) Sachentscheidungsvoraussetzungen

1. Ausschluss der Popularklage (§ 54 Abs. 1 S. 2, § 55 Abs. 1, § 131 Abs. 1 S. 3 SGG)
2. Vorverfahren (§ 78 SGG)
3. Klagefrist (§ 87 SGG)

IV. Allgemeines Rechtsschutzbedürfnis

31 **2. Eröffnung des Rechtsweges zur Sozialgerichtsbarkeit.** Nicht alle sozialrechtlichen Streitigkeiten werden vor der Sozialgerichtsbarkeit verhandelt. Für manche Rechtsstreite ist auch die **Verwaltungsgerichtsbarkeit zuständig**. Die Eröffnung des Verwaltungsrechtsweges bemisst sich nach der Generalklausel des § 40 Abs. 1 S. 1 VwGO. Die Vorschrift besagt, dass in öffentlich-rechtlichen Streitigkeiten, die weder verfassungsrechtlicher Natur noch einem anderen Gericht ausdrücklich zugewiesen sind, der verwaltungsgerichtliche Rechtsweg eröffnet ist.

32 Ob eine *Streitigkeit verfassungsrechtlicher Art* ist, richtet sich danach, ob das streitige Rechtsverhältnis entscheidend vom Verfassungsrecht geprägt wird. Das trifft insbesondere zu, wenn um föderale Ansprüche, Verbindlichkeiten oder Zuständigkeiten gestritten wird, welche auf Normen des Grundgesetzes gestützt werden, die gerade das verfassungsrechtlich geordnete Verhältnis zwischen dem Bund und den Ländern betreffen (BVerwG v. 25.8.2011 – 3 A 2/10 – juris Rn. 14; BVerwG v. 8.5.2002 – 3 A 1/01 – juris Rn. 17).

33 Ob eine *Streitigkeit öffentlich- oder bürgerlich-rechtlich* ist, richtet sich im Falle des Fehlens einer ausdrücklichen gesetzlichen Rechtswegzuweisung nach der Natur des Rechtsverhältnisses, aus dem der Klageanspruch hergeleitet wird. Dabei kommt es regelmäßig darauf an, ob die an der Streitigkeit Beteiligten zueinander in einem hoheitlichen Verhältnis der Über- und Unterordnung stehen und ob sich der Träger hoheitlicher Gewalt der besonderen, ihm zugeordneten Rechtssätze des öffentlichen Rechts bedient oder ob er sich den für jedermann geltenden zivilrechtlichen Regelungen unterstellt. Normen des öffentlichen Rechts dienen überwiegend den Interessen der Allgemeinheit, wenden sich nur an Hoheitsträger oder sind Sonderrecht der Träger öffentlicher Aufgaben und keine Rechtssätze, die für jedermann gelten (Gemeinsamer Senat der obersten Gerichtshöfe des Bundes v. 10.7.1989 – GmS-OGB 1/88 – juris Rn. 8 f. und v. 29.10.1987 – GmS-OBG 1 /86 – juris Rn. 10). Es kommt also maßgeblich auf die Einordnung der Norm an, welche die mit der Klage aufgeworfene Rechtsfrage entscheidet. Wenn der geltend gemachte Anspruch öffentlich-rechtlicher Natur ist, ist grundsätzlich der Verwaltungsrechtsweg eröffnet. § 51 SGG enthält schließlich eine hier relevante abdrängende Sonderzuweisung vom (allgemeinen) Verwaltungsgericht zum **Sozialgericht** als besonderem Verwaltungsgericht.

Beispiele: 34

- *für die Zuständigkeit der Verwaltungsgerichtsbarkeit:*
  Mangels abdrängender Sonderzuweisung zur Sozialgerichtsbarkeit ist der Verwaltungsrechtsweg nach § 40 Abs. 1 S. 1 VwGO eröffnet für Angelegenheiten der Kriegsopferfürsorge (s. § 51 Abs. 1 Nr. 6 SGG), der Ausbildungsförderung nach dem BAföG, des Wohngeldrechts nach dem Wohngeldgesetz und des Kinder- und Jugendhilferechts nach dem SGB VIII.
- *für die Zuständigkeit der Sozialgerichtsbarkeit:*
  Streitigkeiten aus dem Sozialversicherungsrecht einschließlich des Arbeitsförderungsrechts, dem sozialen Entschädigungsrecht oder wegen der Feststellung des Grades der Behinderung (§ 51 SGG). Bis 2005 wurden auch sozialhilferechtliche Streitigkeiten nach dem ehemaligen Bundessozialhilfegesetz (BSHG) vor der Verwaltungsgerichtsbarkeit verhandelt. Die Grundsicherung für Arbeitsuchende nach dem SGB II und die Sozialhilfe nach dem SGB XII fallen indes durch ausdrückliche Zuweisung gemäß § 51 Abs. 1 Nr. 4a und 6a SGG in die Zuständigkeit der Sozialgerichtsbarkeit (vgl. zur Zuständigkeit der Sozialgerichte bei Erteilung eines Hausverbots gegen einen Leistungsempfänger nach SGB II: BSG v. 1.4.2009 – B 14 SF 1/08 R –).

3. Statthafte Klageart. Das SGG sieht verschiedene Arten unterschiedlicher Klagen vor. 35
Welche davon einschlägig ist, richtet sich nach dem mit der Klage verfolgten **Begehren des Klägers**. Denn in Folge der auch im sozialgerichtlichen Verfahren geltenden sog. Dispositionsmaxime bestimmt allein der Kläger mit seinem Rechtsschutzbegehren den Streitgegenstand des Klageverfahrens und damit den Prüfungsumfang des Gerichts (BSG v. 20.10.2010 – B 13 R 63/10 B – Rn. 22). Im Rahmen der Zulässigkeitsprüfung der Klage ist daher zu untersuchen, ob und gegebenenfalls welche Klageart „statthaft" ist, um das Klageziel zu erreichen.

Die Klagen des SGG lassen sich – genauso wie diejenigen nach der VwGO – in 36
Gestaltungs-, Leistungs- und Feststellungsklagen einteilen. Diesen Klagearten entsprechen Gestaltungs-, Leistungs- und Feststellungsurteile. Durch ein **Gestaltungsurteil** gestaltet das Gericht die Rechtslage unmittelbar um (BSG v. 21.6.2000 – B 4 RA 52/99 R – juris Rn. 16; BSG v. 22.3.1995 – 10 RKg 10/89 – juris Rn. 24). Durch ein **Leistungsurteil** verpflichtet das Gericht den Beklagten zur Vornahme einer Leistung. Im **Feststellungsurteil** wird schließlich eine gerichtliche Feststellung getroffen, die als solche nicht vollstreckbar ist.

<table>
<tr><th>Gestaltungsklage</th><th>Leistungsklage</th><th>Feststellungsklage</th></tr>
<tr><td>a) Anfechtungsklage nach § 54 Abs. 1 S. 1, 1. Fall SGG zur Aufhebung eines Verwaltungsaktes
b) und Anfechtungsklage nach § 54 Abs. 1 S. 1, 2. Fall SGG zur Abänderung eines Verwaltungsaktes,</td><td>a) Verpflichtungsklage in Form der Weigerungsklage nach § 54 Abs. 1 S. 1, 3. Fall SGG, und Verpflichtungsklage in Form der Untätigkeitsklage nach § 54 Abs. 1 S. 1, 4. Fall SGG i. V. m. § 88 SGG,
b) Allgemeine Leistungsklage nach § 54 Abs. 5 SGG,</td><td>a) die Feststellungsklage nach § 55 Abs. 1 SGG,
b) die Fortsetzungsfeststellungsklage nach § 131 Abs. 1 S. 3 SGG,
c) die Wahlanfechtungsklage nach § 57 SGB IV i. V. m. § 131 Abs. 4 SGG (BSG v. 23.4.1975 – 2/8 RU 62/73 – juris Rn. 20 behauptet hierfür eine Klage eigener Art).</td></tr>
<tr><td colspan="2">c) unechte Leistungsklage nach § 54 Abs. 4 SGG als kombinierte Anfechtungs- und Leistungsklage,
d) die Aufsichtsklage nach § 54 Abs. 3 SGG je nach Fallgestaltung als besondere Anfechtungsklage oder als besondere Verpflichtungsklage.</td><td></td></tr>
</table>

37 **a) Gestaltungsklagen.** Die Statthaftigkeit der **Anfechtungsklage zur Aufhebung** eines Verwaltungsaktes gemäß § 54 Abs. 1 S. 1, 1. Fall SGG setzt voraus, dass **(1)** ein Verwaltungsakt i. S. d. § 31 S. 1 SGB X vorliegt, **(2)** der nicht erledigt ist und **(3)** den der Kläger aufgehoben wissen möchte.

38 Ein **Verwaltungsakt** ist nach § 31 SGB X jede Verfügung, Entscheidung oder andere hoheitliche Maßnahme, die eine Behörde zur Regelung eines Einzelfalls auf dem Gebiet des öffentlichen Rechts trifft und die auf unmittelbare Rechtswirkung nach außen gerichtet ist (vgl. vertiefend *Kahl* JURA 2001, 505 ff.; *Palsherm*, in: Verwaltungsrecht für die soziale Praxis, J. Der Verwaltungsakt, S. 354 ff.).

Der Begriff des Verwaltungsakts ist das „Einfallstor" für Fragestellungen aus dem allgemeinen Verwaltungsrecht. Hier gilt es, in geeigneten Sachverhaltskonstellationen sein Wissen zu präsentieren. Es kommt dabei aber nicht auf die Befugnis der Behörde an, durch Verwaltungsakt zu handeln, sondern allein auf die aus der Sicht eines objektiven Empfängers zu beurteilende Handlungsweise und den entsprechenden Willen der Behörde. Deutet also die äußere Form, z. B. durch die Bezeichnung als Bescheid und die Beifügung einer Rechtsbehelfsbelehrung, auf einen Verwaltungsakt hin, ist auch Verwaltungsakts-Qualität des Behördenhandelns anzunehmen (LSG Baden-Württemberg v. 2.7.2009 – L 10 R 2467/08 – juris Rn. 13; s. auch BSG v. 12.12.2013 – B 4 AS 17/13 R – Rn. 18; BSG v. 18.9.1997 – 11 RAr 85/96 – juris Rn. 15). Die Zulässigkeit der Anfechtungsklage setzt aber unbedingt voraus, dass ein (solcher) Verwaltungsakt vorliegt (LSG Berlin-Brandenburg v. 14.9.2006 – L 11 SB 24/05-26 – juris Rn. 49).

Behörde ist nach § 1 Abs. 2 SGB X jede Stelle, die Aufgaben der öffentlichen Verwaltung wahrnimmt (vgl. dazu vertiefend *Palsherm*, in jurisPK-SGB X, § 1 Rn. 13 ff.). Dazu gehören auch die Sozialversicherungsträger, die als rechtsfähige Körperschaften des öffentlichen Rechts mit Selbstverwaltung (§ 29 Abs. 1 SGB IV), also als juristische Personen des öffentlichen Rechts, tätig werden. Das Merkmal der *Regelung* ist erfüllt bei einer Maßnahme, die auf die Herbeiführung einer unmittelbaren Rechtsfolge gerichtet ist, beispielsweise bei der Begründung, Änderung, Aufhebung oder verbindlichen Feststellung von Rechten bzw. der Ablehnung einer solchen Entscheidung (BSG v. 17.10.2006 – B 5 RJ 66/04 R – juris Rn. 11). An einem solchen Regelungsgehalt fehlt es insbesondere beim Handeln durch öffentlich-rechtlichen Vertrag i. S. v. § 53 SGB X und schlicht hoheitlichem Handeln wie einer unverbindlichen Meinungsäußerung oder der Erteilung einer Auskunft. Die behördliche Zusage, einen bestimmten Verwaltungsakt später zu erlassen oder zu unterlassen (Zusicherung nach § 34 Abs. 1 SGB X), hat dagegen einen Regelungsgehalt und ist daher Verwaltungsakt (BSG v. 22.11.2011 – B 4 AS 219/10 R – Rn. 11). Die *unmittelbare Rechtswirkung nach außen* des behördlichen Handelns dient schließlich der Abgrenzung rein behördeninterner Maßnahmen. Sofern eine weitere Behörde an der Entscheidung einer Behörde mitwirkt (sog. mehrstufiger Vewaltungsakt), entfaltet regelmäßig aber nur die endgültige Entscheidung Außenwirkung und ist somit ein durch Klage angreifbarer Verwaltungsakt (BSG v. 4.10.1994 – 7 KlAr 1/93 – juris Rn. 85; BSG v. 12.6.1992 – 11 RaR 35/91 – juris Rn. 20 f.). **39**

Beispiel: **40**
Ein solcher Fall liegt im Fremdrentenrecht vor, wenn der Rentenversicherungsträger beim Bundesverwaltungsamt als insofern allein zuständiger Behörde nach § 100 Abs. 2 S. 3 BVFG wegen der Feststellung der Vertriebeneneigenschaft anfragt (BSG v. 21.3.2006 – B 5 RJ 54/04 R – juris Rn. 18).

Sollte sich der Verwaltungsakt bereits **erledigt** haben, kommt keine Anfechtung mehr in Betracht (BSG v. 24.7.1996 – 7 KlAr 1/95 – juris Rn. 25). Die Formulierung in § 39 Abs. 2 SGB X „... oder auf andere Weise *erledigt* ...“ zeigt, dass Erledigung möglich ist durch Rücknahme, Widerruf oder anderweitige Aufhebung des Verwaltungsaktes, ferner durch Zeitablauf oder durch andere Weise. Eine solche „Erledigung auf andere Weise“ ist gegeben, wenn durch eine Änderung der Sach- und Rechtslage das Regelungsobjekt des Verwaltungsaktes entfällt. Dies ist beispielsweise der Fall, wenn für die getroffene Regelung nach der eingetretenen Änderung kein Anwendungsbereich mehr verbleibt bzw. wenn der geregelte Tatbestand selbst entfällt (BSG v. 6.9.2006 – B 6 KA 43/05 R – juris Rn. 24). **41**

Im Falle der Erledigung des Verwaltungsaktes ist eine Fortsetzungsfeststellungsklage zu prüfen (BSG v. 14.11.2013 – B 9 SB 5/12 R – Rn. 25; s. u. Rn. 56). Die Umstellung von der Anfechtungs- auf die Fortsetzungsfeststellungsklage ist auch noch im Revisionsverfahren zulässig (BSG v. 14.2.2013 – B 14 AS 195/11 R – Rn. 12).

42 Die Statthaftigkeit der **Anfechtungsklage zur Abänderung** eines Verwaltungsaktes gemäß § 54 Abs. 1 S. 1, 2. Fall SGG **setzt voraus**, dass **(1)** ein Verwaltungsakt i. S. d. § 31 S. 1 SGB X vorliegt, **(2)** der nicht erledigt ist und **(3)** den der Kläger abgeändert wissen möchte.

43 Mithin unterscheiden sich die beiden Anfechtungsklagen nur durch das unterschiedliche Ziel des Klägers: einerseits Aufhebung und andererseits Abänderung des Verwaltungsaktes. Unter **Aufhebung** ist die vollständige Beseitigung des angefochtenen Verwaltungsaktes zu verstehen, wohingegen die **Abänderung** die nur teilweise Aufhebung gerade des belastenden Teils einer ansonsten begünstigenden Regelung in einem Verwaltungsakt aufgrund einer Teilanfechtung meint (BSG v. 13.11.1985 – 6 RKa 15/84 – juris Rn. 17).

Für die Frage der Statthaftigkeit der Anfechtungsklage als Abänderungsklage kommt es grundsätzlich nur auf das entsprechende **Begehren** des Klägers an. Die Möglichkeit der Teilbarkeit des Verwaltungsaktes an sich ist dagegen eine Frage des materiellen Rechts und somit in der Begründetheit der Klage zu prüfen. Gegen eine solche Teilbarkeit spricht insbesondere eine Rechtswidrigkeit der nach der Teilaufhebung verbleibenden Vergünstigung bzw. eine durch die Abänderung entstehende Verkürzung des Ermessensspielraums der Behörde (BSG v. 13.11.1985 – 6 RKa 15/84 – juris Rn. 18, 31). Mit anderen Worten muss nach der Teilaufhebung ein rechtmäßiger und sinnvoller Verwaltungsakt übrig bleiben. Im Ergebnis hängt die Teilbarkeit des Verwaltungsaktes davon ab, ob der aufzuhebende rechtswidrige Teil so wesentlich ist, dass die Behörde den Verwaltungsakt ohne den rechtswidrigen Teil nicht erlassen hätte (BSG v. 13.11.1985 – 6 RKa 15/84 – juris Rn. 20). Ausnahmsweise ist die Klage jedoch bereits unstatthaft und damit unzulässig, wenn eine Teilbarkeit materiell-rechtlich von vornherein und nach jeder Betrachtungsweise ausscheidet.

44 Im Falle der Abänderungsklage kann das Gericht aber für den durch die Abänderungsklage aufgehobenen Teil nicht zugleich einen neuen Verwaltungsakt setzen. Dagegen spricht nämlich der Grundsatz der Gewaltenteilung und die durch § 131 SGG vorgeschriebene Urteilsform (BSG v. 30.7.1965 – 2 RU 212/64

– BSGE 23, 218, 221). Wenn das Klageziel ein veränderter Verwaltungsakt ist, kommt eine Verpflichtungsklage in Betracht.

Hauptanwendungsfall der alleinigen Anfechtungsklage ist die Klage gegen die (teilweise) Rücknahme eines begünstigenden Verwaltungsaktes z. B. bei der Herabsetzung oder Entziehung einer Leistung. Daneben ist sie häufig anzutreffen bei belastenden einzelnen Verwaltungsakten wie Beitragsbescheiden, Bescheiden über eine Aufrechung bzw. Verrechnung (vgl. BSG v. 5.2.2009 – B 13 R 31/08 R –) oder disziplinarischen Maßnahmen gegen Vertragsärzte (vgl. BSG v. 8.3.2000 – B 6 KA 62/98 R – juris Rn. 19).
Der Klageantrag ist entweder darauf zu richten, den Bescheid des Beklagten vom ... und den Widerspruchsbescheid vom ... aufzuheben bzw. insofern abzuändern, als (...) [z. B.] die unter Ziffer ... des Bescheids vom ... aufgeführte Auflage ... und der dazu ergangene Widerspruchsbescheid aufgehoben werden.

b) Leistungsklagen. – aa) Verpflichtungsklage (§ 54 Abs. 1 S. 1, 3. Fall SGG). Die **45**
Statthaftigkeit der Verpflichtungsklage nach § 54 Abs. 1 S. 1, 3. Fall SGG **setzt voraus**, **(1)** dass das Klagebegehren auf die Verurteilung zum Erlass eines Verwaltungsaktes gerichtet ist, **(2)** der Erlass des erwünschten Verwaltungsaktes abgelehnt wurde und **(3)** sich der begehrte Verwaltungsakt nicht erledigt hat. Wegen der Ablehnung des vom Bürger gewollten Verwaltungsaktes durch die Behörde wird diese Verpflichtungsklage auch Weigerungs- oder Versagungsgegenklage genannt (*Hommel*, in: Peters/Sautter/Wolff, Kommentar zur Sozialgerichtsbarkeit § 54 SGG Rn. 349).

Im sozialgerichtlichen Verfahren wird mit der Verpflichtungsklage nicht zu- **46**
gleich der ablehnende Verwaltungsakt aufgehoben. Folglich muss – anders als bei der verwaltungsgerichtlichen Verpflichtungsklage nach § 42 Abs. 1 S. 1, 2. Alt. VwGO – die Verpflichtungsklage gemäß § 54 Abs. 1 S. 1, 3. Fall SGG mit einer **Anfechtungsklage** gegen den Ablehnungsbescheid **verbunden** werden (BSG v. 24.4.2008 – B 9/9a SB 10/06 R – Rn. 18 „Grad der Behinderung von wenigstens 50 für Diabetiker"; BSG v. 5.9.2006 – B 2 U 8/05 R – juris Rn. 21 „Zulassung zum H-Arzt-Verfahren der gesetzlichen Unfallversicherung").

Ferner ist die Weigerungsklage gemäß § 54 Abs. 1 S. 1, 3. Fall SGG im Unter- **47**
schied zur Weigerungsklage nach § 42 Abs. 1 S. 1, 2. Alt. VwGO unzulässig, wenn eine **Leistung** begehrt wird, auf die ein **Rechtsanspruch** besteht (BSG v. 10.5.2011 – B 4 AS 139/10 R – Rn. 16; BSG v. 15.2.1990 – 7 RAr 22/89 – juris Rn. 15). Der Grund für diese Besonderheit des sozialgerichtlichen Verfahrens

liegt in der Prozessmaxime der Klägerfreundlichkeit. Denn in den Fällen, in denen auf die Leistung ein Rechtsanspruch besteht, kann der Urteilsausspruch nicht nur der Art und dem Grunde nach, sondern auch nach Beginn, Ende und bestimmter Höhe erfolgen und es gibt nach Aufhebung des ablehnenden Verwaltungsaktes auch für die Behörde gar keine Möglichkeit mehr, anders zu entscheiden, als nun der Richter urteilt (*Hommel*, in: Peters/Sautter/Wolff, Kommentar zur Sozialgerichtsbarkeit § 54 SGG Rn. 365). Demgegenüber würde die Verpflichtung der Behörde zum Erlass eines Verwaltungsaktes nur bedeuten, dass der Anspruch zwischen den Beteiligten auf der Verwaltungsebene nicht mehr Streitgegenstand sein soll. Das reicht dem Kläger, dem es in erster Linie auf die Leistung ankommt, jedoch nicht. Denn sein wirkliches Klageziel ist nicht bloß der Erlass eines Verwaltungsaktes, sondern vielmehr die Klarstellung durch ein Urteil, dass sein Anspruch besteht. Demzufolge muss der Kläger bei Pflichtleistungen eine unechte Leistungsklage nach § 54 Abs. 4 SGG erheben (s. u. Rn. 53). Das entsprechende sozialgerichtliche Leistungsurteil beinhaltet dann auch die Pflicht der Verwaltung, einen rechtmäßigen Verwaltungsakt zu setzen *und* zu zahlen (*Hommel*, in: Peters/Sautter/Wolff, Kommentar zur Sozialgerichtsbarkeit § 54 SGG Rn. 371). Eine isolierte allgemeine Leistungsklage ist in diesen Fällen allerdings nicht zulässig, da die begehrte Leistung grundsätzlich erst durch Verwaltungsakt festgesetzt werden muss (BSG v. 21.3.2006 – B 2 U 24/04 R – ( ); BSG v. 19.5.1983 – 1 RA 75/82 – juris Rn. 33).

Damit ist klar, dass die Verpflichtungsklage nach dem Sozialgerichtsgesetz hauptsächlich Ermessensleistungen und abgelehnte Verwaltungsakte, die keinen Leistungsanspruch zum Gegenstand haben, betrifft (*Mayer-Ladewig* SGb 1980, 461, 464).
Wenn die Streitsache bereits spruchreif ist, ist der Klageantrag der kombinierten Anfechtungs- und Verpflichtungsklage darauf zu richten, den Bescheid vom ... und den Widerspruchsbescheid vom ... aufzuheben und den Beklagten zu verpflichten, (... das konkret benannte Begehren...) zu gewähren (sog. Verpflichtungs- oder Vornahmeurteil). Spruchreife liegt vor, wenn die Behörde dem Antrag stattgeben muss – z. B. wegen einer Ermessensreduktion auf Null oder bei einer gebundenen Entscheidung, die nicht auf eine Leistung gerichtet ist. Im Falle fehlender Spruchreife, insbesondere bei einem verbleibenden Ermessensspielraum der Behörde, ist der Antrag neben der Aufhebung der Bescheide zu richten auf die Verurteilung des Beklagten unter Beachtung der Rechtsauffassung des Gerichts (sog. Bescheidungsurteil).

bb) Verpflichtungsklage (§ 54 Abs. 1 S. 1, 4. Fall SGG i. V. m. § 88 SGG). Die **Statthaftigkeit** der Verpflichtungsklage nach § 54 Abs. 1 S. 1, 4. Fall SGG i. V. m. § 88 SGG, die auch Untätigkeitsklage genannt wird (*Hommel*, in: Peters/Sautter/Wolff, Kommentar zur Sozialgerichtsbarkeit § 54 SGG Rn. 349), **setzt voraus, (1)** dass das Klagebegehren auf die Verurteilung zum Erlass eines Verwaltungsaktes gerichtet ist, **(2)** ein Verwaltungsakt in angemessener Frist ohne einen sachlichen Grund nicht erlassen worden ist und **(3)** sich dieser begehrte Verwaltungsakt auch noch nicht erledigt hat. **48**

Im Unterschied zur Weigerungsklage liegt also kein ablehnender Verwaltungsakt vor. Es fehlt vielmehr überhaupt an dem Erlass des begehrten Verwaltungsaktes. Voraussetzung der Zulässigkeit der Untätigkeitsklage ist jedoch das Verstreichen einer angemessenen **Frist** von sechs Monaten, ohne dass der Antrag auf Erlass des Verwaltungsaktes sachlich beschieden worden ist (§ 88 Abs. 1 S. 1 SGG). Eine Bescheidung in diesem Sinne setzt voraus, dass *zur Sache* entschieden wird, was auch eine Ablehnung des Antrags wegen Unzulässigkeit sein kann. Bloße Zwischenmitteilungen oder gar eine Weigerung, sich mit dem Antrag und der Sache zu befassen, sind dagegen keine sachliche Bescheidung (BSG v. 11.11.2003 – B 2 U 36/02 R – juris Rn. 15). Bei der unterlassenen Entscheidung über einen Widerspruch gilt eine Wartefrist von drei Monaten als angemessen (§ 88 Abs. 2 SGG). Eine Untätigkeitsklage im Anfrageverfahren nach § 7a SGB IV, ob eine Beschäftigung vorliegt, ist bereits nach Ablauf von drei Monaten zulässig (§ 7a Abs. 7 S. 2 SGB IV). **49**

Eine vor Fristablauf erhobene Untätigkeitsklage ist bis zum Fristablauf auszusetzen (vgl. LSG Hamburg v. 26.8.1998 – IV KOBf 4/96 – juris Rn. 43 „Gericht ... muss ggf. abwarten"). Mit Fristablauf ist der Zulässigkeitsmangel aus prozessökonomischen Gründen dann geheilt (BSG v. 26.8.1994 – 13 RJ 17/94 – juris Rn. 19).
Sollte die Behörde eine Sachentscheidung eindeutig und unmissverständlich abgelehnt haben, kann der Zweck der Wartefrist des § 88 SGG, nämlich der Behörde eine angemessene Entscheidungszeit einzuräumen, nicht mehr erreicht werden. Daher muss in diesem Fall die Wartefrist nach § 88 SGG vor der Klage nicht eingehalten werden (BSG v. 10.3.1993 – 14b/4 REg 1/91 – juris Rn. 17).
Der Klageantrag ist darauf zu richten, den Beklagten zu verpflichten, den Antrag des Klägers vom ... zu bescheiden (§ 88 Abs. 1 SGG) bzw. den Widerspruch vom ... gegen den Bescheid des Beklagten vom ... zu bescheiden (§ 88 Abs. 2 SGG).

50 **cc) Allgemeine (= echte) Leistungsklage (§ 54 Abs. 5 SGG).** Die **Statthaftigkeit** der allgemeinen Leistungsklage nach § 54 Abs. 5 SGG **setzt voraus**, dass **(1)** das Klagebegehren auf eine Leistung gerichtet ist, auf die ein Rechtsanspruch besteht, und **(2)** ein Verwaltungsakt weder ergangen ist noch ergehen musste. Somit ist die allgemeine Leistungsklage unzulässig, wenn über den Leistungsanspruch durch Verwaltungsakt zu entscheiden ist (BSG v. 21.3.2006 – B 2 U 24/04 R – (); BSG v. 18.10.2005 – B 4 RA 21/05 R – juris Rn. 18). Unter Leistung ist jedes Tun, Dulden oder Unterlassen zu verstehen (*Hommel*, in: Peters/Sautter/Wolff, Kommentar zur Sozialgerichtsbarkeit § 54 SGG Rn. 360). Die Unterlassungsklage setzt voraus, dass für die behauptete, zu unterlassende Rechtsbeeinträchtigung die Gefahr der Wiederholung besteht (BSG v. 20.7.1966 – 6 RKa 11/63 –). Ferner kann auch im Wege einer vorbeugenden Unterlassungsklage das Unterlassen eines zukünftigen Verwaltungshandelns begehrt werden.

Beispiel für eine Unterlassungsklage:
Mangels Klagebefugnis unzulässige Klage eines Mitglieds gegen die Krankenkasse wegen der Tragung von Leistungen für andere bei rechtmäßigen Schwangerschaftsabbrüchen (BSG v. 24.9.1986 – 8 RK 8/85 – juris Rn. 10).

51 Die echte Leistungsklage ist eher ein Ausnahmefall, da das Klagesystem des SGG geprägt ist vom Rechtsverhältnis zwischen Bürger und öffentlich-rechtlichem Leistungsträger, das den Verwaltungsakt als typisches Regelungsinstrument kennt. Die echte Leistungsklage setzt dagegen aufgrund des Verzichts auf das Erfordernis eines Verwaltungsakts voraus, dass kein Über-Unterordnungsverhältnis besteht oder dass nur ein konkretes Verhalten wie Auskunft oder Beratung begehrt wird (BSG v. 21.3.2006 – B 2 U 24/04 R – juris Rn. 24).

52 **Beispiele** für echte Leistungsklagen:
Streitigkeiten im Gleichordnungsverhältnis wie z. B. bei Erstattungsansprüchen unter juristischen Personen des Öffentlichen Rechts (vgl. BSG v. 19.10.1960 – 4 RJ 214/58) oder Fälle, bei denen die Behörde keine Regelungsbefugnis durch Verwaltungsakt hat wie z. B. Klagen von Krankenhäusern auf Vergütung ihrer Leistungen gegen die Krankenkasse (BSG v. 16.12.2008 – B 1 Kr 10/08 R) oder eine Klage auf Rückzahlung einer Krankenkasse gegen einen Apotheker wegen Nichteinhaltung der landesvertraglichen Abgabebestimmungen – Überschreitung der einmonatigen Frist zur Vorlage des Kassenrezeptes (BSG v. 3.8.2006 – B 3 KR 6/06 R – juris Rn. 13).
Der Klageantrag ist darauf zu richten, den Beklagten zu verurteilen, (... die konkret bezeichnete Leistung ...) zu gewähren bzw. (bei der Unterlassungsklage: die konkret bezeichnete Handlung) zu unterlassen.

c) Kombinierte Gestaltungs- und Leistungsklage („unechte Leistungsklage"). 53
Die Statthaftigkeit der **unechten Leistungsklage** gemäß § 54 Abs. 4 SGG als gesetzlich ausdrücklich geregelter Kombination aus Anfechtungs- und Leistungsklage setzt voraus, **(1)** dass eine gesetzlich vorgesehene Pflichtleistung **(2)** zumindest teilweise durch einen Verwaltungsakt abgelehnt worden ist.
Die unechte Leistungsklage ist unzulässig, wenn die begehrte Leistung keine Pflichtleistung ist, sondern als sog. Kann-Leistung im Ermessen des Leistungsträgers liegt (BSG v. 31.5.1989 – 4 RA 50/88 – juris Rn. 21). Denn das Gericht ist nicht berechtigt, das der Verwaltung eingeräumte Ermessen wahrzunehmen und über die Leistung selbst abschließend zu bestimmen (BSG v. 28.7.1987 – 7 RAr 39/86 – juris Rn. 16). Außerdem ist die unechte Leistungsklage solange unzulässig, wie kein Verwaltungsakt in der Welt ist (BSG v. 19.5.1983 – 1 RA 75/82 – juris Rn. 32 f.).

> Im verwaltungsgerichtlichen Verfahren würde die vorliegende Konstellation im Wege der Verpflichtungsklage anzugehen sein. Diese ist im sozialgerichtlichen Verfahren aber unzulässig, sofern eine Leistung begehrt wird, auf die ein Rechtsanspruch besteht (s. Rn. 47: BSG v. 15.2.1990 – 7 RAr 22/89 – juris Rn. 15). Wenn der Leistungsträger die begehrte, jedoch in seinem Ermessen liegende Leistung durch Verwaltungsakt abgelehnt hat, ist die kombinierte Anfechtungs- und Verpflichtungsklage die statthafte Klageart (BSG v. 11.11.1982 – 7 RAr 3/82 – juris Rn. 10).
> Der Klageantrag der unechten Leistungsklage sollte darauf gerichtet sein, den Bescheid vom ... und den Widerspruchsbescheid vom... aufzuheben und den Beklagten zu verurteilen, (... die konkret bezeichnete Leistung ...) zu gewähren.

d) Feststellungsklagen. – aa) Feststellungsklage (§ 55 Abs. 1 SGG). Die Statthaftigkeit der **Feststellungsklage** nach § 55 Abs. 1 SGG **setzt voraus**, 54

- dass das Klagebegehren gerichtet ist entweder auf die Feststellung des Bestehens bzw. Nichtbestehens eines Rechtsverhältnisses oder die Feststellung der Zuständigkeit eines Sozialversicherungsträgers oder die Feststellung, ob der Tod bzw. eine Gesundheitsstörung die Folge eines Arbeitsunfalls, einer Berufskrankheit oder einer Schädigung i. S. d. Bundesversorgungsgesetzes ist, oder die Feststellung der Nichtigkeit eines Verwaltungsaktes, und
- dass keine andere Klageart einschlägig ist (grundsätzliche Subsidiarität der Feststellungsklage gegenüber anderen Klagearten).

Ein Rechtsverhältnis ist die Beziehung einer Person zu einer anderen Person 55
oder zu einer Sache, die sich im konkreten Falle aufgrund einer öffentlich-rechtlichen Regelung ergibt (BSG v. 7.12.2006 – B 3 KR 5/06 R –).

Die Zulässigkeit der Feststellungsklage setzt außerdem in der Regel voraus, dass ein besonderes Feststellungsinteresse besteht (s. Rn. 65).
Der Klageantrag ist darauf zu richten, festzustellen, dass (... konkrete Bezeichnung des festzustellenden Rechtsverhältnisses ...).

56 **bb) Fortsetzungsfeststellungsklage (§ 131 Abs. 1 S. 3 SGG).** Die Statthaftigkeit der **Fortsetzungsfeststellungsklage** nach **§ 131 Abs. 1 S. 3 SGG setzt voraus, (1)** dass sich ein streitbefangener Verwaltungsakt **(2)** erledigt hat und **(3)** sich das Klagebegehren nunmehr auf den Ausspruch der Rechtswidrigkeit des Verwaltungsaktes richtet.

57 Im Falle der **Erledigung eines begehrten Verwaltungsaktes**, also z.B. der Konstellation einer kombinierten Anfechtungs- und Verpflichtungsklage, findet § 131 Abs. 1 S. 3 SGG nur entsprechende Anwendung (BSG v. 8.12.1993 – 14a RKa 1/93 – juris Rn. 15; LSG Berlin-Brandenburg v. 28.5.2008 – L 26 AS 421/07 – juris Rn. 19), denn der Wortlaut von § 131 Abs. 1 S. 1 SGG bezieht sich lediglich auf eine Aufhebungssituation, also eine Anfechtungsklage. Das Gleiche gilt für die kombinierte Anfechtungs- und Leistungsklage (BSG v. 8.12.1993 – 14a RKa 1/93 – juris Rn. 15).

Umstritten ist, ob die Zulässigkeit der Fortsetzungsfeststellungsklage voraussetzt, dass die Erledigung zwischen Klageerhebung und Urteil eingetreten ist. Die systematische Stellung des § 131 Abs. 1 S. 3 SGG im Unterabschnitt zu Urteilen und Beschlüssen und der Wortlaut „... vorher ... erledigt" – also vor dem Ausspruch des Gerichts – belegen, dass die Vorschrift nicht unmittelbar auf die Erledigung vor Klageerhebung anwendbar ist. Eine Auffassung sieht jedoch die Voraussetzungen für eine analoge Anwendung der Vorschrift gegeben, nämlich eine planwidrige Regelungslücke und die Vergleichbarkeit des geregelten mit dem ungeregelten Fall (sog. Rechtsähnlichkeit). Das BSG hat sich dieser Auffassung angeschlossen, dass eine Erledigung vor Klageerhebung die Zulässigkeit der Fortsetzungsfeststellungsklage nicht ausschließt (BSG v. 28.8.2007 – B 7/7a AL 16/06 R –). Dafür spreche, dass an das Feststellungsinteresse keine strengeren Anforderungen zu stellen seien als bei der allgemeinen Feststellungsklage. Die Gegenauffassung bezweifelt, dass die Voraussetzungen einer planwidrigen Regelungslücke gegeben sind, und wendet in der vorliegenden Konstellation die allgemeine Feststellungsklage an (vgl. obiter dictum in BVerwG v. 14.7.1999 – 6 C 7/98 – juris Rn. 22).

Erledigung des Verwaltungsaktes tritt ein, wenn jegliche Beschwer des Adressaten entfallen ist (*Buss*, in: Peters/Sautter/Wolff, Kommentar zur Sozialgerichtsbarkeit § 131 SGG Anm. 3 (S. II/177-3-); s. oben bereits Rn. 41 ausführlich zur Erledigung). **58**

Der Klageantrag ist bei der Fortsetzung einer Anfechtungsklage darauf zu richten, festzustellen, dass der Bescheid des Beklagten vom ... und der Widerspruchsbescheid vom ... rechtswidrig waren. Bei der analogen Anwendung auf eine erledigte kombinierte Anfechtungs- und Verpflichtungsklage ist der Antrag bei Spruchreife zum Zeitpunkt der Erledigung darauf zu richten, festzustellen, dass der Beklagte verpflichtet war, den unter dem ... beantragten Verwaltungsakt über ... zu erteilen. Im Falle fehlender Spruchreife ist der Klageantrag darauf zu richten, festzustellen, dass der Beklagte zur Neubescheidung des Antrags vom ... über ... verpflichtet war (vgl. BVerwG v. 25.7.1985 – 3 C 25/84 – juris Rn. 39).

e) **Ablaufschema.** Damit ergibt sich folgendes Ablaufschema, das im Kopf geprüft werden kann: **59**

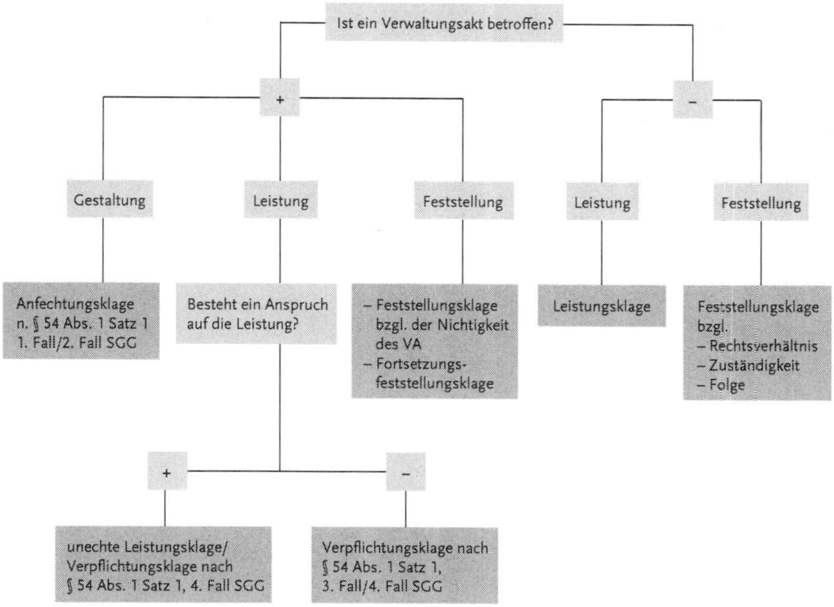

60 **f) Weitere Klagekombinationen.** Neben der in § 54 Abs. 4 SGG ausdrücklich geregelten Klagekombination sind weitere Kombinationen der Klagearten untereinander möglich (*Mayer-Ladewig* SGb 1980, 461, 463). Man spricht dann von einer **objektiven Klagehäufung** nach § 56 SGG, d. h. der Verbindung von zwei oder mehr Klagebegehren eines Klägers gegen denselben Beklagten, die an sich in getrennten Verfahren behandelt werden könnten, in einem einheitlichen Verfahren zur Verhandlung und Entscheidung (BSG v. 26.7.2006 – B 3 KR 6/06 B – juris Rn. 12).

Die Voraussetzungen für eine objektive Klagehäufung sind als gesonderter Punkt zwischen Zulässigkeit und Begründetheit der Klage zu prüfen (vgl. BSG v. 16.8.1990 – 4 RA 10/90 – juris Rn. 19).

61 Im Folgenden sollen einige Beispiele für Klagekombinationen aus der Rechtsprechung dargestellt werden:

62 **Kombinierte Anfechtungs- und Verpflichtungsklage** nach § 54 Abs. 1 SGG (BSG v. 27.1.2009 – B 14 AS 42/07 R – Rn. 16): *Anzufechten* war ein Bescheid (= Verwaltungsakt i. S. d. § 31 S. 1 SGB X), der Leistungen nach dem SGB II zur Sicherung des Lebensunterhalts wegen verwertbaren Vermögens als Darlehen gewährte, und darüber hinaus wurde die *Verpflichtung* der Beklagten begehrt, einen Bescheid über die Leistungsgewährung als Zuschuss zu erlassen (eine Leistungsklage schied hier aus, da die Geldleistungen bereits erbracht worden waren).

Kombinierte Anfechtungs- und Leistungsklage nach § 54 Abs. 1 i. V. m. Abs. 4 SGG (BSG v. 3.3.2009 – B 4 AS 37/08 R – Rn. 14): Der Kläger begehrte Pflicht-Leistungen für Unterkunft und Heizung nach § 22 Abs. 1 S. 1 SGB II. *Anzufechten* war der ablehnende Bescheid. Begehrt wurde eine *Leistung*, da die Kosten der Unterkunft eine gebundene Anspruchsleistung sind (s. Wortlaut „Leistungen ... werden erbracht ...").

Kombinierte Anfechtungs- und Feststellungsklage nach § 54 Abs. 1 SGG i. V. m. § 55 Abs. 1 Nr. 1 SGG (BSG v. 9.11.2010 – B 2 U 14/10 R – Rn. 14): *Anzufechten* mit dem Ziel der Aufhebung war der Bescheid darüber, dass der vom Kläger erlittene Unfall kein Arbeitsunfall war. Daneben begehrte der Kläger die gerichtliche *Feststellung*, dass der erlittene Unfall ein Arbeitsunfall war.

Kombinierte Leistungs- und Feststellungsklage nach § 54 Abs. 1, Abs. 4 SGG i. V. m. § 55 Abs. 1 Nr. 3 SGG (BSG v. 15.12.1999 – B 9 VS 2/98 R – Rn. 11 f.): Das Begehren des Klägers war auf die Gewährung eines Ausgleichs nach § 85 Soldatenversorgungsgesetz, mithin auf eine *Leistung* gerichtet. Die daneben begehrte Anerkennung bestimmter Gesundheitsstörungen als Schädigungsfolgen i. S. d. BVG ist als kombinierte *Feststellungsklage* zulässig, weil die Anerkennung der Störungen für den Kläger weitreichende Folgen hat, z. B. Recht auf Heilbehandlung, Grundlage für jede spätere Regelung des Rechtsverhältnisses zwischen Beschädigtem und dem Versorgungsträger und Grundlage für eine Neufeststellung der Versorgungsansprüche.

4. **Ausschluss der Popularklage. – a) Klagebefugnis (§ 54 Abs. 1 S. 2 SGG bzw.** 63
§ 54 Abs. 5 SGG). Das sozialgerichtliche Verfahren dient regelmäßig dem individuellen Rechtsschutz. Zur Verhinderung einer Popularklage durch einen an sich gar nicht Betroffenen ist daher für die Zulässigkeit der **Anfechtungs- und der Verpflichtungsklage** – genau wie bei § 42 Abs. 2 VwGO – erforderlich, dass der Kläger gemäß § 54 Abs. 1 S. 2 SGG klagebefugt ist. Der Anfechtungskläger ist klagebefugt, wenn er die Verletzung eigener materieller Rechte derart behauptet, dass diese möglich erscheint (BSG v. 17.10.2007 – B 6 KA 42/06 R – ( )). Dies ist regelmäßig der Fall, wenn der Kläger der Adressat des angefochtenen Verwaltungsaktes ist (BSG v. 7.2.2007 – B 6 KA 8/06 R – Rn. 14). Aber auch der an einen Dritten gerichtete Verwaltungsakt kann den Kläger beschweren, nämlich wenn die als verletzt angesehen Norm insoweit drittschützend ist, dass sie zumindest auch individuellen Interessen des Klägers dient (BSG v. 12.3.2013 – B 1 A 1/12 R – Rn. 12). In der Verpflichtungssituation setzt die Klagebefugnis voraus, dass die Möglichkeit besteht, dass der Kläger den geltend gemachten Anspruch hat (BSG v. 14.3.2006 – B 4 RA 55/04 R – juris Rn. 13). Die Klagebefugnis liegt beispielsweise bei nicht antragsgemäß beschiedenen Ermessensleistungen vor, da der Kläger jedenfalls nach § 39 Abs. 1 S. 2 SGB I einen Anspruch auf die fehlerfreie Ermessensausübung hat (*Hommel*, in: Peters/Sautter/Wolff, Kommentar zur Sozialgerichtsbarkeit § 54 SGG Rn. 268). Die Klagebefugnis ist hingegen abzulehnen, wenn die geltend gemachten Rechte offensichtlich und eindeutig dem Kläger unter keinem Gesichtspunkt zustehen (BSG v. 17.10.2007 – B 6 KA 42/06 R – Rn. 17).

Ob der Kläger tatsächlich beschwert ist, ist demgegenüber eine Frage der Begründetheit der Klage (*Hommel*, in: Peters/Sautter/Wolff, Kommentar zur Sozialgerichtsbarkeit § 54 SGG Rn. 260).

64 Auch bei der **echten Leistungsklage** nach § 54 Abs. 5 SGG ist eine Popularklage unzulässig. Denn mit der echten Leistungsklage macht der Kläger einen vermeintlichen Anspruch auf den Vollzug sozialrechtlicher Normen geltend. Folglich muss er schlüssig behaupten, dass ihm die begehrte Leistung zusteht (BSG v. 11.5.1999 – B 11 AL 45/98 R – juris Rn. 25; BVerfG v. 18.4.1984 – 1 BvL 43/81 – juris Rn. 31 ff.).

Bei der Leistungsklage ist das tatsächliche Bestehen des geltend gemachten Anspruchs ebenfalls eine Frage der Begründetheit der Klage (BSG v. 11.5.1999 – B 11 AL 45/98 R – juris Rn. 25).

65 **b) Feststellungsinteresse (§ 55 Abs. 1 SGG bzw. § 131 Abs. 1 S. 3 SGG) und Subsidiarität der Feststellungsklage.** Die Zulässigkeit der **Feststellungsklage** setzt gemäß § 55 Abs. 1 SGG voraus, dass der Kläger „ein berechtigtes Interesse an der baldigen Feststellung hat". Ein berechtigtes Interesse ist jedes nach der Sachlage vernünftigerweise gerechtfertigte Interesse, das rechtlicher, wirtschaftlicher oder ideeller Art sein kann (BSG v. 19.2.2009 – B 4 AS 10/08 R – Rn. 10). Dabei muss dieses Interesse ein Individualinteresse sein, das dem Beklagten gegenüber besteht, denn auch hier ist eine Popularklage nicht zulässig (BSG v. 2.8.2001 – B 7 AL 18/00 R – juris Rn. 11).

Im Rahmen der Prüfung des Feststellungsinteresses ist immer auch die Subsidiarität der Feststellungslage zu beachten.

66 Obwohl sich dies z. B. im Unterschied zur Feststellungsklage nach § 43 Abs. 2 VwGO nicht ausdrücklich aus dem Wortlaut ergibt, ist die Feststellungsklage nach § 55 Abs. 1 SGG nachrangig gegenüber Gestaltungs- und Leistungsklagen. Denn in diesen Fällen ermangelt es dem Kläger „an einem berechtigten Interesse an der Feststellung" i. S. v. § 55 Abs. 1 SGG (BSG v. 8.5.2007 – B 2 U 3/06 R – Rn. 21), da er einfachere sowie stärkere Wege der Rechtsdurchsetzung hat und deren besondere Sachurteilsvoraussetzungen nicht umgangen werden sollen. Soweit die Feststellungsklage aber gleich rechtsschutzintensiv ist, besteht kein prozessualer Nachrang gegenüber den anderen Klagearten (BSG v. 15.5.2012 – B 2 U 8/11 R – Rn 13: Wahlrecht des Klägers zwischen Feststellungs- oder Verpflichtungsklage bei Entscheidung über das Vorliegen eines Arbeitsunfalls). Schließlich gibt es bei Feststellungsklagen gegen juristische Personen des öffentlichen Rechts eine Ausnahme von der Subsidiarität, weil jene nach Art. 20 Abs. 3 GG sowieso an Gesetz und Recht gebunden sind (BSG v. 8.5.2007 – B 2 U 3/06 R – Rn. 23).

Für die **Fortsetzungsfeststellungsklage** ist nach § 131 Abs. 1 S. 3 SGG „ein berechtigtes Interesse an der Feststellung" der Rechtswidrigkeit des Verwaltungsaktes erforderlich. Das ist ein durch die Sachlage vernünftigerweise gerechtfertigtes Interesse, das rechtlicher, wirtschaftlicher oder ideeller Art sein kann. Ein Feststellungsinteresse kommt demnach in Betracht bei **(1)** Präjudiziabilität, d. h., wenn die Entscheidung in einem anderen streitigen Rechtsverhältnis bedeutsam sein kann, **(2)** einem Schadensersatzbegehren bei Erledigung nach Klageerhebung, **(3)** dem Interesse, der Wiederholung des Verwaltungshandelns vorzubeugen (sog. Wiederholungsgefahr), **(4)** dem Rehabilitationsinteresse bei Verwaltungsakten mit diskriminierender Wirkung (BSG v. 14.2.2013 – B 14 AS 195/11 R – Rn. 13; BSG v. 28.8.2007 – B 7/7a AL 16/06 R – ()). **67**

5. Vorverfahren. Das Vorverfahren ist ein von den Verwaltungsbehörden durchzuführendes **Verwaltungsverfahren**, d. h. es ist kein Teil des sozialgerichtlichen Verfahrens, sondern ein besonderes Verwaltungsverfahren (*Peters*, in: Peters/Sautter/Wolff, Kommentar zur Sozialgerichtsbarkeit § 78 SGG Anm. 2 (S. 272/1)). Es dient dem Rechtsschutz der Beteiligten, der Selbstkontrolle der Verwaltung und soll die Gerichte vor Überlastung schützen (*Mayer-Ladewig* SGb 1980, 461, 462). **68**

Für das Vorverfahren **gelten** gemäß § 62 SGB X die Regelungen des SGG, soweit nicht durch Gesetz etwas anderes bestimmt ist, und erst im Übrigen gilt das SGB X. Vor der **Anfechtungsklage** ist gemäß § 78 Abs. 1 S. 1 SGG und vor der **Verpflichtungsklage** nach § 78 Abs. 3 SGG ein Vorverfahren durchzuführen. Die Verpflichtungsklage in Form der Untätigkeitsklage bedarf dagegen keines Vorverfahrens, weil sie schon vom Wortlaut des § 78 Abs. 3 SGG nicht erfasst ist (*Peters*, in: Peters/Sautter/Wolff, Kommentar zur Sozialgerichtsbarkeit § 78 SGG Anm. 7 [S. 288/2]). **69**

> Bei an sich vorverfahrenspflichtigen Klagen ist die Untätigkeitsklage als auf formelle Bescheidung gerichtete Bescheidungsklage zu führen (BSG v. 23.8.2007 – B 4 RS 7/06 R – Rn. 16).

Zudem ist kein Vorverfahren erforderlich vor der echten Leistungsklage nach § 54 Abs. 5 SGG (BSG v. 16.12.1008 – B 1 KN 3/08 KR R – Rn. 12) und vor der Feststellungsklage (*Hommel*, in: Peters/Sautter/Wolff, Kommentar zur Sozialgerichtsbarkeit § 87 SGG Anm. 1b [S. II/2-1-]). Das Vorverfahren ist hingegen nötig, wenn eine Anfechtungsklage bzw. Verpflichtungsklage mit anderen Klagen verbunden wird. **70**

71 Das Vorverfahren **beginnt** nach § 83 SGG mit der **Erhebung des Widerspruchs.** Wenn während des laufenden Vorverfahrens der Verwaltungsakt abgeändert wird, wird aus verwaltungsökonomischen Gründen auch der neue Verwaltungsakt Gegenstand des Vorverfahrens (§ 86 SGG). Dieser Widerspruch muss **statthaft** sein. Dies setzt zunächst voraus, dass er sich gegen einen Verwaltungsakt richtet (BSG v. 17.10.2006 – B 5 RJ 66/04 R –). Ferner muss der Widerspruchsführer, wie sich aus § 84 Abs. 1 S. 1 SGG ergibt, durch diesen Verwaltungsakt „beschwert" sein (s. BSG v. 17.10.2007 – B 6 KA 42/06 R – Rn. 16). Denn – analog zur unzulässigen Popularklage – kann es im Rechtsschutzsystem des SGG auch keinen Popularwiderspruch geben.

72 Bezüglich der **Form und Frist** bestimmt § 84 Abs. 1 S. 1 SGG, dass der Widerspruch binnen eines Monats seit Bekanntgabe des Verwaltungsaktes schriftlich oder zur Niederschrift grundsätzlich bei der Erlassbehörde des Ausgangsverwaltungsaktes zu erheben ist (s. zur Fristwahrung bei an sich unzuständigen Stellen: § 84 Abs. 2 SGG). Die Widerspruchsfrist beginnt gemäß § 84 Abs. 1 SGG i. V. m. § 37 SGB X mit der Bekanntgabe des Verwaltungsaktes. Die Bekanntgabe setzt voraus, dass die Behörde dem Adressaten oder Betroffenen des Bescheids willentlich Kenntnis von dessen Inhalt verschafft. Eine über Dritte vermittelte zufällige Kenntnisnahme des Betroffenen genügt hierfür nicht (BSG v. 17.6.2009 – B 6 KA 18/08 R – Rn. 26). Das Ende der Monatsfrist berechnet sich nach § 64 SGG (*Peters*, in: Peters/Sautter/Wolff, Kommentar zur Sozialgerichtsbarkeit § 84 SGG Anm. 2 [S. 290]) bzw. nach § 84 Abs. 3 S. 3 SGG i. V. m. § 66 Abs. 2 SGG analog, wenn eine unrichtige Rechtsbehelfsbelehrung erteilt wurde (*Mayer-Ladewig* SGb 1980, 461, 463). Im Widerspruchsverfahren werden Rechtmäßigkeit und Zweckmäßigkeit des Verwaltungsaktes überprüft (§ 78 Abs. 1 S. 1 SGG). Am Ende des Vorverfahrens wird dem begründeten Widerspruch nach § 85 Abs. 1 SGG abgeholfen, d. h. ihm wird durch **Abhilfebescheid** stattgegeben, anderenfalls ergeht nach § 85 Abs. 2 SGG ein **Widerspruchsbescheid.**

73 Nach überwiegender Auffassung muss das Widerspruchsverfahren zudem **fehlerfrei** sein. Die sachlich-inhaltliche Entscheidung der Widerspruchsbehörde über einen unzulässigen Widerspruch heilt jedoch Form- und Fristverletzungen (BSG v. 11.12.2007 – B 8/9b SO 21/06 R – Rn. 13; *Mayer-Ladewig* SGb 1980, 461, 463). Denn die Behörde gibt als „Herrin des Vorverfahrens" mit ihrer Entscheidung zu erkennen, dass sie sich nicht auf den Fehler und die zu ihrem Schutz ergangene Vorschrift berufen will.

Sollte **kein Vorverfahren** vorliegen, führt dies dennoch nicht zur Unzulässigkeit der Klage, wenn: 74

- der fehlende Widerspruchsbescheid zwar erforderlich ist, aber bis zum Schluss der letzten mündlichen Tatsachenverhandlung ergeht und noch vom Tatsachengericht berücksichtigt worden ist (BSG v. 30.11.1961 – 4 RJ 183/59);
- wegen fehlender Rechtsbehelfsbelehrung sofort geklagt wurde. Vielmehr ist dann aus prozessökonomischen Gründen das Klageverfahren analog § 114 Abs. 2 SGG für die Durchführung eines Vorverfahrens auszusetzen und nach Erlass des Widerspruchbescheides wieder aufzunehmen (LSG Berlin-Brandenburg v. 14.9.2006 – L 11 SB 24/05-26 – juris Rn. 55; BSG v. 30.1.1980 – 9 RV 40/79 – juris Rn. 15; aber keine Aussetzung wenn bereits das Ausgangsverfahren fehlt: Bayerisches LSG v. 14.3.2011 – L 16 AS 862/10 – juris Rn. 20);
- gemäß § 78 Abs. 1 S. 2 SGG ein Vorverfahren nicht erforderlich ist. Insbesondere entfällt das Vorverfahren nach § 78 Abs. 1 S. 2 Nr. 1 SGG i. V. m. §§ 57 Abs. 3 S. 3, 60 Abs. 5, 61 Abs. 1 SGB IV oder i. V. m. §§ 35 Abs. 7 S. 3, 36 Abs. 3, 81 Abs. 5 S. 4, 92 Abs. 3 S. 3 SGB V;
- ein Dritter durch einen Widerspruchsbescheid erstmalig beschwert wird. Zwar ist dieser Fall im SGG nicht ausdrücklich geregelt, es gilt aber nichts anderes als bei § 68 Abs. 1 S. 2 Nr. 2 VwGO, weil der Verwaltungsakt schon in der zweiten verwaltungsmäßigen Überprüfung gestanden hat (*Peters*, in: Peters/Sautter/Wolff, Kommentar zur Sozialgerichtsbarkeit § 78 SGG Anm. 4f [S. 283]).

6. Klagefrist. Die Einhaltung der Klagefrist von einem Monat nach Bekanntgabe des Verwaltungsaktes gemäß § 87 SGG ist erforderlich für die **Anfechtungs- und Verpflichtungsklage allein, ihre kombinierten Klageformen und die allgemeine Aufsichtsklage** (*Hommel*, in: Peters/Sautter/Wolff, Kommentar zur Sozialgerichtsbarkeit § 87 SGG Anm. 1b [S. II/2 und II/2-1-]). Die Einhaltung einer Klagefrist ist somit nicht erforderlich für die Verpflichtungsklage in Form der Untätigkeitsklage nach § 54 Abs. 1 S. 1, 4. Fall SGG i. V. m. § 88 SGG (vgl. aber bereits oben Rn. 49 zur Sperrfrist), für die echte Leistungsklage nach § 54 Abs. 5 SGG oder gemäß § 89 SGG für die Feststellungsklage nach § 55 Abs. 1 SGG (trotz der nicht abschließenden und daher möglicherweise missverständlichen Aufzählung in § 89 SGG, s. *Hommel*, in: Peters/Sautter/Wolff, Kommentar zur Sozialgerichtsbarkeit § 87 Anm. 1b [S. II/2-1-]). Die Monatsfrist berechnet sich nach den §§ 64, 66, 67 SGG. 75

76 **Beispiel:**
Der Widerspruchsbescheid wird am 24.12.2014 bekanntgegeben. Die Klagefrist beginnt dann am 25.12.2014 zu laufen (§ 64 Abs. 1 SGG). An sich würde sie daher mit Ablauf des 24.1.2015 enden (§ 64 Abs. 2 S. 1 SGG). Da dieser Tag aber ein Sonnabend (= Samstag) ist, endet die Frist erst mit Ablauf des nächsten Werktags (§ 64 Abs. 3 SGG), also mit Ablauf von Montag, dem 26.1.2015 (vgl. zum vergleichbaren Fall der Berufungsfrist: Bayerisches LSG v. 7.4.2009 – L 14 R 114/09 – juris Rn. 17).

77 Ausnahmsweise gilt die Frist auch dann als gewahrt, wenn die Klage innerhalb der Frist bei einer in § 91 SGG genannten an sich unzuständigen Stelle erhoben wird. Diese Regelung ist ein Ausfluss des Grundsatzes der Klägerfreundlichkeit und soll den rechtlich unerfahrenen und mit der Zuständigkeit wenig vertrauten Bürger schützen. Es besteht aber keine Verpflichtung der in § 91 SGG genannten unzuständigen Stellen, eine Klage auch entgegenzunehmen (BSG v. 20.4.1999 – B 1 SF 1/98 B – juris Rn. 5).

78 7. **Allgemeines Rechtsschutzbedürfnis.** Zwar gibt es keine ausdrückliche gesetzliche Normierung, jedoch setzt jede gerichtliche Rechtsverfolgung ein **Rechtsschutzbedürfnis** voraus. Denn soweit eine Möglichkeit besteht, seine Rechte außerprozessual (nicht aber durch Selbsthilfe) auf einfachere, schnellere oder billigere Art und Weise durchzusetzen, besteht kein Anlass, die Hilfe des Gerichts zur Verfügung zu stellen (Bayerisches LSG v. 14.3.2011 – L 16 AS 862/10 – juris Rn. 18). Somit fehlt das Rechtsschutzbedürfnis, wenn das begehrte Urteil für den Kläger offensichtlich keinerlei rechtliche oder tatsächliche Vorteile bringen kann oder wenn das angestrebte Ergebnis auf einfachere Weise erreicht werden kann (BSG v. 24.4.2008 – B 9/9a SB 8/06 R – juris Rn. 10 f.). Im Zweifel ist jedoch das Rechtsschutzinteresse zu bejahen (BVerwG v. 29.4.2004 – 3 C 25/03 – juris Rn. 19).

☞ Ausnahmsweise fehlt einer Behörde das Rechtsschutzbedürfnis für eine Leistungsklage nicht schon dann, wenn sie das mit der Klage verfolgte Ziel auch durch den scheinbar einfacheren Erlass eines Verwaltungsaktes erreichen könnte (hier: Schadensersatz wegen Verletzung von Pflichten aus dem Versicherungsverhältnis), dies aber z. B. nicht tut, weil ohnehin mit einer gerichtlichen Streitaustragung zu rechnen ist (BSG v. 24.3.1983 – 8 RK 33/81 – juris Rn. 17).

III. Die Begründetheit der Klage in der Sozialgerichtsbarkeit

Soweit die Klage zulässig und begründet ist, erlässt das Gericht gemäß § 125 SGG ein Urteil, das der Klage stattgibt. Die Beantwortung der Frage, wann die Klage begründet ist, hängt davon ab, welche Klageart vorliegt. Für die Formulierung der Urteilsformel erwähnt § 131 SGG einige Regelungen, ohne aber Vollständigkeit zu beanspruchen.

1. Anfechtungsklage. Die Anfechtungsklage ist begründet, soweit der Verwaltungsakt rechtswidrig ist und der Kläger dadurch in seinen Rechten verletzt ist (st. Rspr., z.B. BSG v. 23.8.2013 – B 8 SO 7/12 R – Rn. 9). Damit ergibt sich folgendes Aufbauschema: **79**

I. Verwaltungsakt rechtswidrig

1. Nennen der in Betracht kommenden **Rechtsgrundlage** für den belastenden Verwaltungsakt (s. Art. 20 Abs. 3 GG)
2. **Formelle Rechtmäßigkeit des Verwaltungsaktes**
   a) Zuständigkeit für den Erlass des Verwaltungsaktes
   b) Verfahrensvorschriften eingehalten
   c) Formvorschriften eingehalten
3. **Materielle Rechtmäßigkeit des Verwaltungsaktes**
   a) Tatbestandsvoraussetzungen der Rechtsgrundlage
   b) ggfs. richtiger Adressat der Maßnahme
   c) ggfs. Ermessen
   d) Allgemeine Rechtmäßigkeitsvoraussetzungen

II. Kläger dadurch in seinen Rechten verletzt

Für die Beurteilung der Rechtswidrigkeit der angefochtenen Verwaltungsentscheidung ist auf die Sach- und Rechtslage zum Zeitpunkt ihres Erlasses abzustellen, also den Zeitpunkt der Erteilung des Widerspruchsbescheids (BSG v. 24.10.2013 – B 13 R 35/12 R – Rn. 20).

a) Formelle Rechtmäßigkeit des Verwaltungsaktes. Bei der Prüfung der **formellen Rechtmäßigkeit** des Verwaltungsaktes ist u. a. die Einhaltung von Verfahrensvorschriften zu untersuchen. Dazu gehört insbesondere die Anhörung Beteiligter vor dem Erlass eines Verwaltungsaktes gemäß § 24 Abs. 1 SGB X (vgl. vertiefend *Palsherm*, Verwaltungsrecht für die soziale Praxis, I.3.19, S. 344 ff.). Wenn keine Anhörung stattfand und diese auch nicht nach § 24 Abs. 2 SGB X ausnahmsweise entbehrlich war, kann sie nach § 41 Abs. 1 Nr. 3, Abs. 2 SGB X bis zur letzten Tatsacheninstanz eines sozial- oder verwaltungsgerichtlichen **80**

Verfahrens nachgeholt werden, selbst wenn die Anhörung bewusst unterblieb (BSG v. 5.2.2008 – B 2 U 6/07 R –). Die Nachholung der Anhörung setzt ein förmliches Verfahren der beklagten Behörde (und nicht durch das Gericht) voraus (BSG v. 9.11.2010 – B 4 AS 37/09 R – Rn. 14).

81 Auch die Einhaltung von Formvorschriften ist zu prüfen. Verwaltungsakte ergehen nach § 33 Abs. 2 SGB X grundsätzlich formfrei. Wenn sie jedoch schriftlich ergangen sind, ist gemäß § 35 Abs. 1 SGB X eine Begründung erforderlich.

82 **b) Materielle Rechtmäßigkeit des Verwaltungsaktes.** Viele Normen setzen sich aus Tatbestandsvoraussetzungen und der Rechtsfolge zusammen. Die Rechtsfolgen einer Bestimmung lassen sich unterscheiden in

- gebundene Entscheidungen: Dann muss die Behörde bei Vorliegen der Tatbestandsvoraussetzungen entsprechend entscheiden (Wortlaut der Norm oftmals „muss"), und
- Ermessensentscheidungen (Wortlaut der Norm z. B. „kann", „darf" oder „ist berechtigt").

Praktisch relevant ist bei der Prüfung der **materiellen Rechtmäßigkeit des Verwaltungsaktes** insbesondere die Untersuchung der Ermessensausübung. Bei den Ermessensentscheidungen kann die Behörde zwischen verschiedenen rechtmäßigen Entscheidungsvarianten wählen. Folgerichtig kann diese Ermessensausübung gerichtlich nur eingeschränkt und daraufhin überprüft werden, ob die gesetzlichen Grenzen des Ermessens überschritten wurden oder ob von dem Ermessen in einer dem Zweck der Ermächtigung nicht entsprechenden Weise Gebrauch gemacht wurde (§ 54 Abs. 2 S. 2 SGG; s. dazu z.B. BSG v. 7.5.2013 – B 1 KR 53/12 R – Rn. 14).

83 Untersucht wird dann nur, ob sog. **Ermessensfehler** vorliegen (BSG v. 7.2.2012 – B 13 R 85/09 R – Rn. 66):

Bei der *Ermessensüberschreitung* hat die Behörde eine Rechtsfolge gesetzt, die in der Norm gar nicht vorgesehen wird (BSG v. 18.3.2008 – B 2 U 1/07 R – Rn. 17).

Beim *Ermessensnichtgebrauch* hat die Behörde gar keine ersichtlichen Ermessenserwägungen angestellt, sondern wie bei einer gebundenen Entscheidung gehandelt (BSG v. 18.3.2008 – B 2 U 1/07 R – Rn. 18).

Bei der *Ermessensunterschreitung* oder dem *Ermessensmangel* hat die Behörde zwar Erwägungen angestellt. Diese sind aber völlig unzureichend, z. B. weil sie lediglich aus formelhaften Wendungen bestehen oder wesentliche Gesichtspunkte gar nicht berücksichtigen (BSG v. 18.3.2008 – B 2 U 1/07 R –).

Beim *Ermessensfehlgebrauch* oder *Ermessensmissbrauch* werden sachfremde Erwägungen angestellt (BSG v. 18.3.2008 – B 2 U 1/07 R – Rn. 19), z. B. Antragsteller erhält die Leistung, weil er ein guter Freund des Sachbearbeiters ist.

In Ausnahmefällen erweist sich trotz der Einräumung von Ermessen gegen- 84
über der Behörde nur eine Entscheidung als rechtmäßig. Dann spricht man von einer „Ermessensreduzierung auf Null" (BSG v. 9.11.2010 – B 2 U 10/10 R – Rn. 12; BSG v. 18.3.2008 – B 2 U 1/07 R –).

Neben der Ermessensprüfung muss sich die behördliche Entscheidung auch 85
an **allgemeinen Rechtmäßigkeitsvoraussetzungen** messen lassen, die insbesondere der grundgesetzlichen Wertordnung entspringen. Dazu gehört vor allem der aus dem Rechtsstaatsprinzip nach Art. 20 Abs. 3 GG hergeleitete **Verhältnismäßigkeitsgrundsatz.** Durch staatliches Handeln darf nicht übermäßig in Rechte des Bürgers eingegriffen werden. Der Verhältnismäßigkeitsgrundsatz setzt zunächst einen legitimen, also mit der Rechtsordnung prinzipiell zu vereinbarenden, Zweck des staatlichen Handelns voraus und besteht ferner aus drei Geboten, an denen sich das staatliche Handeln messen lassen muss: Geeignetheit, Erforderlichkeit und Verhältnismäßigkeit im engeren Sinne, die auch Angemessenheit genannt wird (LSG Niedersachsen-Bremen v. 31.7.2007 – L 8 AS 605/06 ER – juris Rn. 18). Die Geeignetheit der staatlichen Handlung verlangt, dass diese den gewünschten Erfolg generell fördern kann (LSG Niedersachsen-Bremen v. 31.7.2007 – L 8 AS 605/06 ER – juris Rn. 20), m.a.W. überhaupt tauglich ist. Die Erforderlichkeit des staatlichen Handelns setzt voraus, dass es nicht über das zur Verfolgung des Zwecks notwendige Maß hinausgeht. Dieses Gebot ist verletzt, wenn das Ziel der staatlichen Maßnahme auch durch ein anderes, gleich wirksames Mittel erreicht werden kann, das die Rechte des Bürgers weniger einschränkt (LSG Niedersachsen-Bremen v. 31.7.2007 – L 8 AS 605/06 ER – juris Rn. 21). Schließlich ist im Rahmen der Angemessenheit zu prüfen, ob die mit der Maßnahme verbundenen Nachteile nicht außer Verhältnis zu ihren Vorteilen und dem verfolgten Zweck stehen (s. Bayerisches LSG v. 28.3.2007 – L 12 KA 570/04 – juris Rn. 38). Hier ist somit eine umfassende Güterabwägung zwischen Vor- und Nachteilen unter Berücksichtigung der grundgesetzlichen Wertentscheidungen vorzunehmen.

c) **Aufhebung von Verwaltungsakten.** Bei der Anfechtungsklage geht es sehr 86
häufig darum, dass sich der Kläger gegen die Aufhebung eines ihn begünstigenden Verwaltungsaktes wendet. Der Staat bedarf einer Ermächtigungsgrundlage, um **rechtswidrige Verwaltungsakte zurückzunehmen** bzw. **rechtmäßige Verwaltungsakte zu widerrufen** (vgl. vertiefend *Schnapp* SGb 1993, 1 ff.). Die Aufhebung ist also der Oberbegriff zur Zurücknahme bzw. zum Widerruf (BSG v. 29.6.2000 – B 11 AL 85/99 R – juris Rn. 21).

Die Regelungen zur Aufhebung eines Verwaltungsaktes in den §§ 44 ff. SGB X 87
sind nach § 37 S. 1 SGB I nur anwendbar, sofern in anderen Sozialgesetz-

büchern keine abweichenden Regeln getroffen sind. Solch eine abweichende Regelung findet sich z. B. in § 330 SGB III und in § 40 Abs. 2 Nr. 2 und 3 SGB II, in § 8 Abs. 2 S. 3 SGB V, in § 47 Abs. 1a S. 4 SGB VII, in § 31 WoGG oder in § 20 BAföG. Die §§ 44 ff. SGB X enthalten ein ausdifferenziertes System an Ermächtigungsgrundlagen für die Aufhebung von Verwaltungsakten, welches durch nachfolgenden Entscheidungsbaum illustriert wird:

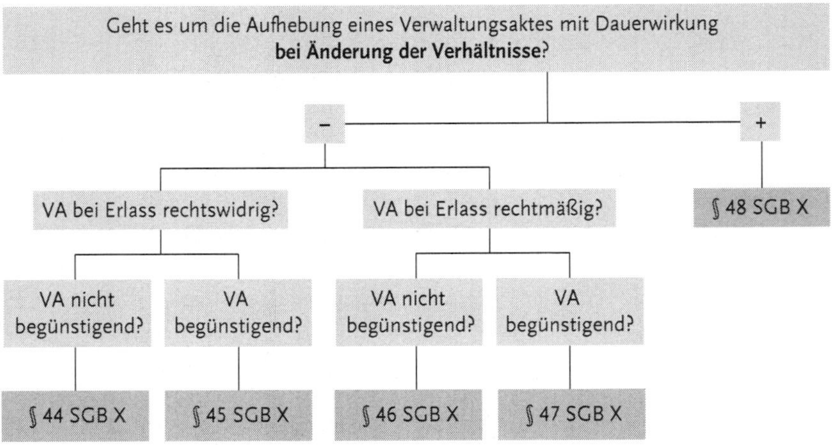

88 § 48 SGB X betrifft also im Unterschied zu § 45 SGB X, der ebenfalls Verwaltungsakte mit Dauerwirkung betreffen kann, den Fall, dass nach Erlass eines Verwaltungsaktes mit Dauerwirkung eine wesentliche Änderung in tatsächlicher oder rechtlicher Hinsicht eingetreten ist, wohingegen bei der Anwendung des § 45 SGB X der Verwaltungsakt bereits im Zeitpunkt seines Erlasses rechtswidrig war (BSG v. 21.6.2011 – B 4 AS 22/10 R – Rn. 16; BSG v. 16.12.2008 – B 4 AS 48/07 R – ◎).

☞ Sollte die Behörde die Aufhebung des Verwaltungsaktes auf eine „falsche“ Rechtsgrundlage gestützt haben, führt dies noch nicht zur Begründetheit einer Klage. Denn im Prozess ist das sog. Nachschieben von Gründen (also auch der richtigen Rechtsgrundlage) zulässig, soweit der Verwaltungsakt nicht in seinem Regelungsumfang oder Wesensgehalt verändert wird bzw. die Rechtsverteidigung des Betroffenen nicht in unzulässiger Weise beeinträchtigt oder erschwert wird. Damit ist auch ein „Austausch“ der Rechtsgrundlage zulässig, da es weiterhin um die Aufhebung des Verwaltungsaktes geht (BSG v. 10.9.2013 – B 4 AS 89/12 R – Rn. 29).

aa) § 44 SGB X. § 44 SGB X enthält zwei Rücknahmetatbestände: Absatz 1 betrifft die speziellen Fälle unterlassener Leistungserbringung oder unrechtmäßiger Beitragserhebung aufgrund eines rechtswidrigen Verwaltungsaktes und Absatz 2 sonstige belastende Verwaltungsakte. **89**
Die Rücknahme eines rechtswidrigen nicht begünstigenden Verwaltungsaktes **setzt** nach **§ 44 Abs. 1 SGB X** somit **voraus**, **(1)** dass der Verwaltungsakt rechtswidrig ist, weil das Recht unrichtig angewandt oder von einem unrichtigen Sachverhalt ausgegangen wurde, und **(2)** dass deshalb Sozialleistungen (s. § 11 SGB I) zu Unrecht nicht erbracht *oder* Beiträge zu Unrecht erhoben wurden.

Bei Vorliegen des Tatbestandes setzt die Norm eine gebundene **Rechtsfolge**. Der Verwaltungsakt ist mit Wirkung für die Vergangenheit und über den Wortlaut hinaus auch mit Wirkung für die Zukunft (BSG v. 19.2.2009 – B 10 KG 2/07 R – Rn. 12) zurückzunehmen. **90**

Der **Vollzug der Rücknahmeentscheidung** bei nicht erbrachten Leistungen richtet sich nach § 44 Abs. 4 SGB X. Demgemäß besteht, sofern Sozialleistungen zu Unrecht nicht erbracht wurden, ein Anspruch auf nachträgliche Gewährung der Leistungen für einen Zeitraum von bis zu vier Jahren vor der Rücknahme (bzw. von bis zu einem Jahr im Fürsorgerecht: § 40 Abs. 1 S. 2 SGB II und § 116a SGB XII). Auch der **sozialrechtliche Herstellungsanspruch** unterliegt kraft entsprechender Anwendung des § 44 Abs. 4 SGB X dieser 4-Jahres-Frist und reicht damit nicht weiter (BSG v. 27.3.2007 – B 13 R 58/06 R – Rn. 15 ff.). Für **zu Unrecht erhobene Beiträge** besteht ein Erstattungsanspruch nach § 26 Abs. 2 SGB IV. **91**

Demgegenüber muss für **§ 44 Abs. 2 SGB X** lediglich ein sonstiger Fall eines rechtswidrigen belastenden Verwaltungsaktes vorliegen. **92**

Beispiel: **93**
Ein solcher sonstiger belastender Verwaltungsakt ist die Ablehnung des Antrags auf Befreiung von der Versicherungspflicht gemäß § 8 SGB V, also ein Bescheid mit feststellendem Charakter (BSG v. 8.12.1999 – B 12 KR 12/99 R – juris Rn. 23), oder die Ablehnung der Zuerkennung eines Merkzeichens für den Schwerbehindertenausweis (BSG v. 16.2.2012 – B 9 SB 2/11 R – Rn. 17).

Rechtsfolge des § 44 Abs. 2 SGB X ist, dass der Verwaltungsakt für die Zukunft zurückzunehmen ist; für die Vergangenheit steht die Rücknahme nach § 44 Abs. 2 S. 2 SGB X im Ermessen der Behörde. **94**

§ 44 SGB X räumt mit der Rücknahme des rechtswidrigen nicht begünstigenden Verwaltungsaktes der materiellen Einzelfallgerechtigkeit den Vorrang vor dem Grundsatz der Rechtssicherheit ein (*Pitschas* JuS 1983, 434, 437). **95**

96 **bb) § 45 SGB X.** Die Rücknahme rechtswidriger begünstigender Verwaltungsakte richtet sich nach § 45 SGB X. Die Vorschrift setzt somit jedenfalls

- einen rechtswidrigen Verwaltungsakt voraus,
- der seinen Empfänger begünstigt, d. h., dass er ein Recht oder einen rechtlich erheblichen Vorteil begründet oder bestätigt (s. § 45 Abs. 1 SGB X).

Rechtlich erhebliche Vorteile sind alle wirtschaftlichen Vorteile und Interessen, soweit sie nach der objektiven Verkehrsauffassung rechtlich schutzwürdig sind (Sächsisches LSG v. 7.12.2006 – L 3 AL 118/05 – juris Rn. 28).

Weiterhin ist nach der Art des Verwaltungsaktes und dem Zeitraum der Rücknahme (Abs. 2-3 für die Zukunft, Abs. 4 für die Vergangenheit) zu differenzieren:

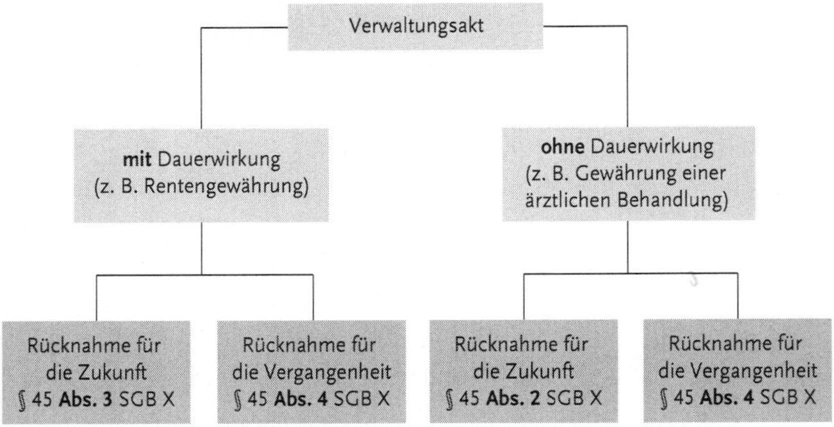

97 Somit ist bei **§ 45 Abs. 2 SGB X** zu prüfen: **(1)** Rechtswidriger und **(2)** begünstigender Verwaltungsakt, **(3)** der keine Dauerwirkung hat und **(4)** dessen Rücknahme nicht ausgeschlossen ist (Vertrauensschutz, s. Rn. 100), **(5)** soll für die Zukunft zurückgenommen werden.

98 Ein Verwaltungsakt mit Dauerwirkung liegt vor, wenn sich der Verwaltungsakt nicht in einem einmaligen Gebot oder Verbot oder in einer einmaligen Gestaltung der Rechtslage erschöpft, sondern ein auf Dauer berechnetes oder in seinem Bestand vom Verwaltungsakt abhängiges Rechtsverhältnis begründet bzw. inhaltlich verändert (BSG v. 4.9.2013 – B 10 EG 11/12 R – Rn. 26).

99 **Beispiel:**
Der Verwaltungsakt, der eine regelmäßige Sozialleistung gewährt, wie die Bewilligung von Leistungen der sozialen Pflegeversicherung nach einer bestimmten Pflegestufe.

Die Rücknahme des Verwaltungsaktes ist ausgeschlossen, wenn **(1)** der Be- **100**
günstigte auf den Bestand des Verwaltungsaktes vertraut hat (s. § 45 Abs. 2 S. 1, 1. Halbsatz SGB X), und **(2)** dieses Vertrauen unter Abwägung mit dem öffentlichen Rücknahmeinteresse schutzwürdig ist.

Für die Frage der Schutzwürdigkeit empfiehlt sich folgende Prüfungsreihenfolge: zuerst S. 3 („... kann sich nicht auf Vertrauen berufen, wenn ...“), dann S. 2 („... das Vertrauen ist i. d. R. schutzwürdig, wenn ...“) und schließlich S. 1, 2. Halbsatz (die eigentliche Abwägung).

Bei Vorliegen der Tatbestandsvoraussetzungen erlaubt die Norm die Rück- **101**
nahme im Ermessenswege (Wortlaut: Der Verwaltungsakt darf zurückgenommen werden).

Bei **§ 45 Abs. 3 SGB X** ist zu prüfen: **(1)** Rechtswidriger und **(2)** begünstigender **102**
Verwaltungsakt, **(3)** der Dauerwirkung hat (s. Rn. 98) und **(4)** dessen Rücknahme nicht ausgeschlossen ist, **(5)** soll innerhalb der Rücknahmefrist **(6)** für die Zukunft zurückgenommen werden.

Die Rücknahmefrist lässt die Rücknahme grundsätzlich nur bis zu zwei Jahre **103**
nach der Bekanntgabe des Verwaltungsaktes zu, es sei denn der Ausnahmetatbestand der Wiederaufnahmegründe analog § 580 ZPO liegt vor (§ 45 Abs. 3 S. 2 SGB X). Darüber hinaus kommt eine Rücknahme bis zu zehn Jahre nach der Bekanntgabe unter den erweiterten Voraussetzungen des § 45 Abs. 3 S. 3 SGB X in Betracht.

Als **Rechtsfolge** sieht § 45 Abs. 3 SGB X vor, dass der Verwaltungsakt im Ermes- **104**
senswege zurückgenommen werden kann.

Schließlich ist für die Rücknahme nach **§ 45 Abs. 4 SGB X** zu prüfen: **(1)** Rechts- **105**
widriger und **(2)** begünstigender Verwaltungsakt **(3)** mit oder ohne Dauerwirkung, **(4)** in Bezug auf den der Vertrauensschutz nach § 45 Abs. 2 S. 3 SGB X ausgeschlossen ist oder Wiederaufnahmegründe nach § 45 Abs. 3 S. 2 SGB X i. V. m. § 580 ZPO vorliegen, **(5)** soll innerhalb der Rücknahmefrist des § 45 Abs. 4 S. 2 SGB X **(6)** für die Vergangenheit zurückgenommen werden.

Die Rücknahme muss nach der Rücknahmefrist des § 45 Abs. 4 S. 2 SGB X **106**
innerhalb eines Jahres seit Kenntnis der Tatsachen erfolgen, welche die Rücknahme eines rechtswidrigen begünstigenden Verwaltungsaktes für die Vergangenheit rechtfertigen. Die Frist beginnt zu laufen, sobald dem zuständigen Sachbearbeiter der Behörde die für die Rücknahmeentscheidung erheblichen Tatsachen bekannt sind. Dazu gehören alle Umstände, deren Kenntnis es der

Behörde objektiv ermöglicht, ohne weitere Sachaufklärung unter sachgerechter Ausübung ihres Ermessens über die Rücknahme zu entscheiden. Der notwendige Umfang der Kenntnis von Tatsachen richtet sich nach dem Tatbestand der Aufhebungsnorm (BSG v. 31.1.2008 – B 13 R 23/07 R – Rn. 24). Kenntnis bedeutet dabei gesichertes Wissen von allen Umständen, welche die Rücknahme rechtfertigen, also sowohl der Tatsachen, auf denen die Rechtswidrigkeit des Verwaltungsaktes beruht, als auch der Voraussetzungen, welche in § 45 Abs. 2 S. 3 und Abs. 3 S. 2 SGB X genannt werden (BSG v. 17.11.2008 – B 11 AL 87/08 B – Rn. 3; BSG v. 8.2.1996 – 13 RJ 35/94 – juris Rn. 30).

Scheidet die Rücknahme nach § 45 SGB X wegen Fristablaufs aus, so ist entgegen des Wortlauts ein Widerruf eines rechtswidrigen Verwaltungsaktes analog § 47 SGB X zu prüfen (Sächsisches LSG v. 7.12.2006 – L 3 AL 118/05 – juris Rn. 39; BSG v. 23.3.1988 – 3 RK 9/87 – juris Rn. 15).

107 Zwar scheint der Wortlaut der **Rechtsfolge** des § 45 Abs. 4 S. 1 SGB X anderes zu belegen („... wird der Verwaltungsakt ... zurückgenommen ...“). Diese Bestimmung ist jedoch in der systematischen Zusammenschau mit § 45 Abs. 1 SGB X zu lesen (Wortlaut: „... darf ... zurückgenommen werden ...“). Daher ist auch bei der Rücknahme für die Vergangenheit durch die Behörde Ermessen auszuüben (BVerwG v. 14.3.2013 – 5 C 10/12 – juris Rn. 29; anderer Ansicht SG Lüneburg v. 27.8.2008 – S 24 AS 722/08 – juris Rn. 34).

108 § 45 SGB X, der sich auf begünstigende Verwaltungsakte bezieht, liegt somit eine andere gesetzgeberische Wertentscheidung zugrunde als bei dem nicht begünstigende Verwaltungsakte erfassenden § 44 SGB X: § 45 SGB X räumt dem Vertrauensschutz durch Bestandsschutz den Vorrang gegenüber der Verwirklichung des materiellen Rechts ein (*Pitschas* JuS 1983, 434, 437).

109 Der **Vollzug** aller oben benannten Rücknahmeentscheidungen richtet sich nach § 50 Abs. 1 SGB X. Bereits erbrachte Leistungen sind danach zu erstatten, ohne dass der Behörde insofern noch ein Ermessensspielraum zukommt (VG München v. 5.12.2007 – M 22 K 07.1059 – juris Rn. 26; aber Ermessen bei einer Erstattung nach § 50 Abs. 2 SGB X: BSG v. 22.8.2012 – B 14 AS 165/11 R – Rn. 28).

110 cc) **§ 46 SGB X.** § 46 SGB X setzt voraus, **(1)** dass ein rechtmäßiger **(2)** nicht begünstigender Verwaltungsakt **(3)** mit Wirkung für die Zukunft widerrufen werden soll, **(4)** ohne dass dieser Widerruf nach § 46 Abs. 1, 2. Halbsatz SGB X ausgeschlossen ist. Nicht begünstigend ist im Umkehrschluss zu § 45 Abs. 1 SGB X ein Verwaltungsakt, der weder ein Recht noch einen rechtlichen Vorteil begründet oder bestätigt.

Rechtsfolge der Norm ist, dass der Verwaltungsakt im Ermessenswege prinzipiell jederzeit mit Wirkung für die Zukunft widerrufen werden kann. **111**

dd) § 47 SGB X. Bei § 47 SGB X ist zu unterscheiden zwischen Verwaltungsakten, die Geld- oder Sachleistungen zur Erfüllung eines bestimmten Zwecks gewähren oder hierfür Voraussetzung sind (Widerruf nach Abs. 2), und sonstigen Verwaltungsakten (Widerruf nach Abs. 1): **112**

Der Widerruf nach **§ 47 Abs. 2 SGB X** setzt voraus, **(1)** dass ein rechtmäßiger **(2)** begünstigender Verwaltungsakt (s. Rn. 96) vorliegt, **(3)** der eine Geld- oder Sachleistung zur Erfüllung eines bestimmten Zwecks gewährt oder hierfür Voraussetzung ist, und **(4)** dass die Leistung nicht alsbald nach der Erbringung oder nicht für den bestimmten Zweck verwendet wird oder dass eine mit dem Verwaltungsakt verbundene Auflage nicht innerhalb der gesetzten Frist erfüllt wird. Ferner darf **(5)** der Begünstigte des Verwaltungsaktes kein schützenswertes Vertrauen auf den Bestand des Verwaltungsaktes haben (§ 45 Abs. 2 S. 2–5 SGB X). **113**

Auflagen sind nach § 32 Abs. 2 Nr. 4 SGB X in der Regel auf ein bestimmtes Tun, Dulden oder Unterlassen gerichtet. Die Auflage ist eine zusätzlich mit dem Verwaltungsakt verbundene, selbstständig erzwingbare hoheitliche Anordnung in Form eines Ge- oder Verbots. Sie ist nicht integraler Bestandteil des Verwaltungsaktes, sondern tritt selbstständig zum Hauptinhalt eines Verwaltungsaktes hinzu und ist für dessen Bestand und Wirksamkeit ohne unmittelbare Bedeutung (Sächsisches LSG v. 19.4.2001 – L 3 AL 88/00 – juris Rn. 37). **114**

> Der Widerruf kommt nur dann in Betracht, wenn der konkret im Verwaltungsakt festgesetzte Leistungsverwendungszweck nicht erfüllt wird (BSG v. 14.12.2000 – B 11 AL 63/00 R – juris Rn. 18). Die Verfehlung des allgemeinen Zwecks einer Sozialleistung oder des allgemeinen Zwecks eines Gesetzes genügt nicht.

> Der Vertrauensschutz ist – ähnlich wie bei § 45 SGB X – zweckmäßig in folgender Reihenfolge zu prüfen: zuerst S. 4 („Auf Vertrauen kann sich der Begünstigte nicht berufen, soweit ..."), dann S. 3 („Das Vertrauen ist i. d. R. schutzwürdig, wenn ...") und schließlich S. 2, 2. Halbsatz mit der eigentlichen Abwägung (s. VG Chemnitz v. 20.7.2006 – 6 K 485/99 – juris Rn. 72).

Für den Widerruf nach **§ 47 Abs. 1 SGB X** bedarf es **(1)** eines rechtmäßigen **(2)** begünstigenden Verwaltungsaktes, **(3)** dessen Widerruf durch Rechtsvorschrift zugelassen oder im Verwaltungsakt vorbehalten ist oder der Nichterfüllung einer mit dem Verwaltungsakt verbundenen Auflage innerhalb der gesetzten Frist. **115**

116 § 47 SGB X setzt die **Rechtsfolge**, dass nach Absatz 1 im Ermessenswege nur mit Wirkung für die Zukunft widerrufen werden darf (VG Düsseldorf v. 22.3.2004 – 13 K 353/01 – juris Rn. 39). Gemäß Absatz 2 hingegen kann auch mit Wirkung für die Vergangenheit widerrufen werden.

117 **ee) § 48 SGB X.** Die Aufhebung nach § 48 Abs. 1 SGB X setzt voraus, **(1)** dass bei einem Verwaltungsakt mit Dauerwirkung (s. Rn. 98 zu § 45 Abs. 2 SGB X) **(2)** in den zum Erlasszeitpunkt vorliegenden tatsächlichen oder rechtlichen Verhältnissen eine wesentliche Änderung eingetreten ist.

118 Eine Änderung der Verhältnisse ist wesentlich, wenn der Verwaltungsakt, so wie er ursprünglich nach der damaligen Sach- und Rechtslage erlassen wurde, nach der neuen Sach- und Rechtslage nicht mehr ergehen dürfte. Die Wesentlichkeit erfordert mithin, dass sich die Änderung auf den Leistungsanspruch des Betroffenen auswirkt (BSG v. 8.12.2005 – B 13 RJ 38/04 R – juris Rn. 11). Maßgebend ist das jeweilige materielle Recht (BSG v. 20.3.2007 – B 2 U 21/06 R – Rn. 11). Die Anwendung des § 48 SGB X setzt aber nicht voraus, dass der ursprüngliche Verwaltungsakt rechtmäßig war (BSG v. 19.7.2010 – B 8 SO 22/10 B – Rn. 7; BSG v. 16.12.2008 – B 4 AS 60/07 R – Rn. 14). Eine Änderung der tatsächlichen Verhältnisse kann insbesondere bei einer Veränderung des gesundheitlichen Zustands vorliegen (s. BSG v. 6.7.2006 – B 9a V 4/09 R – juris Rn. 17).

119 § 48 Abs. 1 S. 1 SGB X setzt die **Rechtsfolge**, dass der Verwaltungsakt mit Wirkung für die Zukunft aufzuheben ist, so dass eine zwingende Regelung vorliegt. Mit Wirkung für die Vergangenheit soll er nach Absatz 1 S. 2 aufgehoben werden. Dies bedeutet, dass es sich im Regelfall um eine Muss-Vorschrift handelt, bei der jedoch in Ausnahmefällen (atypische Situationen) von der Aufhebung abgesehen werden darf (BSG v. 31.1.2008 – B 13 R 23/07 R – Rn. 30).

120 § 48 Abs. 2 SGB X sieht eine weitere Aufhebungsmöglichkeit für den Fall der Änderung der Rechtsprechung vor, was aber die Aufhebbarkeit nach § 48 Abs. 1 SGB X im Falle einer Rechtsprechungsänderung nicht sperrt (BSG v. 27.7.2004 – B 7 AL 76/03 R – juris Rn. 19).

121 Der **Vollzug jeder Aufhebung** richtet sich nach § 48 Abs. 4, § 44 Abs. 4 SGB X, d. h. zu Unrecht nicht erbrachte Leistungen sind für einen Zeitraum von bis zu vier Jahren vor der Aufhebung nachträglich zu erbringen (vgl. o. Rn. 91).

122 **2. Verpflichtungsklage.** Der richtig formulierte Obersatz der Begründetheitsprüfung hängt von dem Klageantrag ab. Die Verpflichtungsklage (als **Vornahmeklage**) ist nach § 131 Abs. 2 SGG begründet, soweit die Ablehnung oder Unterlassung des beantragten Verwaltungsaktes rechtswidrig, der Kläger dadurch beschwert und die Sache spruchreif ist (BSG v. 17.3.2009 – B 14 AS 34/07 R –

Rn. 11). Das ist der Fall, wenn die Verwaltungsbehörde nach materiellem Recht dem Kläger gegenüber verpflichtet ist, den beantragten Verwaltungsakt zu erlassen (BSG v. 23.4.2009 – B 9 SB 3/08 R – Rn. 23: „Anspruch auf Feststellung eines GdB von 50“). Die Verpflichtungsklage (als **Bescheidungsklage**) ist nach § 131 Abs. 2 S. 2, Abs. 3 SGG begründet, wenn der Kläger einen Anspruch auf die nochmalige Bescheidung hat. Das setzt voraus, dass die Ablehnung oder Unterlassung des Verwaltungsaktes rechtswidrig und der Kläger dadurch in seinen Rechten verletzt ist (BSG v. 17.3.2009 – B 14 AS 34/07 R – Rn. 11).

Somit ergibt sich folgender Aufbau:

I. Nennen der in Betracht kommenden **Grundlage für die Verpflichtung**

II. **Formelle Voraussetzungen**
1. Zuständigkeit
2. Verfahren

III. **Materielle Voraussetzungen**
1. Tatbestandsvoraussetzungen der Rechtsgrundlage für den beantragten Verwaltungsakt überprüfen
2. Auf der Rechtsfolgenseite ergibt sich damit für Ermessensnormen:
Bei Ermessensreduzierung auf Null, d. h., wenn das Ermessen nur in einer Linie rechtmäßig ausgeübt werden kann und jede andere Entscheidung fehlerhaft wäre (BSG v. 9.11.2010 – B 2 U 10/10 R – Rn. 12), besteht nach § 131 Abs. 2 SGG die Verpflichtung der Behörde zum Erlass des Verwaltungsaktes, also ein Anspruch auf den beantragten Verwaltungsakt. Ansonsten existiert ein Anspruch auf ermessensfehlerfreie Entscheidung (§ 39 Abs. 1 S. 2 SGB I), d. h. die Verpflichtung, der Kläger unter Beachtung der Rechtsauffassung des Gerichts zu bescheiden.
3. Kein Erlöschen der Verpflichtung
Die Verpflichtung ist insbesondere dann erloschen, wenn das Ermessen fehlerfrei ausgeübt wurde.

Die **Untätigkeitsklage** nach § 88 SGG ist begründet, wenn kein zureichender **123**
Grund dafür vorliegt, dass der Beklagte vor Ablauf der Frist den Bescheid noch nicht erlassen hat – die Unterlassung also rechtswidrig und der Kläger dadurch beschwert ist (LSG Hamburg v. 20.4.2005 – L 1 KR 90/03 – juris Rn. 20). Bei begründeter Untätigkeitsklage wird der Beklagte i. d. R. zur Bescheidung unter Beachtung der Rechtsauffassung des Gerichts verurteilt.

Für die Beurteilung der Rechtswidrigkeit der Verwaltungsentscheidung ist bei der kombinierten Anfechtungs- und Verpflichtungsklage im Hinblick auf die Rechtslage auf die letzte mündliche Verhandlung – auch in der Revisionsinstanz – und bezüglich der Sachlage auf die letzte mündliche Verhandlung in der Tatsacheninstanz abzustellen (BSG v. 15.10.1996 – 3 RK 32/95 – juris Rn. 11).

124 **3. Allgemeine Leistungsklage.** Die **Allgemeine Leistungsklage** ist begründet, wenn ein Rechtsanspruch auf die begehrte Leistung besteht (BSG v. 6.9.2007 – B 3 KR 20/06 R – Rn. 10). Wenn feststeht, dass ein Anspruch auf Zahlung eines Geldbetrags besteht, dessen Höhe aber noch offen ist, kann als „Besonderheit" des sozialgerichtlichen Verfahrens ein Grundurteil ergehen (BSG v. 10.12.2008 – B 6 KA 45/07 R – Rn. 30). Mit diesem wird der Beklagte „dem Grunde nach" zur Zahlung verurteilt. Zweck dieses Urteils ist, das Verfahren zu beschleunigen, indem das Gericht von der Feststellung der Höhe des Anspruchs entlastet wird, die der Versicherungsträger oder die Behörde i. d. R. einfacher treffen können. Das Grundurteil ist bei der allgemeinen Leistungsklage nur ein Zwischenurteil i. S. v. § 202 SGG, § 304 ZPO (BSG v. 19.9.2007 – B 9/9a SB 49/06 B – Rn. 5), d. h. der Rechtsstreit bleibt bei dem erkennenden Gericht bis zur Durchführung des Nachverfahrens über die Höhe der Leistung anhängig (BSG v. 6.8.1999 – B 4 RA 25/98 B – juris Rn. 19). Aus dem Grundurteil kann nicht vollstreckt werden, da über die Anspruchshöhe nichts gesagt wird. Dieser Nachteil wird dadurch ausgeglichen, dass das Gericht gemäß § 130 Abs. 1 S. 2 und 3 SGG eine vorläufige Leistung an den Kläger anordnen kann, so dass dieser erst einmal Geld erhält.

125 **4. Unechte Leistungsklage.** Die **unechte Leistungsklage** als kombinierte Klageart ist begründet, wenn die Ablehnung des beantragten Verwaltungsaktes rechtswidrig und die Behörde zur Gewährung der beantragten Leistung verpflichtet war (BSG v. 28.2.2008 – B 1 KR 19/07 R – Rn. 8).

126 Bei der unechten Leistungsklage ist ebenfalls ein Grundurteil (s. Rn. 124 bei allgemeiner Leistungsklage) nach § 130 Abs. 1 S. 1 SGG möglich. Der Unterschied zur allgemeinen Leistungsklage ist, dass das Grundurteil hier ein Endurteil ist, d. h. es erledigt den Rechtstreit (BSG v. 6.8.1999 – B 4 RA 25/98 B – juris Rn. 19).

127 **5. Feststellungsklage.** Die **Feststellungsklage** nach § 55 Abs. 1 Nr. 1 SGG ist begründet, wenn ein Rechtsverhältnis besteht bzw. nicht besteht; die nach § 55 Abs. 1 Nr. 2 SGG, wenn der behauptete Versicherungsträger zuständig ist; die nach § 55 Abs. 1 Nr. 3 SGG, wenn die Gesundheitsstörung oder der Tod die Folge eines Arbeitsunfalls, einer Berufskrankheit oder einer Schädigung i. S. d. BVG ist; die nach § 55 Abs. 1 Nr. 4 SGG, wenn der Verwaltungsakt nichtig ist.

Bei der Klage nach § 55 Abs. 1 Nr. 1 SGG muss eine allgemeine Rechtmäßigkeitsprüfung erfolgen. Die Nichtigkeit i. S. v. § 55 Abs. 1 Nr. 4 SGG wird zweckmäßig in folgender Reihenfolge geprüft: Nichtigkeit nach § 40 Abs. 2 SGB X, Unbeachtlichkeit nach § 40 Abs. 3 SGB X oder Nichtigkeit nach § 40 Abs. 1 SGB X.

6. **Fortsetzungsfeststellungsklage.** Die Fortsetzungsfeststellungsklage ist als fortgeführte Anfechtungsklage begründet, wenn der Verwaltungsakt rechtswidrig und der Kläger dadurch in seinen Rechten verletzt war (BSG v. 14.2.2013 – B 14 AS 195/11 R – Rn. 9). Als fortgeführte Verpflichtungsklage ist sie begründet, wenn die Ablehnung oder Unterlassung des Verwaltungsaktes rechtswidrig und der Kläger dadurch beschwert war (BSG v. 28.9.2006 – B 6 KA 73/04 R – juris Rn. 16). **128**

7. **Wahlanfechtungsklage.** Die Wahlanfechtungsklage ist begründet, wenn bei einer Wahl gegen Rechtsvorschriften verstoßen worden ist, es sei denn, dass durch den Verstoß das Wahlergebnis nicht beeinflusst werden konnte (SG Mainz v. 30.3.2005 – S 8 KA 570/04 – juris Rn. 52; BSG v. 14.6.1984 – 1/8 RK 18/83 – juris Rn. 31). **129**

IV. Einstweiliger Rechtsschutz in der Sozialgerichtsbarkeit

Das am 2.1.2002 in Kraft getretene 6. SGG-Änderungsgesetz hat den vorläufigen Rechtsschutz erstmalig ausführlich im SGG normiert (vgl. dazu vertiefend: *Palsherm* JA 2004, 652 ff.). Der Grundsatz des § 86a Abs. 1 SGG besagt, dass **Widerspruch** und **Anfechtungsklage aufschiebende Wirkung** haben. Aufschiebende Wirkung bedeutet nach überwiegender Auffassung, dass der Verwaltungsakt nicht vollzogen werden kann und somit ein Schwebezustand eintritt, der aus Gründen eines effizienten Rechtsschutzes die Schaffung vollendeter Tatsachen verhindert (vgl. dazu BSG v. 11.3.2009 – B 6 KA 15/08 R – Rn. 12). **130**

Die Ausnahmen zur aufschiebenden Wirkung gemäß § 86a Abs. 2 und Abs. 4 SGG sind aber so zahlreich und auch praxisrelevant, dass der Grundsatz beinahe zur Ausnahme wird. Insoweit sei nur hingewiesen auf die Anfechtungsklage gegen die Herabsetzung oder Entziehung laufender Leistungen der Bundesagentur für Arbeit (§ 86a Abs. 2 Nr. 2 SGG) bzw. der Sozialversicherung (§ 86a Abs. 2 Nr. 3 SGG), die durch Bundesgesetz von der aufschiebenden Wirkung ausgenommenen Fälle (§ 86a Abs. 2 Nr. 4 SGG: z. B. Aufhebung oder Rücknahme einer Leistung der Grundsicherung für Arbeitsuchende bzw. Feststellung einer Pflichtverletzung und Minderung des Auszahlungsanspruchs nach § 39 Nr. 1 SGB II) und die Fälle der Anordnung der sofortigen Vollziehung durch die Behörde (§ 86a Abs. 2 Nr. 5 SGG) – der Parallele zu § 80 Abs. 2 Nr. 4 VwGO.

131 **§ 86a Abs. 3 SGG** regelt den **einstweiligen Rechtsschutz außerhalb des Gerichtsverfahrens** – vgl. die Parallele in § 80 Abs. 4 VwGO – und **§ 86b SGG den gerichtlichen einstweiligen Rechtsschutz** sowohl im Hinblick auf die Anordnung und Wiederherstellung der aufschiebenden Wirkung (§ 86b Abs. 1 SGG – vgl. die Parallele in § 80 Abs. 5 VwGO) als auch bezüglich der einstweiligen Anordnung (§ 86b Abs. 2 SGG – vgl. die Parallele in § 123 Abs. 1 VwGO).

Im SGG ist der gerichtliche einstweilige Rechtsschutz also anders als in der VwGO in nur einer anstatt in zwei Normen (§§ 80 Abs. 5, 123 Abs. 1 VwGO) geregelt. § 86b Abs. 1 SGG geht dabei § 86b Abs. 2 SGG vor, wie sich aus dem eindeutigen Wortlaut des § 86b Abs. 2 SGG ergibt („Soweit ein Fall ..." – vgl. die Parallele in § 123 Abs. 5 VwGO).

132 Das **Aussetzungsverfahren** nach **§ 86b Abs. 1 SGG** ist **statthaft**, wenn ein nicht erledigter und nicht bestandskräftiger sowie kraft Gesetzes oder behördlicher Anordnung sofort vollziehbarer Verwaltungsakt vorliegt.

Als Faustformel kann man sich die Frage merken, ob in der Hauptsache eine Anfechtungsklage statthaft ist.

Für den Fall, dass einem Widerspruch oder einer Klage aufschiebende Wirkung zukommt, die Behörde aber dennoch vollzieht (sog. **faktische Vollziehung**), ist gleichwohl ein Antrag gemäß § 86b Abs. 1 SGG statthaft (LSG Niedersachsen-Bremen v. 18.12.2008 – L 11 AY 117/08 ER – juris Rn. 11). Denn der Bürger muss nicht auch noch die engeren Voraussetzungen eines Antrags nach § 86b Abs. 2 SGG erfüllen, wenn die Behörde sich schon rechtswidrig verhält.

133 Für die **Begründetheit des Antrags nach § 86b Abs. 1 SGG** ist zwischen dem Fall des § 86a Abs. 2 Nr. 5 SGG und den anderen Fällen des Entfallens der aufschiebenden Wirkung zu unterscheiden: Für den Fall des § 86a Abs. 2 Nr. 5 SGG ist der Antrag begründet, wenn die Anordnung der sofortigen Vollziehung nicht formell rechtmäßig ist (Begründungserfordernis) und/oder wenn die vom Gericht nach eigenem Ermessen getroffene Interessenabwägung zwischen dem öffentlichen Interesse am sofortigen Vollzug und dem Suspensivinteresse des betroffenen Bürgers an der aufschiebenden Wirkung ein überwiegendes Interesse des Bürgers ergibt (s. zum Begründungserfordernis: Hessisches LSG v. 29.12.2008 – L 7 SO 62/08 B ER – juris Rn. 6 und zur Interessenabwägung: LSG Baden-Württemberg v. 27.10.2008 – L 13 AS 4562/08 ER-B – juris Rn. 4). Bei

den anderen Fällen des Entfallens der aufschiebenden Wirkung ist der Obersatz bis auf das Fehlen der Prüfung der formellen Rechtmäßigkeit der Anordnung der sofortigen Vollziehung identisch, weil dort kein Sofortvollzug eigens angeordnet wird. Die aufschiebende Wirkung entfällt nämlich kraft Gesetzes.

Bei dieser **Interessenabwägung** ist auf die Erfolgsaussichten der Klage in der Hauptsache, das Vollziehungsinteresse und die für die Dauer einer möglichen aufschiebenden Wirkung drohende Rechtsbeeinträchtigung abzustellen (LSG Baden-Württemberg v. 27.10.2008 – L 13 AS 4562/08 ER-B – juris Rn. 4). Allgemein kann man sagen, dass die Anforderungen an das Interesse des Antragstellers an der Anordnung der aufschiebenden Wirkung umso höher sein müssen, je geringer die Erfolgsaussichten in der Hauptsache sind (LSG Berlin-Brandenburg v. 15.7.2009 – L 7 B 74/08 AS ER – juris Rn. 29).

Ist der Verwaltungsakt nach summarischer Prüfung offenbar rechtswidrig, **134**
wird man wegen der Rechtsstaatsgarantie nach Art. 20 Abs. 3 GG kein überwiegendes öffentliches Vollzugsinteresse annehmen können und die aufschiebende Wirkung wird angeordnet bzw. für den Fall des § 86a Abs. 2 Nr. 5 SGG wiederhergestellt. Zwar differenziert § 86b Abs. 1 S. 1 Nr. 2 SGG – anders als § 80 Abs. 5 VwGO – nicht zwischen Anordnen und Wiederherstellen der aufschiebenden Wirkung. Jedoch spricht auch das SGG in § 86b Abs. 1 S. 3 SGG von „Wiederherstellung der aufschiebenden Wirkung", so dass es vertretbar erscheint, die aus der VwGO geläufige Terminologie auch hier zu verwenden. Ist die Klage in der Hauptsache nach summarischer Prüfung dagegen offensichtlich aussichtslos, fällt die Abwägung i. d. R. zugunsten der sofortigen Vollziehung des Verwaltungsaktes aus (Bayerisches LSG v. 16.7.2009 – L 7 AS 368/09 B ER – juris Rn. 25). Sind die Erfolgsaussichten, z. B. wegen einer grundsätzlich noch erforderlichen Beweisaufnahme, nicht klar, so ist eine allgemeine Interessenabwägung erforderlich (LSG Baden-Württemberg v. 27.1.2004 – L 5 KA 4663/03 ER-B – juris Rn. 37).

Für die **einstweilige Anordnung** unterscheidet § 86b Abs. 2 SGG die **Siche-** **135**
rungs- und die Regelungsanordnung. Die Sicherungsanordnung dient zur Sicherung der vorhandenen Rechtsstellung des Antragstellers und die Regelungsanordnung zur vorläufigen Begründung bzw. Erweiterung der Rechtsstellung (Hessisches LSG v. 27.3.2009 – L 3 U 271/08 B ER – juris Rn. 18). Der entsprechende Antrag ist **statthaft**, sofern kein Fall des § 86b Abs. 1 SGG vorliegt (LSG Berlin-Brandenburg v. 20.4.2009 – L 25 B 2169/08 AS ER – juris Rn. 2).

136 Die einstweilige Anordnung nach § 86b Abs. 2 SGG ist **begründet**, wenn der Anordnungsanspruch und der Anordnungsgrund glaubhaft gemacht sind (Hessisches LSG v. 27.3.2009 – L 3 U 271/08 B ER – juris Rn. 18). Bei der **Sicherungsanordnung** ist der Anordnungsanspruch das materielle Recht, für das Rechtsschutz beantragt wird. Der Anordnungsanspruch liegt vor, wenn dem Antragsteller aufgrund der glaubhaft gemachten Tatsachen bei summarischer Prüfung der Rechtslage ein materiell-rechtlicher Anspruch auf die begehrte Handlung bzw. Unterlassung zusteht (Hessisches LSG v. 27.3.2009 – L 3 U 271/08 B ER – juris Rn. 18). Anordnungsgrund ist die (durch Tatsachen belegte) Gefahr einer Rechtsverletzung oder Erschwerung der Rechtsverwirklichung (§ 86b Abs. 2 S. 1 SGG). Dazu sind die Belange des öffentlichen Interesses gegen die Interessen des Antragstellers abzuwägen. Die Interessen des Antragstellers überwiegen, wenn ihm ein Abwarten der Hauptsacheentscheidung nicht zuzumuten ist (Hessisches LSG v. 27.3.2009 – L 3 U 271/08 B ER – juris Rn. 18).

137 Auch bei der **Regelungsanordnung** ist der Anordnungsanspruch das geltend gemachte materielle Recht. Der Anordnungsgrund liegt gemäß § 86b Abs. 2 S. 2 SGG vor, wenn die Regelung zur Abwendung wesentlicher Nachteile nötig erscheint (LSG Berlin-Brandenburg v. 2.7.2009 – L 34 AS 1090/09 B ER – juris Rn. 3). Das ist der Fall, wenn es dem Antragsteller nicht zuzumuten ist, bis zu einer Entscheidung in der Hauptsache abzuwarten, weil ansonsten schwere, schlechthin unzumutbare Nachteile entstehen (LSG Baden-Württemberg v. 12.6.2009 – L 13 R 1824/09 ER-B – juris Rn. 20).

138 Grundsätzlich darf bei der einstweiligen Anordnung die **Hauptsache nicht vorweggenommen werden** (Bayerisches LSG v. 27.6.2009 – L 12 KA 33/09 B ER – juris Rn. 89). Das Gericht entscheidet im einstweiligen Rechtsschutz durch **Beschluss** (§ 86b Abs. 4 SGG).

3. Kapitel Materielles Recht: Vorsorgesysteme

I. Krankenversicherung nach dem SGB V

1. **Aufbauschema.** In der Klausur kann das Sozialrecht insbesondere in Form 139
von Leistungs- und/oder Ausgleichsfällen auftreten, die gegebenenfalls noch um verfahrensrechtliche Fragen ergänzt werden können. Bei den in der Klausur selteneren **Ausgleichsfällen** geht es darum, dass ein Sozialleistungsträger wegen einer von ihm an einen Berechtigten erbrachten Leistung bei einem Dritten Rückgriff nehmen möchte. **Klausuren mit Leistungsfällen** aus dem Bereich des Sozialversicherungsrechts sind am zweckmäßigsten nach folgendem Schema zu prüfen (vgl. *Kokemoor/Oberrath* JA 2004, 839, 842):

a) Anspruchsteller gehört zum **versicherten Personenkreis**

- **aa)** Versicherungspflichtverhältnis kraft Gesetzes (z. B. § 5 SGB V)
- **bb)** ausnahmsweise Versicherungsfreiheit (z. B. § 6 f. SGB V)
- **cc)** Versicherungsberechtigung (z. B. § 9 SGB V)

b) Vorliegen eines **Versicherungsfalles**

c) Voraussetzungen des **Leistungsfalles**:
Welche Sozialversicherungsleistungen kommen in Betracht und sind gegebenenfalls deren besondere Voraussetzungen erfüllt?

d) Bestimmung des zuständigen **Anspruchsgegners**

Der Aufbau dieses Buches orientiert sich für den Bereich der Sozialversiche- 140
rung an diesem Muster für den Leistungsfall, d. h. alle Sozialversicherungszweige werden gemäß dem obigen Schema behandelt.

Diese Prüfungsreihenfolge erinnert ein wenig an die aus dem Zivilrecht bekannte Frage: Wer (= der Versicherte) kann was (= eine bestimmte Sozialversicherungsleistung) woraus (= Anspruchsgrundlage, d. h. Vorliegen eines Versicherungsfalls und gegebenenfalls besondere Leistungsvoraussetzungen) von wem (= dem zuständigen Anspruchsgegner) verlangen?

2. **Versicherteneigenschaft des Anspruchstellers.** Die gesetzliche Krankenver- 141
sicherung ist eine Solidargemeinschaft, die zur **Aufgabe** hat, die Gesundheit Versicherter zu erhalten, wiederherzustellen oder ihren Gesundheitszustand zu

bessern (§ 1 S. 1 SGB V). Neben dieser Unterstützung durch Solidarität ist der Einzelne aber auch gehalten, seiner Mitverantwortung für seine Gesundheit, z.B. durch eine gesundheitsbewusste Lebensführung, gerecht zu werden (§ 1 S. 2 SGB V). Ein Anspruch gegen die Krankenkasse setzt zunächst voraus, dass der Anspruchsteller auch Versicherter in der gesetzlichen Krankenversicherung ist (s. § 27 Abs. 1 S. 1 SGB V). Die Gesetzessystematik für die Versicherteneigenschaft ist bei allen Sozialgesetzbüchern nahezu identisch. Zuerst wird normiert, wer versicherungspflichtig ist. **Versicherungspflicht** meint gemäß § 2 Abs. 1 SGB IV die Versicherung kraft Gesetzes (oder Satzung), d. h., das Vorsorgeverhältnis entsteht bei Vorliegen der gesetzlichen Voraussetzungen unabhängig vom Willen des Einzelnen (BSG v. 10.12.2008 – B 6 KA 37/07 R – Rn. 17). Anders als beim Pflichtversicherungsgesetz für Kfz-Halter wird also keine Pflicht des Versicherungspflichtigen zum Abschluss eines Versicherungsvertrages begründet, der dann das Versicherungsverhältnis erst entstehen lässt. Terminologisch sind folglich die Versicherungspflichtigen gemäß § 2 Abs. 1 SGB V und die Pflichtversicherten nach § 1 PflVersG zu unterscheiden. Die Versicherungspflichtigen werden in den jeweiligen Sozialgesetzbüchern einzeln aufgezählt (z. B. Beschäftigte, Menschen mit Behinderung und Landwirte, s. § 2 Abs. 2 SGB IV).

Von diesen Vorschriften zur Versicherungspflicht kann nicht zum Nachteil des Leistungsberechtigten durch Vertrag abgewichen werden (§ 32 SGB I), z.B. durch einen das Arbeitsverhältnis verschleiernden sog. „Werkvertrag".

142 Daran schließen sich die Ausnahmen von einer grundsätzlich bestehenden Versicherungspflicht an. Man unterscheidet die **Versicherungsfreiheit** als Freistellung von der Versicherungspflicht kraft Gesetzes und die **Befreiung von der Versicherungspflicht** als Freiheit von der Versicherung auf Antrag bzw. kraft Entscheidung des Einzelnen.

143 Schließlich normiert das Gesetz die **Versicherungsberechtigung**, d. h. die Versicherung auf Grund freiwilligen Beitritts oder freiwilliger Fortsetzung der Versicherung (§ 2 Abs. 1 SGB IV).

144 a) **Versicherungspflicht.** Die praktisch wichtigste Gruppe der Versicherungspflichtigen sind die **gegen Arbeitsentgelt Beschäftigten** nach § 5 Abs. 1 Nr. 1 SGB V. Auszubildende sind dagegen auch ohne den Bezug von Arbeitsentgelt versichert (§ 5 Abs. 1 Nr. 10 SGB V). In den anderen Zweigen der Sozialversicherung sind ebenfalls die Beschäftigten die wichtigste Gruppe der Versicherungspflichtigen (s. § 1 S. 1 Nr. 1 SGB VI, § 2 Abs. 1 Nr. 1 SGB VII, § 20 Abs. 1 S. 1 und 2 Nr. 1 SGB XI, §§ 24 Abs. 1, 25 Abs. 1 SGB III).

> Die Frage der Versicherungspflicht lässt sich im Wesentlichen durch die Lektüre des regelmäßig selbsterklärenden Gesetzes klären. Daher werden hier auch nur gleichsam exemplarisch die Beschäftigten und einige Problemfälle behandelt.

145 Ordentliche **Studierende** sind – auch im Auslandssemester – gemäß § 5 Abs. 1 Nr. 9 SGB V bis zum Abschluss des 14. Fachsemesters bzw. bis zur Vollendung des 30. Lebensjahres krankenversicherungspflichtig, sofern für sie nicht eine Versicherungspflicht nach anderen Vorschriften besteht (vgl. vertiefend zu Studierenden in Beschäftigungsverhältnissen: *Grahn* JA 2003, 346 ff. und zur Versicherungsfreiheit auf Grund des Werkstudentenprivilegs unten zu § 6 SGB V Rn. 154). Die wichtigste vorrangige Versicherungspflicht in diesem Sinne ist die Familienversicherung nach § 10 SGB V (s. § 5 Abs. 7 SGB V).

146 **aa) Abgrenzung Beschäftige – Selbstständige. Beschäftigung** ist gemäß § 7 Abs. 1 S. 1 SGB IV die nichtselbstständige Arbeit, insbesondere in einem Arbeitsverhältnis. Das arbeitsrechtliche Arbeitsverhältnis stellt also den Regelfall des sozialrechtlichen Beschäftigungsverhältnisses dar. Entscheidend für das Vorliegen eines sozialrechtlichen Beschäftigungsverhältnisses ist aber nicht die arbeitsrechtliche Qualifikation (s. Bayerisches LSG v. 17.7.2007 – L 5 KR 10/07 – juris Rn. 23), sondern allein die Nicht-Selbstständigkeit, also die Arbeitsleistung in persönlicher Abhängigkeit (BSG v. 20.3.2013 – B 12 R 13/10 R – Rn. 16). Versicherungspflichtiger Arbeitnehmer ist somit, wer gegen Entgelt (s. § 14 SGB IV) für einen anderen in dessen Betrieb (= Eingliederung) eine Tätigkeit nach dessen Weisung bezüglich Zeit, Dauer, Ort und Art der Arbeit ausübt (s. § 7 Abs. 1 S. 2 SGB IV). Demgegenüber ist die selbstständige Tätigkeit in erster Linie durch das eigene Unternehmerrisiko, das Vorhandensein einer eigenen Betriebsstätte, die Verfügungsmöglichkeit über die eigene Arbeitskraft und die im Wesentlichen frei gestaltete Tätigkeit und Arbeitszeit gekennzeichnet. Ob jemand abhängig beschäftigt oder selbstständig tätig ist, hängt davon ab, welche Merkmale überwiegen (BSG v. 20.3.2013 – B 12 R 13/10 R – Rn. 16; BSG v. 4.7.2007 – B 11a AL 57/06 R –). Für die Abgrenzung von Beschäftigung und Selbstständigkeit kommt es auf das Gesamtbild der tatsächlichen Gegebenheiten und nicht auf eine eventuell andere vertragliche Bezeichnung an (SG Braunschweig v. 28.10.2008 – S 6 KR 320/05 – juris Rn. 23 zu Pflegekräften; BSG v. 29.9.1965 – 2 RU 169/63 –).

147 **Heimarbeiter** gelten gemäß § 12 Abs. 2, 2. Halbsatz SGB IV als Beschäftigte. Bei ihnen handelt es sich um Personen, die in eigener Arbeitsstätte im Auftrag und für Rechnung von Gewerbetreibenden, gemeinnützigen Unternehmen oder öffentlich-rechtlichen Körperschaften erwerbsmäßig arbeiten. Von Haus-

gewerbetreibenden i. S. v. § 12 Abs. 1 SGB IV unterscheiden sie sich dadurch, dass sie nach außen hin nicht als Unternehmer auftreten und keine Personen beschäftigen können; ein praktisches Beispiel für solche Heimarbeit ist die Durchführung von Schreibarbeiten (*Grimmke* jurisPK-SGB IV § 12 Rn. 51 ff.).

148 **bb) Wirksames Arbeitsverhältnis, aber Fehlen einer tatsächlichen Arbeitsleistung.** Ein sozialrechtliches Beschäftigungsverhältnis kann im Falle eines wirksamen Arbeitsverhältnisses mit Arbeitsbereitschaft trotz **fehlender tatsächlicher Arbeitsleistung** vorliegen.

149 **Beispiel:**
Der Arbeitnehmer kann die Arbeit nach Abschluss des Arbeitsvertrages wegen vorübergehender Krankheit nicht aufnehmen oder der Arbeitgeber hat den Arbeitnehmer beurlaubt, damit dieser eine betriebsdienliche Fortbildung absolviert (BSG v. 24.9.2008 – B 12 KR 27/07 R – ; LSG Nordrhein-Westfalen v. 30.7.2013 – L 1 KR 457/11 – juris Rn. 21; zur Abwehr von Manipulationsversuchen bei Unmöglichkeit der Arbeitsaufnahme: BSG v. 4.12.1997 – 12 RK 3/97 – juris Rn. 35).

150 Strittig ist die Beendigung des sozialrechtlichen Beschäftigungsverhältnisses, obwohl das Arbeitsverhältnis formell noch fortbesteht.

151 **Beispiel:**
Der Verzicht des Arbeitgebers auf seine Verfügungsbefugnis über den Arbeitgeber in einem gerichtlichen Vergleich (sog. Freistellung) beendet nicht das sozialrechtliche Beschäftigungsverhältnis (BSG v. 24.9.2008 – B 12 KR 22/07 ; anders noch LSG Nordrhein-Westfalen v. 27.2.1997 – L 16 Kr 54/96 – juris Rn. 40 f.).

152 **cc) Rechtlich fehlerhafter oder nichtiger Arbeitsvertrag.** Wenn der Arbeitnehmer tatsächlich eine Arbeitsleistung erbracht hat, besteht aus sozialen Schutzgründen grundsätzlich sogar beim **nichtigen bzw. rechtlich fehlerhaften Arbeitsvertrag** ein sozialrechtliches Beschäftigungsverhältnis (BSG v. 10.8.2000 – B 12 KR 21/98 R – juris Rn. 24 ff.). Dementsprechend begründet prinzipiell auch Schwarzarbeit in persönlicher Abhängigkeit ein solches Beschäftigungsverhältnis (§ 14 Abs. 2 S. 2 SGB IV und *Werner* jurisPK-SGB IV § 14 Rn. 317; s. für die Unfallversicherung auch Hessisches LSG v. 1.11.2011 – L 9 U 46/10 – juris Rn. 44). Umstritten ist demgegenüber, ob die Sittenwidrigkeit oder die Strafbarkeit das Entstehen eines sozialrechtlichen Beschäftigungsverhältnisses ausschließen (unter Hinweis auf den Schutzzweck der Sozialversicherung das sozialrechtliche Beschäftigungsverhältnis tendenziell sehr weit ziehend: *Felix* NZS 2002, 225 ff.; für Versicherungspflicht trotz Sittenwidrigkeit: BSG v. 10.8.2000 – B 12 KR 21/98 R – juris Rn. 24).

dd) Konkurrenz mehrerer Versicherungspflichten. Konkurrenzregelungen für **153**
den Fall des Aufeinandertreffens mehrerer gesetzlicher Versicherungspflichten finden sich in § 5 Abs. 6–8a SGB V. § 5 Abs. 5 und 5a SGB V enthalten Konkurrenzregeln im Verhältnis zur Privatversicherung.

Als Faustregel kann man sich merken, dass die **Versicherungspflicht aufgrund entgeltlicher Beschäftigung** gemäß § 5 Abs. 1 Nr. 1 SGB V **Vorrang** hat vor anderen Versicherungspflichten in der gKV.

b) Ausnahmen von der Versicherungspflicht (Versicherungsfreiheit und Ver- **154**
sicherungsbefreiung). Es gibt jedoch Ausnahmen von der prinzipiell vorliegenden Versicherungspflicht i. S. v. § 5 SGB V. Diese sind wegen ihres Ausnahmecharakters eng auszulegen (BSG v. 13.6.2007 – B 12 KR 14/06 R – Rn. 16). Dazu zählt zunächst die **Versicherungsfreiheit** gemäß § 6 Abs. 1 SGB V. Wichtigste Fälle sind die Versicherungsfreiheit gemäß § 6 Abs. 1 Nr. 1 SGB V wegen Überschreitens der Jahresarbeitsentgeltgrenze, die Versicherungsfreiheit für Beamte nach § 6 Abs. 1 Nr. 2 SGB V und die Versicherungsfreiheit für ordentliche Studierende, die gegen Arbeitsentgelt beschäftigt sind, nach § 6 Abs. 1 Nr. 3 SGB V (sog. „Werkstudentenprivileg"). Beschäftigte mit einem Entgelt oberhalb der Jahresentgeltgrenze (zur Höhe s. § 4 Sozialversicherungs-Rechengrößenverordnung) sind versicherungsfrei, da diese Beschäftigten wegen ihres hohen Verdienstes dem Gesetzgeber nicht mehr schutzbedürftig erscheinen. Wenn dagegen die Jahresarbeitsentgeltgrenze dauerhaft unterschritten wird, tritt wieder Versicherungspflicht ein. Sofern aber die Unterschreitung allein auf der gesetzgeberischen Erhöhung der Entgeltgrenze bei gleich bleibendem Gehalt beruht, ist eine Versicherungsbefreiung nach § 8 Abs. 1 Nr. 1 SGB V möglich. Die Versicherungsfreiheit kraft Werkstudentenprivilegs ist eine Ausnahme lediglich zur Versicherungspflicht aufgrund von Beschäftigung nach § 5 Abs. 1 Nr. 1 SGB V. Aus § 6 Abs. 3 S. 2 SGB V ergibt sich nämlich, dass eine beschäftigungsunabhängige Versicherungspflicht – z. B. in der studentischen Krankenversicherung gemäß § 5 Abs. 1 Nr. 9 SGB V – davon nicht erfasst wird (s. BSG v. 11.11.2003 – B 12 KR 5/03 R – juris Rn. 14). Die Versicherungsfreiheit des sog. Werkstudenten setzt voraus, dass er dem typischen Erscheinungsbild eines Studenten entspricht. Die Beschäftigung darf daher nur die „Nebensache" neben der „Hauptsache" Studium sein. Dies ist regelmäßig der Fall, solange die Beschäftigung nicht 20 Stunden in der Woche überschreitet (BSG v. 11.11.2003

– B 12 KR 5/03 R – juris Rn. 17; s. aber auch Ablehnung des Werkstudentenprivilegs, sofern kein ernsthaftes Studieren mehr erkennbar: LSG Hamburg v. 29.3.2011 – L 3 R 182/06 – juris Rn. 21). Ein Promotionsstudium fällt dagegen nicht mehr unter ein „ordentliches Studium" (Bayerisches LSG v. 29.9.2009 – L 5 R 715/08 – juris Rn. 14). Schließlich bleibt versicherungsfrei, wer in den letzten fünf Jahren nicht gesetzlich versichert war und erst nach Vollendung des 55. Lebensjahres versicherungspflichtig wird (§ 6 Abs. 3a SGB V).

155 Weiterhin gibt es die **Versicherungsfreiheit bei geringfügiger Beschäftigung** nach § 7 SGB V i. V. m. § 8 Abs. 1 SGB IV (vertiefend: *Palsherm* ZfS 2003, 358 ff.). Es gibt zwei Arten von geringfügiger Beschäftigung: entgeltgeringfügige (§ 8 Abs. 1 Nr. 1 SGB IV) und zeitgeringfügige (§ 8 Abs. 1 Nr. 2 SGB IV). Geringfügig beschäftigte Personen sind von der Versicherungspflicht befreit, weil sie vermutlich über eine anderweitige Sicherung ihrer Existenz verfügen – z. B. durch Familienunterhalt oder durch Vermögen – und demgemäß noch nicht für schutzbedürftig gehalten werden.

156 Die **Berechnung des Verdienstes** zur Beurteilung der Entgeltgeringfügigkeit nach § 8 Abs. 1 Nr. 1 SGB IV ist problematisch. Folgendes ist zu beachten:

- Eine sichere jährliche **Sonderzahlung** wie z. B. tarifliches Weihnachts- oder Urlaubsgeld ist bei der Berechnung der Gehaltshöhe anteilig auf die einzelnen Monate zu verteilen (LSG Baden-Württemberg v. 3.2.2004 – L 11 KR 1160/03 – juris Rn. 25; BSG v. 28.2.1984 – 12 RK 21/83 – juris Rn. 13 ff.).
- Geringfügige Beschäftigungen nach § 8 Abs. 1 Nr. 1 SGB IV und nicht geringfügige Beschäftigungen sind mit Ausnahme einer abgabenfreien geringfügigen Beschäftigung i. S. v. § 8 Abs. 1 Nr. 1 SGB IV **zusammenzurechnen** (§ 8 Abs. 2 S. 1 SGB IV). Von dieser Zusammenrechnung mit nicht geringfügigen Beschäftigungen werden „zeitgeringfügige" Beschäftigungen gem. § 8 Abs. 1 Nr. 2 SGB IV aber nicht erfasst (*Seewald* Kasseler Kommentar § 8 SGB IV Rn. 28).
- Mehrere geringfügige Beschäftigungen sind gemäß § 8 Abs. 2 S. 1 SGB IV **zusammenzurechnen.** Dabei ist zu beachten, dass mehrere Beschäftigungen bei demselben Arbeitgeber sozialversicherungsrechtlich ohne Berücksichtigung der arbeitsvertraglichen Gestaltung als ein einheitliches Beschäftigungsverhältnis gelten (BSG v. 16.2.1983 – 12 RK 26/81). Weiterhin sind nur gleichartige Nebenbeschäftigungen zusammenzurechnen, d. h. solche nach § 8 Abs. 1 **Nr. 1** SGB IV nur mit solchen nach § 8 Abs. 1 **Nr. 1** SGB IV und solche nach § 8 Abs. 1 **Nr. 2** SGB IV nur mit solchen nach § 8 Abs. 1 **Nr. 2** SGB IV (*Schlegel* jurisPK-SGB IV § 8 Rn. 53). Das Überschreiten der Geringfügigkeitsgrenze führt dazu, dass für alle zusammengerechneten Tätigkei-

ten Beiträge nach den normalen Beitragsregeln zu zahlen sind, weil die Versicherungsfreiheit entfällt (*Schlegel* jurisPK-SGB IV § 8 Rn. 54).

- **Ausnahmen** von der Zusammenrechnung finden sich in § 27 Abs. 2 S. 1 SGB III, § 7 Abs. 1 S. 2 SGB V und in § 5 Abs. 2 S. 2 und § 6 Abs. 1b S. 3 SGB VI.

157 Die Versicherungsfreiheit bedingt seit dem Gesetz zur Neuregelung der geringfügigen Beschäftigungsverhältnisse vom 24.3.1999, in Kraft getreten am 1.4.1999 und umfangreich geändert durch das Zweite Gesetz für moderne Dienstleistungen am Arbeitsmarkt vom 23.12.2002, aus arbeitsmarktpolitischen Gründen grundsätzlich **nicht** mehr auch die **Beitragsfreiheit**. Aus den demnach zu zahlenden Beiträgen für geringfügig Beschäftigte erwächst aber keine Mitgliedschaft und damit auch **kein Leistungsanspruch** in der gesetzlichen Krankenversicherung (Bayerisches LSG v. 25.4.2006 – L 5 KR 78/05 – juris Rn. 15; s. auch BSG v. 25.1.2006 – B 12 KR 27/04 R –). Der Arbeitgeber muss für entgeltgeringfügig Beschäftigte nach § 8 Abs. 1 Nr. 1 SGB IV einen Beitrag zur Krankenversicherung i. H. v. 13 % des Arbeitsentgelts dieser Beschäftigung (§ 249b S. 1 SGB V), ferner einen Beitragsanteil zur Rentenversicherung i. H. v. 15 % des beitragspflichtigen Arbeitsentgelts (§ 168 Abs. 1 Nr. 1b SGB VI bzw. § 172 Abs. 3 S. 1 SGB VI) und eine einheitliche Pauschsteuer (Lohnsteuer einschließlich Solidaritätszuschlag und Kirchensteuer) von 2 % (§ 40a Abs. 2 EStG) – zusammengerechnet also 30 % des Arbeitsverdienstes – an die sog. Minijob-Zentrale bei der Bundesknappschaft/Verwaltungsstelle Cottbus abführen. Minijobs in Privathaushalten werden darüber hinaus besonders gefördert, um die dort vielfach vorherrschende Schwarzarbeit zu bekämpfen. Für sie sind nur Pauschalabgaben in Höhe von insgesamt 12 % zu leisten, davon je 5 % für die Renten- und Krankenversicherung (s. § 249b S. 2 SGB V, § 168 Abs. 1 Nr. 1c SGB VI bzw. § 172 Abs. 3a SGB VI) und 2 % einheitliche Pauschsteuer (§ 40a Abs. 2 EStG). Die Minijob-Zentrale bei der Bundesknappschaft führt für Minijobs in Privathaushalten auch das sog. Haushaltsscheckverfahren – ein vereinfachtes Meldeverfahren – durch (s. § 28a Abs. 7 und 8 SGB IV). In Bezug auf die entgeltgeringfügige Beschäftigung nach § 8 Abs. 1 Nr. 1 SGB IV hat es mit Wirkung vom 1.1.2013 durch das Gesetz zu Änderungen im Bereich der geringfügigen Beschäftigung eine bedeutende Änderung gegeben: Im Unterschied zur fortbestehenden Versicherungsfreiheit in der Krankenversicherung ist in der gesetzlichen Rentenversicherung zur Stärkung der sozialen Absicherung nun wieder die Versicherungspflicht die Regel und nur auf Antrag ist eine Befreiung von der Versicherungspflicht möglich (§ 6 Abs. 1b SGB VI; s. BT-Drs. 17/10773, S. 1). Daher müssen Versicherte als eigenen Beitragsanteil zur Rentenversicherung die Differenz zwischen dem gesetzlichen Beitragssatz von derzeit 18,9 % (s. Beitragssatzgesetz 2014, BGBl I 2014, 260) und dem gesetzlich vorgesehenen

Beitragsteil des Arbeitgebers von 15 % bzw. 5 % (s.o.) tragen, also derzeit 3,9 % bzw. 13,9 %. Arbeitnehmer können dieser eigenen Beitragspflicht entgehen, indem Sie sich von der Versicherungspflicht in der gesetzlichen Rentenversicherung befreien lassen (§ 6 Abs. 1b SGB VI).

Als **Übergangsregelung** bei der Einführung des durch das Zweite Gesetz für moderne Dienstleistungen am Arbeitsmarkt geänderten Rechts gilt: wer am 31.3.2003 versicherungspflichtig war und aufgrund der Neuregelung am 1.4.2003 grundsätzlich versicherungsfrei geworden wäre, bleibt grundsätzlich versicherungspflichtig (§ 434i SGB III, § 7 Abs. 2 SGB V, § 229 Abs. 6 SGB VI); dies gilt aber in der Kranken- und Pflegeversicherung ausnahmsweise nicht, wenn die Möglichkeit einer Familienversicherung besteht (s. § 7 Abs. 2 SGB V). Auf Antrag besteht jedoch die Möglichkeit der Befreiung von der Versicherungspflicht.
Für geringfügig entlohnte Beschäftigungen nach § 8 Abs. 1 Nr. 1 SGB IV, die ab dem 1.1.2013 aufgenommen wurden oder die bereits länger bestehen und bei denen ab diesem Zeitpunkt eine Gehaltserhöhung auf mehr als 400 Euro vereinbart wurde, besteht keine Versicherungsfreiheit in der gesetzlichen Rentenversicherung mehr (vgl. § 5 Abs. 2 Nr. 1 SGB VI). Im Übrigen verbleibt es bei den Altfällen bei der Versicherungsfreiheit auch in der gesetzlichen Rentenversicherung (§ 230 Abs. 8 SGB VI).

158 Schließlich gibt es die **Versicherungsbefreiung** nach § 8 Abs. 1 SGB V. Der entsprechende Antrag ist binnen einer Ausschlussfrist von drei Monaten ab Beginn der Versicherungspflicht (§ 8 Abs. 2 SGB V) bei einer Krankenkasse zu stellen, die nach § 173 Abs. 2 SGB V ohne den Befreiungsantrag gewählt hätte werden können (BSG v. 27.1.2000 – B 12 KR 16/99 R – juris Rn. 13).

159 c) **Versicherungsberechtigung.** Weiterhin können sich bestimmte Personen nach § 9 Abs. 1 SGB V **freiwillig versichern** (sog. Versicherungsberechtigung), d. h. das Vorsorgeverhältnis entsteht kraft Entscheidung des Einzelnen.

160 **d) Beginn und Ende der Mitgliedschaft in der Krankenversicherung.**

Bei der gesetzlichen Krankenversicherung ist nach der Versicherteneigenschaft zu prüfen, ob zudem ein Mitgliedschaftsverhältnis besteht (*Becker/Seewald*, Fälle zum Sozialrecht, Einführung Rn. 30). Denn mit dem Ende der Mitgliedschaft besteht grundsätzlich auch kein Leistungsanspruch mehr (§ 19 Abs. 1 SGB V), es sei denn, es liegt eine Ausnahme gem. § 19 Abs. 2, Abs. 3 SGB V vor.

Die **Mitgliedschaft** versicherungspflichtig Beschäftigter in der Krankenversicherung **beginnt** nach § 186 Abs. 1 SGB V mit dem Tage des **Eintritts in die Beschäftigung**, d. h., das Entstehen der Versicherungspflicht und der Beginn der Mitgliedschaft fallen zusammen. Die Mitgliedschaft Versicherungsberechtigter nach § 188 Abs. 1 SGB V fängt mit dem **Beitritt zur Krankenkasse** an. 161

Das **Ende einer Mitgliedschaft** bemisst sich nach den §§ 190, 191 SGB V. Übliche Beendigungsgründe sind demnach beispielsweise der Tod des Mitglieds, bei Versicherungspflichtigen der Ablauf eines Beschäftigungsverhältnisses und bei freiwillig Versicherten die Kündigung. **Ausnahmsweise** kann jedoch eine Mitgliedschaft trotz Vorliegens eines Beendigungsgrundes unter den Voraussetzungen der §§ 192, 193 SGB V **fortbestehen**. Zu nennen sind insofern insbesondere die Fälle eines rechtmäßigen Arbeitskampfs, des Bezugs von Kurzarbeitergeld nach dem SGB III, ein Anspruch auf Kranken- oder Mutterschaftsgeld oder der Bezug von Elterngeld bzw. die Inanspruchnahme der Elternzeit (s. dazu Hessisches LSG v. 22.11.2007 – L 8 KR 283/06 – juris Rn. 18). 162

Als **Grundsatz** kann man sich somit merken, dass die Mitgliedschaft in der Krankenversicherung i. d. R. mit dem Entfallen der Tatbestandsvoraussetzungen der Versicherungspflicht endet.

e) Leistungsberechtigung ohne Mitgliedschaft und Familien(mit)versicherung. 163
Des Weiteren ist gemäß § 19 Abs. 2, Abs. 3 SGB V eine Leistungsberechtigung ohne eine Mitgliedschaft in der Krankenkasse längstens für **einen Monat nach der Beendigung der Mitgliedschaft** möglich. Dadurch soll zur Vermeidung sozialer Härten erreicht werden, dass keine vorübergehenden Unterbrechungen im Versicherungsschutz entstehen, z.B. bei einer Beschäftigungslücke wegen Arbeitsplatzwechsel (BSG v. 5.5.2009 – B 1 KR 20/08 R – Rn. 18). Diese nachgehende Leistung setzt jedoch voraus, dass kein aktueller anderweitiger Krankenversicherungsschutz besteht, wozu aber auch die Auffangversicherung nach § 5 Abs. 1 Nr. 13 SGB V zählen würde (vgl. § 5 Abs. 8a S. 4 SGB V, BSG v. 10.5.2012 – B 1 KR 19/11 R – Rn. 30 ff.).

Schließlich können Ehegatten, Lebenspartner (i. S. d. Gesetzes zur Beendigung 164
der Diskriminierung gleichgeschlechtlicher Gemeinschaften vom 16.2.2001, s. § 33b SGB I) und Kinder eines Krankenkassenmitglieds sowie die Kinder familienversicherter Kinder gemäß § 10 Abs. 1 S. 1 SGB V familienversichert sein. Die Familienversicherung ist Ausdruck des Solidarprinzips in der gesetzlichen Krankenversicherung, weil für die versicherten Familienangehörigen – anders als in der privaten Krankenversicherung – keine Beiträge erhoben wer-

den (§ 3 S. 3 SGB V). Es handelt sich um einen **abgeleiteten Versicherungsschutz**. Dies bedeutet, dass die Mitgliedschaft des Stammversicherten in der Krankenkasse erforderlich ist, was auch zu prüfen ist, und dass der Angehörige zwar nicht selbst Mitglied der Krankenkasse, aber Versicherter mit einem eigenen Leistungsanspruch ist (BSG v. 4.9.2013 – B 12 KR 13/11 R – Rn. 41; Hessisches LSG v. 21.8.2008 – L 1 KR 145/08 B ER – juris). Die Vorschrift zur Familienversicherung nach § 10 Abs. 1 S. 1 SGB V ist nicht analog auf **partnerschafts-** oder **eheähnliche Gemeinschaften** anzuwenden (BSG v. 25.1.2001 – B 12 KR 12/00 R – juris Rn. 37; s. auch BSG v. 15.5.2008 – B 12 KR 37/07 B – Rn. 9 f.).

165 **3. Vorliegen eines Versicherungsfalles.** Ferner muss für einen Leistungsanspruch grundsätzlich ein Versicherungsfall vorliegen. Sollte es an einem Versicherungsfall ermangeln, kommen ausnahmsweise dennoch Leistungen der Krankenkasse in Betracht, nämlich Maßnahmen der Prävention und Früherkennung gemäß §§ 20 bis 26 SGB V, die nicht notwendigerweise eine Krankheit voraussetzen.

166 **a) Krankheit.** Der wichtigste Versicherungsfall in der gesetzlichen Krankenversicherung ist der Krankheitsfall. **Krankheit** ist ein regelwidriger körperlicher oder geistiger Zustand, dessen Eintritt Behandlungsbedürftigkeit und/oder Arbeitsunfähigkeit zur Folge hat (st. Rspr. BSG v. 11.9.2012 – B 1 KR 9/12 R – Rn. 10).

167 **aa) Regelwidrigkeit. Regelwidrig** ist, was vom Leitbild des gesunden Menschen in seiner ganzen Spannbreite abweicht, d. h. zu fragen ist, ob die normalen und üblichen psychophysischen Körperfunktionen beeinträchtigt sind oder ob eine anatomische Abweichung entstellend wirkt (BSG v. 11.9.2012 – B 1 KR 9/12 R – Rn. 10). Darüber hinaus wird in bestimmten Ausnahmefällen ein besonderer Leidensdruck des Versicherten gefordert, um die Schwelle zur Krankheit im Rechtssinne zu überschreiten (zum Anspruch auf chirurgischen Eingriff in gesunde Organe bei Transsexualität BSG v. 11.9.2012 – B 1 KR 9/12 R – Rn. 21 ff.; BSG v. 6.8.1987 – 3 RK 15/86 – juris Rn. 8; aber ablehnend zur Zisidentität: BSG v. 28.9.2010 – B 1 KR 5/10 R – Rn. 10 f.).

168 **Bloße Schönheitsfehler** – wie z. B. deutlich abstehende Ohren oder eine sehr geringe, aber noch im üblichen Streubereich liegende Körpergröße (vgl. BSG v. 19.9.2007 – B 1 KR 52/07 B – Rn. 4) – weichen zwar in gewisser Weise vom „Leitbild des gesunden Menschen" ab, sind aber **keine Krankheit**, da der Mensch in keiner Körperfunktion beeinträchtigt wird (vertiefend *Marburger* SGb 1995, 432 ff.). Zur Entstellung durch eine anatomische Abweichung hat das BSG entschieden, dass nur dann eine Krankheit im Rechtssinn vorliegt, wenn es sich objektiv um eine erhebliche Auffälligkeit handelt, die naheliegende Reaktionen der Mitmenschen wie Neugier oder Betroffenheit und damit zugleich erwarten lässt, dass der Betroffene ständig viele Blicke auf sich zieht, zum Objekt besonderer Beachtung anderer wird und sich deshalb aus dem Leben in der Gemeinschaft zurückzuziehen und zu vereinsamen droht, so dass die Teilhabe am Leben in der Gesellschaft gefährdet ist (BSG v. 28.2.2008 – B 1 KR 19/07 R –). Wenn eine psychische Störung die Folge des Schönheitsfehlers ist, ist, soweit eine körperliche Beeinträchtigung nicht vorliegt, eine psychotherapeutische und keine ärztliche i. S. einer chirurgischen Behandlung angezeigt (Hessisches LSG v. 27.2.2006 – L 1 KR 183/05 – juris Rn. 17; BSG v. 9.6.1998 – B 1 KR 18/96 R – juris Rn. 27).

Naturbedingte Beeinträchtigungen gelten grundsätzlich **nicht** als **regelwidrig**, **169**
da sie **natürlich** sind. Demgemäß stellt eine übliche, das für die Betroffene erträgliche Maß nicht übersteigende Schwangerschaft auch keine Krankheit dar (BSG v. 13.2.1975 – 3 RK 68/73 – juris Rn. 9). Weiterhin sind auch Altersbeschwerden naturbedingt und wären demnach an sich nicht regelwidrig. Sofern aber die Altersbeschwerden als behandlungsbedürftig erscheinen, wird unter Vernachlässigung des Alterungsprozesses ausnahmsweise auf das Leitbild des jüngeren Menschen abgestellt, damit dem älteren Menschen auch der medizinische Fortschritt wie z. B. durch Hörgeräte zugute kommen kann (sog. normativer Krankheitsbegriff; vgl. BSG v. 12.10.1988 – 3/8 RK 28/87 – juris Rn. 11 zum degenerativen Wirbelsäulenverschleiß und BSG v. 30.9.1999 – B 8 KN 9/98 KR R – juris Rn. 15).

bb) Behandlungsbedürftigkeit. Behandlungsbedürftig ist, was ohne ärztliche **170**
Behandlung wahrscheinlich nicht mit Aussicht auf Erfolg erkannt, geheilt, gebessert oder vor Verschlimmerung bewahrt werden kann (BSG v. 3.8.2006 – B 3 KR 1/06 S – juris Rn. 7; BSG v. 20.1.2005 – B 3 KR 9/03 R – juris Rn. 21 f.; vgl. die gleichlautenden „Behandlungsziele" des § 27 Abs. 1 S. 1 SGB V). Eine Verschlimmerung wird verhütet, wenn der bestehende Krankheitszustand zwar nicht gebessert, aber auf dem derzeitigen Stand gehalten wird. Dabei reicht es aus, dass die Krankheit sich unbehandelt wahrscheinlich verschlimmern würde und dem Eintritt einer solchen Verschlimmerung am besten durch eine frühzeitige Behandlung entgegengewirkt wird (BSG v. 22.4.2009 – B 3 KR 11/07 R –). Eine **Sucht** stellt eine Krankheit dar, wenn der Süchtige die Selbstkontrolle verliert und die zwanghafte Abhängigkeit ohne ärztliche Hilfe nicht behoben, gemindert oder nur vor Verschlimmerung bewahrt werden kann (BSG v. 17.1.1996 – 3 RK 26/94 – juris Rn. 37).

171 **Beispiel:**
Ausgenommen von der Leistungspflicht der Krankenkasse sind somit allgemeine Mittel der Gesundheitserhaltung wie Fitnesssport, sich regelmäßig von allein wieder bessernde regelwidrige Körperzustände wie z. B. eine einfache Erkältung (s. dazu auch § 34 Abs. 1 S. 7 SGB V), aber auch eine Drogensubstitution als sonstige Hilfe bei der Lebensführung (BSG v. 12.3.1996 – 1 RK 33/94 – juris Rn. 16; dagegen umfasst der Behandlungsanspruch die Substitutionsbehandlung, sofern diese auf die Beendigung der Drogensucht abzielt, vgl. BSG v. 20.3.1996 – 6 RKa 62/94).

172 Zudem ist nur diejenige Krankheit behandlungsbedürftig, die auch **behandlungsfähig** ist. Denn ansonsten könnte die Behandlung von vornherein kein positives Ergebnis erreichen. Behandlungsfähigkeit i. d. S. ist gegeben, wenn das Leiden eines der Behandlungsziele des § 27 Abs. 1 S. 1 SGB V möglicherweise erreichen kann (BSG v. 4.4.2006 – B 1 KR 32/04 R –). **Andauernde Leiden** sind i.d.S. behandlungsfähig, wenn Schmerzen gelindert oder der Patient vor Verschlimmerung des Leidens bewahrt wird. Demgegenüber entfällt die Behandlungsfähigkeit, wenn das Dauerleiden mit Pflegebedürftigkeit verbunden ist und die Pflege im Vordergrund steht (vgl. BSG v. 10.10.1978 – 3 RK 81/77 – juris Rn. 18).

173 **cc) Arbeitsunfähigkeit. Arbeitsunfähig** ist, wer die vor Krankheitsbeginn ausgeübte Tätigkeit infolge eines regelwidrigen Körper- oder Geisteszustands entweder überhaupt nicht oder nur auf die Gefahr der Verschlimmerung hin ausüben kann (LSG Baden-Württemberg v. 15.11.2013 – L 4 KR 3347/10 – juris Rn. 29; BSG v. 14.2.2001 – B 1 KR 30/00 R – juris Rn. 13; vgl. dazu auch die Arbeitsunfähigkeits-Richtlinien des G-BA).

174 **b) Weitere Versicherungsfälle.** Einen weiteren wichtigen Versicherungsfall bilden **Schwangerschaft und Mutterschaft**. Dieser Versicherungsfall umfasst Schwangerschaft, Entbindung und Wochenbett (s. BSG v. 17.2.2004 – B 1 KR 7/02 R – juris Rn. 25 f.). Der früher die Zahlung von Sterbegeld auslösende Versicherungsfall des **Todes** wurde mit Wirkung zum 1.1.2005 abgeschafft.

175 **4. Voraussetzungen des Leistungsfalles.** § 21 Abs. 1 SGB I zählt einleitend die Leistungen der Krankenversicherung auf. Das SGB V kennt nach § 11 Abs. 1 SGB V fünf Arten von Leistungen der gesetzlichen Krankenversicherung: **(1)** Leistungen bei Schwangerschaft und Mutterschaft, **(2)** Leistungen zur Verhütung von Krankheiten und deren Verschlimmerung sowie zur Empfängnisverhütung, zur krankheitsbedingten Sterilisation und zu einem nicht rechts-

widrigen Schwangerschaftsabbruch, **(3)** Leistungen zur Früherkennung von Krankheiten, **(4)** Leistungen zur Behandlung einer Krankheit und **(5)** das Persönliche Budget nach § 17 Abs. 2 bis 4 SGB IX.

Für das Vorliegen eines Leistungsfalls müssen die Tatbestandsmerkmale der einschlägigen Leistungsnorm erfüllt sein, ferner ist das Wirtschaftlichkeitsgebot des § 12 SGB V zu beachten und es darf kein Ausschlussgrund für die Leistung vorliegen (s. dazu im Folgenden). Da die Leistungsnormen des SGB V den Anspruch nur im Sinne eines Rahmenrechts (s. Rn. 181) umschreiben, müssen zudem noch ergänzend untergesetzliche Richtlinien des Gemeinsamen Bundesausschusses (G-BA) – des Selbstverwaltungsgremiums der Partner im Gesundheitswesen, d.h. Vertretern der Krankenkassen, der Ärzte und der Krankenhäuser – berücksichtigt werden (s. dazu http://www.g-ba.de).

a) Leistungen der Krankenversicherung. – aa) Leistungen zur Verhütung von Krankheiten, betriebliche Gesundheitsförderung und Prävention arbeitsbedingter Gesundheitsgefahren, Förderung der Selbsthilfe, Empfängnisverhütung und Schwangerschaftsabbruch (§§ 20–24b SGB V). Neben der Verhütung von **176**
Zahnerkrankungen gemäß §§ 21, 22 SGB V (s. Richtlinie zur zahnärztlichen Früherkennung) rechnen zu den **präventiven Leistungen** vor allem die in den Satzungen der Krankenkassen bestimmten Leistungen zur primären Prävention gemäß § 20 Abs. 1 SGB V und die Schutzimpfungen nach § 20d SGB V. Unter Primärprävention fallen Maßnahmen zur Erhaltung der Gesundheit bzw. zur Verhinderung der Entstehung einer Krankheit und zur Verbesserung des allgemeinen Gesundheitszustands. Darüber hinaus ist den Krankenversicherungen in Zusammenarbeit mit den Unfallversicherungsträgern die betriebliche Gesundheitsförderung (§ 20a SGB V) und die Prävention arbeitsbedingter Gesundheitsgefahren (§ 20b SGB V) sowie ferner die Förderung von Selbsthilfeorganisationen (§ 20c SGB V) zugewiesen. Des Weiteren haben versicherte Eltern einen Anspruch auf Mutter-Kind- bzw. Vater-Kind-Maßnahmen zur medizinischen Vorsorge (§ 24 SGB V). Schließlich sieht das Gesetz bis zum vollendeten 20. Lebensjahr einen Anspruch auf **Versorgung mit empfängnisregelnden Mitteln** (§ 24a SGB V) und ohne Altersbegrenzung einen Anspruch auf Leistungen bei einem nicht rechtswidrigen **Schwangerschaftsabbruch** vor (§ 24b Abs. 1 SGB V; vgl. dazu auch Richtlinie des G-BA zur Empfängnisregelung und zum Schwangerschaftsabbruch). Ein solcher Abbruch ist durch eine medizinisch-soziale Indikation (s. § 218a Abs. 2 StGB) oder durch eine kriminologische Indikation (s. § 218a Abs. 3 StGB) gerechtfertigt. Ist der Abbruch nicht gerechtfertigt, sondern unter den Voraussetzungen des § 218a Abs. 1 StGB im Rahmen

der Fristenlösung bis zu zwölften Woche lediglich straffrei, ist vom Leistungsanspruch der eigentliche Abbruch und die Nachbehandlung eines komplikationslosen Verlaufs ausgenommen (§ 24b Abs. 3 und 4 SGB V). Im Falle von Bedürftigkeit der Frau kommt insofern aber ein ergänzender Leistungsanspruch im Sinne einer Fürsorgeleistung nach §§ 19 ff. Schwangerschaftskonfliktgesetz in Betracht, bei dem letztlich die Länder die Kosten tragen.

177 **bb) Leistungen zur Früherkennung von Krankheiten (§§ 25–26 SGB V).** Die §§ 25 bis 26 SGB V beziehen sich auf **gezielte diagnostische Maßnahmen zur Früherkennung** von Krankheiten (sog. Sekundärprävention). Bei der Sekundärprävention geht es darum, bei vorliegenden Krankheitssymptomen die Verschlimmerung bzw. ein Wiederauftreten der Erkrankung zu verhindern. Die Untersuchung eines Patienten, der sich für krank hält, ist aber immer eine Krankenbehandlung gemäß § 27 Abs. 1 SGB V. Die **Gesundheitsuntersuchungen** nach § 25 SGB V bezwecken eine möglichst frühzeitige Diagnose schwerwiegender Erkrankungen (sog. Check-up auf Zivilisationskrankheiten; vgl. dazu die Gesundheitsuntersuchungs-Richtlinien des Bundesausschusses und die Krebsfrüherkennungs-Richtlinie des G-BA). Die **Kinderuntersuchungen** nach § 26 SGB V zielen ebenfalls darauf ab, Erkrankungen möglichst frühzeitig zu erkennen, die die Entwicklung des Kindes beeinträchtigen (vgl. dazu Kinder-Richtlinien des Bundesausschusses – sog. U1- bis U9-Untersuchungen – und Richtlinien zur Jugendgesundheitsuntersuchung).

178 **cc) Leistungen bei Krankheit (§§ 27 ff. SGB V).** Die Leistungen bei Krankheit lassen sich unterteilen in die Krankenbehandlung nach den §§ 27 ff. SGB V und das Krankengeld gemäß §§ 44 ff. SGB V.

179 § 27 SGB V fasst Ziel und Zweck der Krankenbehandlung in einer Vorschrift zusammen. Die Krankenbehandlung wird prinzipiell als Sach- und Dienstleistung erbracht („**Naturalleistungsprinzip**“, § 2 Abs. 2 S. 1 SGB V; auch Sachleistungsprinzip genannt), d. h. die Versicherten erhalten die Behandlung, ohne die Behandlungskosten vorschießen zu müssen, wie es bei einem System der Barleistungen („**Kostenerstattungsprinzip**“, s. § 13 SGB V) wäre. Die Bereitschaft des Arztes zur Behandlung ohne direkte Vergütung durch den Patienten fußt auf der Tatsache, dass die Krankenkassen nach den Vorschriften des Vierten Kapitels des SGB V entsprechende Verträge mit den Leistungserbringern geschlossen haben (§ 2 Abs. 2 S. 3 SGB V).

180 Es gibt jedoch einige **Ausnahmen bzw. Sonderfälle** im Hinblick auf die Naturalleistung: Mit Wirkung vom 1.1.2004 besteht die – vormals bereits einmal vorhandene, dann aber wieder abgeschaffte – Möglichkeit, dass Versicherte anstelle der

Naturalleistung die Kostenerstattung wählen (§ 13 Abs. 2 SGB V). Praktisch nicht unwichtig ist weiterhin die **Kostenerstattung** gemäß § 13 Abs. 3 SGB V. Unter diese Durchbrechung des Naturalleistungsprinzips fallen Sachverhalte, in denen erstens die Krankenkasse einen Behandlungsanspruch nicht erfüllen konnte oder die Leistungserbringung zu Unrecht abgelehnt hat und zweitens dem Versicherten dadurch für die eigene Beschaffung dieser Leistung Kosten entstanden sind. Eine die Leistungspflicht der Krankenkasse auslösende Konstellation liegt auch beim sog. **Systemversagen** vor. Dieses ist anzunehmen, wenn die fehlende Anerkennung einer neuen Untersuchungs- oder Behandlungsmethode darauf zurückzuführen ist, dass das für eine Leistungspflicht der Krankenkasse notwendige Verfahren vor dem Bundesausschuss (s. u. Rn. 195) trotz Erfüllung der für eine Überprüfung notwendigen formalen und inhaltlichen Voraussetzungen nicht oder nicht zeitgerecht durchgeführt wurde (BSG v. 7.11.2006 – B 1 KR 24/06 R –). Ferner ist der Naturalleistungsgrundsatz für **Konstellationen mit grenzüberschreitendem Bezug**, die die Anwendbarkeit des Europarechts begründen, zu modifizieren (§ 13 Abs. 4-6 SGB V; zur Kostenübernahme bei Fällen außerhalb der EU: § 18 SGB V). Dort ergeben sich nämlich bereits aus speziellem europäischem Sekundärrecht wie z. B. Verordnungen und, sofern solche speziellen Regelungen nicht abschließend sind, aus den Grundfreiheiten des Vertrages über die Arbeitsweise der Europäischen Union (AEUV) Abweichungen vom Prinzip der Sachleistung. Denn nach der Rechtsprechung des EuGH kann man sagen, dass auch für die innerstaatlich dem Sachleistungsprinzip folgenden Sozialversicherungssysteme (wie z. B. Deutschland und die Niederlande) in europaweiten Konstellationen ein Verfahren der Kostenerstattung als Regelprinzip eingeführt wird (*Frenz* MedR 2004, 296, 298).

181 Der Versicherte hat, sofern der Versicherungsfall der Krankheit vorliegt, im Grunde einen **Anspruch auf Krankenbehandlung**. Unmittelbar einsehbar ist jedoch auch, dass die theoretisch denkbare Variationsbreite von „Behandlungen" – wie z. B. Heilung durch Handauflegen – begrenzt werden muss auf dasjenige, das die Krankenkasse bezahlen muss. Daher hat das BSG die Konzeption des Behandlungsanspruchs als **Rahmenrecht** entwickelt (st. Rspr. BSG v. 17.12.2009 – B 3 KR 13/08 R – Rn. 19; BSG v. 6.9.2007 – B 3 KR 20/06 R – ; BSG v. 16.9.1997 – 1 RK 32/95 – juris Rn. 21). Dies bedeutet, dass das gesetzliche Rahmenrecht auf Behandlung erst noch durch die individuelle Behandlungsentscheidung des Leistungserbringers – z. B. des Vertragsarztes – sowie durch untergesetzliche Bestimmungen des Leistungserbringungsrechts – insbesondere Richtlinien des Gemeinsamen Bundesausschusses nach § 92 SGB V – im Einzelnen bestimmt und zu einem durchsetzbaren Anspruch verdichtet werden muss (BSG v. 6.5.2009 – B 6 A 1/08 R – Rn. 45; *Fastabend* NZS 2002, 299, 302 ff; *Francke* SGb 1999, 5). Normsystematischer Anknüpfungspunkt für diese Konkretisierung des Rahmenrechts zu einem Anspruch sind die die jeweilige Behandlungsleistung näher umschreibenden Voraussetzungen der gesetzlichen Vorschriften in den §§ 27 ff. SGB V (der Vorbehalt des Gesetzes gilt nach § 31 SGB I auch für Rechte) und insbesondere das Wirtschaftlichkeitsgebot nach § 12 SGB V i. V. m. § 27 Abs. 1 S. 1 SGB V (vgl. „Notwendigkeit" der Behandlung). Die demnach für die Praxis außerordentlich relevanten Richtlinien des Gemeinsamen Bundesausschusses sind auf dessen Homepage veröffentlicht (http://www.g-ba.de).

182 Die **ärztliche Behandlung** gemäß § 27 Abs. 1 S. 2 Nr. 1, § 28 SGB V beinhaltet die nach den Regeln ärztlicher Kunst ausreichende und zweckmäßige (s. unten Rn. 193 zum Wirtschaftlichkeitsgebot) Verhütung, Früherkennung und Behandlung von Krankheiten (§ 28 Abs. 1 S. 1 SGB V). Nach dem **Arztvorbehalt** des § 15 Abs. 1 S. 1 SGB V sind andere Personen als Ärzte bzw. gegebenenfalls Psychotherapeuten (s. § 27 Abs. 1 S. 2 Nr. 1, § 28 Abs. 3 SGB V) grundsätzlich von der Krankenbehandlung ausgeschlossen. Dementsprechend dürfen Leistungen von Nicht-Medizinern i. d. R. nur auf ärztliche Anordnung erbracht werden (§§ 15 Abs. 1 S. 2, 28 Abs. 1 S. 2 SGB V; vgl. zur Delegation ärztlicher Leistungen auch *Palsherm*, Rechtsdepesche für das Gesundheitswesen, Sonderausgabe Haftpflichtmanagement, 2010, S. 14-17).

183 Mit Wirkung vom 1.1.1999 wurde dem Leistungskatalog des § 27 Abs. 1 S. 2 Nr. 1 SGB V die **psychotherapeutische Behandlung** durch eigens dazu zugelassene Psychologische Psychotherapeuten sowie Kinder- und Jugendlichenpsychotherapeuten hinzugefügt (vgl. dazu umfassend: Psychotherapie-Richtlinien des G-BA und Psychotherapie-Vereinbarung zwischen Kassenärztlicher Bundesvereinigung und Krankenkassen). Psychotherapeuten sind somit gleichsam eine Ausnahme vom Arztvorbehalt bei der Behandlung auf dem Gebiet der Psychotherapie. Dies rechtfertigt sich durch das der ärztlichen Zulassung vergleichbare Verfahren der Approbation gemäß § 2 oder § 12 des Psychotherapeutengesetzes und der Zulassung von Psychotherapeuten zur Versorgung. Bei schwerer psychischer Erkrankung kommt zudem die – häufig von Sozialpädagogen durchgeführte – Leistung der **Soziotherapie** in Betracht, die dem Erkrankten die Inanspruchnahme ärztlicher bzw. ärztlich verordneter Leistungen ermöglichen soll (§ 37a SGB V, vgl. Soziotherapie-Richtlinien des Bundesausschusses). Ferner haben versicherte Kinder nach § 43a SGB V einen Anspruch auf **nichtärztliche sozialpädiatrische Leistungen**, die entweder als interdisziplinäre Sachleistung mit sozialpädagogischen, heilpädagogischen, psychologischen und therapeutischen Anteilen zum Zwecke möglichst frühzeitiger Diagnose und Therapie von Störungen in der körperlichen, geistigen, seelischen oder sozialen Entwicklung (§ 43a Abs. 1 SGB V) oder im Rahmen einer ambulanten psychiatrischen Behandlung (§ 43a Abs. 2 SGB V) erbracht werden. Diese Leistungen sind damit Teil der Behandlung eines spezialisierten Vertragsarztes (z.B. Kinderpsychiater) oder der Behandlung in einer Frühförderstelle oder in sozialpädiatrischen Zentren (s. § 119 SGB V).

Der Anspruch auf **zahnärztliche Behandlung** gemäß § 27 Abs. 1 S. 2 Nr. 2, **184**
§§ 28 f. SGB V umfasst die ausreichende und zweckmäßige Verhütung, Früherkennung und Behandlung von Zahn-, Mund- und Kieferkrankheiten (§ 28 Abs. 2 S. 1 SGB V; vgl. dazu auch die Behandlungsrichtlinie des G-BA). Bei **Zahnfüllungen** haben die Versicherten für eine darüber hinausgehende Versorgung die Mehrkosten zu tragen (§ 28 Abs. 2 S. 2 SGB V). Ferner besteht bei Kiefer- oder Zahnfehlstellungen, die das Kauen, Beißen, Sprechen oder Atmen beeinträchtigen, ein Anspruch auf **kieferorthopädische Behandlungen** (§ 29 Abs. 1 SGB V; vgl. dazu die Richtlinien des Bundesausschusses für die kieferorthopädische Behandlung). Dabei ist jedoch zunächst ein vorläufiger Eigenanteil von 20 bzw. 10 % direkt an den Vertragszahnarzt zu zahlen (§ 29 Abs. 2 SGB V), der aber nach einer planmäßig durchgeführten Behandlung von der Kasse an den Versicherten erstattet wird (§ 29 Abs. 3 S. 2 SGB V; Verfassungsmäßigkeit der Norm bejahend: LSG Nordrhein-Westfalen v. 25.3.2010 – L 16 KR 221/09 – juris Rn. 29). Die Versorgung mit **Zahnersatz** wie Zahnkronen und Brücken ist geregelt in § 27 Abs. 1 S. 2 Nr. 2a, §§ 55 ff. SGB V (vgl. Zahnersatz-Richtlinie des G-BA). Der Zahnarzt stellt vor Behandlungsbeginn einen Heil- und Kostenplan auf, den die Krankenkasse prüfen und genehmigen muss (s. § 87 Abs. 1a S. 2, 4, 6 SGB V). Der Versicherte hat dann einen Anspruch auf einen sog. befundbezogenen Festzuschuss zum Zahnersatz (§ 55 Abs. 1 S. 1 SGB V). Als Festzuschuss werden prinzipiell 50 % der festgesetzten Beträge für die jeweilige Regelversorgung erstattet (§ 55 Abs. 1 S. 2 SGB V). Der Gemeinsame Bundesausschuss bestimmt in Richtlinien die Befunde, für die Festzuschüsse gewährt werden und ordnet diesen die prothetische Regelversorgungen zu (§ 56 Abs. 1 und 2 SGB V; vgl. Festzuschuss-Richtlinie des G-BA). Für eigene Bemühungen zur Gesunderhaltung der Zähne erhöhen sich die Festzuschüsse um 20 % und ggf. weitere 10 %, sofern regelmäßige Zahnpflege erkennbar ist und der Versicherte die Prophylaxeuntersuchungen wahrgenommen hat (§ 55 Abs. 1 S. 3–5 SGB V). Bei unzumutbarer Belastung (s. die abschließende Festlegung in § 55 Abs. 2 S. 2 SGB V) haben Versicherte sogar über die Festzuschüsse hinaus einen Anspruch auf vollständige Kostentragung für die Regelversorgung (§ 55 Abs. 2 S. 1 SGB V).

185 Nach § 27 Abs. 1 Nr. 3, §§ 31–33 SGB V besteht ein Anspruch auf **Versorgung mit Arznei-, Heil- und Hilfsmitteln.** Unter **Arznei** fallen Stoffe, die die Voraussetzungen des Arzneimittelbegriffs nach § 2 Arzneimittelgesetz erfüllen und damit pharmakologisch, immunologisch oder metabolisch – gleichsam von „innen" – auf den Organismus einwirken (BSG v. 3.7.2012 – B 1 KR 23/11 R – Rn. 12; BSG v. 27.9.1994 – 8 RKn 9/92 – juris Rn. 15). Außerhalb der arzneimittelrechtlichen Zulassung für ein bestimmtes Indikationsgebiet besteht prinzipiell mangels Zweckmäßigkeit und Wirtschaftlichkeit (s. Rn. 195) keine Leistungspflicht der Krankenkasse (BSG v. 30.6.2009 – B 1 KR 5/09 R – Rn. 21 mit den Vorausetzungen für eine ausnahmsweise mögliche zulassungsüberschreitende Anwendung, sog. Off-Label-Use in Rn. 26 ff.). Heil- und Hilfsmittel wirken von außen auf den Körper ein (BSG v. 9.12.1997 – 1 RK 23/95 – juris Rn. 13). **Heilmittel** sind Dienstleistungen, die einem Heilzweck dienen oder einen Heilerfolg sichern wie z. B. Gymnastik, physikalische Therapie sowie Sprach- und Beschäftigungstherapie; **Hilfsmittel** sind demgegenüber sächliche Mittel, die den Erfolg der Heilbehandlung sichern oder die Folgen von Gesundheitsschäden mildern oder ausgleichen wie z. B. Brillen, Rollstühle und Prothesen (s. BSG v. 19.10.2004 – B 1 KR 28/02 R – juris Rn. 10; BSG v. 28.6.2001 – B 3 KR 3/00 R – juris Rn. 36). Bei Arznei- und Heilmitteln muss der volljährige Versicherte grundsätzlich eine **Zuzahlung** leisten (§ 31 Abs. 3, § 32 Abs. 2 i. V. m. § 61 SGB V). Soweit die Zuzahlungen innerhalb eines Kalenderjahres die Belastungsgrenze von zwei Prozent der jährlichen Bruttoeinnahmen zum Lebensunterhalt, bei chronisch Kranken einem Prozent, übersteigen, muss der Versicherte für den Rest des Kalenderjahres keine Zuzahlungen mehr leisten (§ 62 Abs. 1 SGB V).

186 **Krankenhausbehandlung** wird gemäß § 27 Abs. 1 S. 2 Nr. 5, § 39 Abs. 1 S. 1 SGB V gewährt. Dabei obliegt, mit Ausnahme von Notfällen, der Krankenkasse die vorherige Entscheidung darüber, ob dem Versicherten eine Krankenhausbehandlung zusteht (BSG v. 25.9.2007 – GS 1/06 – Rn. 28). Krankenhausbehandlungsbedürftigkeit ist bei einem Krankheitszustand gegeben, dessen Behandlung den Einsatz der besonderen Mittel eines Krankenhauses erforderlich macht. Die Maßnahmen dürfen aber nicht bloß darauf abzielen, einem Zustand der Hilflosigkeit zu begegnen, oder rein pflegerisch orientiert sein, ohne dass eine ärztliche Behandlung prägend ist (BSG v. 16.12.2008 – B 1 KN 3/08 KR R –). Rein faktisch ist die Krankenkasse trotz ihres Entscheidungsrechts über den Anspruch auf Krankenhausbehandlung aber häufig an das Votum des Vertragsarztes und auch des Krankenhausarztes gebunden, weil diesen zuvörderst die Befugnis zukommt, die medizinisch-inhaltliche Entscheidung zu treffen (BSG v. 17.5.2000 – B 3 KR 33/99 R – juris Rn. 17; BSG v. 9.6.1998 – B 1 KR 18/96 R – juris Rn. 18; vgl. aber zu ausgeschlossenen Leistungen die Richtlinie Methoden Krankenhausbehandlung des G-BA). Des Weiteren haben Versicherte einen Anspruch auf **häusliche Krankenpflege**, wenn dadurch ein Krankenhausaufenthalt zu vermeiden ist bzw. wenn dies zur Sicherung der Behandlung erforderlich ist (§ 27 Abs. 1 S. 2 Nr. 4, § 37 SGB V). Schließlich werden, wenn es für eine Krankenhausbehandlung bei einer infausten Prognose keinen Bedarf mehr gibt, **stationäre und ambulante Hospizleistungen** (§ 39a SGB V) sowie ergänzend die **spezialisierte ambulante Palliativversorgung** (§ 37b SGB V) erbracht (vgl. Spezialisierte Ambulante Palliativversorgungs-Richtlinie des G-BA).

187 Arbeitsunfähig erkrankte bzw. stationär behandelte Versicherte haben nach § 44 Abs. 1 SGB V prinzipiell einen Anspruch auf **Krankengeld**. Bei Arbeitnehmern zahlt während der ersten sechs Wochen der Arbeitsunfähigkeit der Arbeitgeber jedoch das Entgelt weiter (§ 3 Abs. 1 Entgeltfortzahlungsgesetz) und der Krankengeldanspruch ruht (§ 49 Abs. 1 Nr. 1 SGB V). Ausnahmsweise steht bestimmten Versicherten wie z. B. Familienmitversicherten oder Studierenden ein Krankengeldanspruch nicht zu (§ 44 Abs. 2 Nr. 1 SGB V). Dies beruht darauf, dass das Krankengeld als **Entgeltersatz** während der Krankheit dient (s. BSG v. 26.6.2007 – B 1 KR 37/06 R – Rn. 24) und diese Versichertengruppen kein Entgelt erzielen. Ein frei vereinbarter Lohnfortfall durch unbezahlten Urlaub lässt das Krankengeld aber nicht fortfallen (BSG v. 27.11.1990 – 3 RK 6/88 – juris Rn. 23).

188 Ist der Arbeitnehmer nur **teilweise arbeitsfähig** wird er von der überwiegenden Rechtsmeinung als voll arbeitsunfähig behandelt (BAG v. 29.1.1992 – 5 AZR 37/91 – juris Rn. 16 ff.). Für diese Auffassung spricht, dass im Falle teilweiser Arbeitsfähigkeit nach wie vor eine Arbeitsunfähigkeitsbescheinigung ausgestellt wird, auf der lediglich, wenn dies der stufenweisen Wiedereingliederung dient, die wieder verrichtbaren Tätigkeiten angegeben werden sollen (§ 74 SGB V; s. auch § 2 Abs. 2 Arbeitsunfähigkeits-Richtlinie des G-BA). Folge dieser Auslegung ist, dass der Krankengeldanspruch in voller Höhe besteht, aber gemäß § 49 Abs. 1 Nr. 1 SGB V in Höhe des durch die teilweise Tätigkeit erzielten Einkommens ruht.

189 Das Krankengeld wird für dieselbe Krankheit nach § 48 Abs. 1 S. 1 SGB V **längstens für 78 Wochen** gezahlt. Die Leistungsdauer wird begrenzt, weil es der gesetzlichen Rentenversicherung obliegt, im Falle dauerhafter Erwerbsminderung eine Entgeltersatzleistung zur Verfügung zu stellen (BSG v. 21.6.2011 – B 1 KR 15/10 R – Rn. 15). Eine Krankheit gilt als dieselbe, wenn ein medizinisch latent weiterbestehendes, nicht ausgeheiltes Grundleiden vorliegt (BSG v. 21.6.2011 – B 1 KR 15/10 R – Rn. 14), m. a. W. die Krankheitsursache identisch ist.

190 Den Versicherten trifft gemäß §§ 63, 65 SGB I die **Mitwirkungspflicht**, sich einer Heilbehandlung zu unterziehen. Kommt er dieser Pflicht nicht nach, so kann die Versicherungsleistung nach § 66 Abs. 2 SGB I versagt oder entzogen werden (Thüringer LSG v. 30.10.2012 – L 6 KR 1108/09 – juris Rn. 23).

191 **dd) Fahrtkosten (§ 60 SGB V).** § 60 SGB V regelt die Übernahme von Fahrtkosten durch die Krankenversicherung. Voraussetzung ist, dass die Fahrt im Zusammenhang mit einer Leistung der Krankenkasse aus zwingenden medizinischen Gründen notwendig ist. Diese zwingenden Gründe werden durch die Krankentransport-Richtlinie des Gemeinsamen Bundesausschusses nach § 92 Abs. 1 S. 2 Nr. 12 SGB V konkretisiert.

192 **ee) Leistungen bei Schwangerschaft und Mutterschaft (§§ 24c-24i SGB V).** Mit Wirkung vom 30.10.2012 wurden die Leistungen der ehemaligen Mutterschaftshilfe nach §§ 195 ff. RVO a.F. endlich in das SGB V übernommen. § 24c SGB V zählt die einzelnen Leistungen auf. Hierzu zählen insbesondere ärztliche Maßnahmen und Hebammenhilfe, die Entbindung, häusliche Pflege und Alltagshilfen sowie das Mutterschaftsgeld. Dieses Mutterschaftsgeld hat genau wie das Krankengeld eine Entgeltersatzfunktion (BSG v. 17.2.2004 – B 1 KR 7/02 R – juris Rn. 26).

193 **b) Wirtschaftlichkeitsgebot (§ 2 Abs. 1, 4, § 12 Abs. 1 SGB V).** Das Wirtschaftlichkeitsgebot – insbesondere der Grundsatz der Notwendigkeit der Behandlung – ist ganz entscheidend für die Verdichtung des ausfüllungsbedürftigen Rahmenrechts auf Krankenbehandlung zu einem Individualanspruch (*Fastabend* NZS 2002, 299, 303). Die Leistungen der Krankenversicherung müssen gemäß § 2 Abs. 1 S. 1, § 12 Abs. 1 i. V. m. § 27 Abs. 1 S. 1, § 70 Abs. 1 S. 2 SGB V diesem **Wirtschaftlichkeitsgebot** genügen, d. h. die Krankenbehandlung muss ausreichend und zweckmäßig sein, darf aber das Maß des Notwendigen nicht überschreiten. Die Krankenkassen sind überdies zu sparsamem und wirtschaftlichem Handeln verpflichtet, um den Versicherungsbeitrag stabil zu halten (§ 4 Abs. 4 S. 1 SGB V). Die genannten Einzelkriterien des Wirtschaftlichkeitsgebots stehen in einem engen Zusammenhang zueinander, d. h., sie markieren keine selbstständigen Prüfungsbereiche, sondern zeitigen Wechselwirkungen aufeinander (*Fastabend* NZS 2002, 299, 300). *Ausreichend* ist demnach, was nach Umfang und Qualität hinreichende Chancen für einen Heilerfolg bietet (BSG v. 28.6.1983 – 8 RK 22/81 – juris Rn. 31). *Zweckmäßig* ist, was auf die Behandlungsziele des § 27 SGB V hin objektiv ausgerichtet und auch hinreichend wirksam ist (BSG v. 21.11.1991 – 3 RK 8/90 – juris Rn. 18). *Notwendig* sind schließlich die Maßnahmen, die unter Zugrundelegung des Leis-

tungszwecks unentbehrlich, unvermeidlich oder unverzichtbar sind (BSG v. 26.10.1982 – 3 RK 28/82 – juris Rn. 12). Im Ergebnis wird damit durch das Merkmal „ausreichend“ ein Mindeststandard, durch die „Zweckmäßigkeit“ die Eignung der Leistung zur Behandlung und durch die „Notwendigkeit“ die Erforderlichkeit der Leistung sichergestellt (*Engelhard* jurisPK-SGB V § 12 Rn. 47, 52, 76).

Das Wirtschaftlichkeitsgebot wird durch die **unbestimmten Rechtsbegriffe** aus- **194**
reichend, zweckmäßig und notwendig geprägt. Diese räumen der Verwaltung (Krankenkasse) aber keinen Beurteilungsspielraum ein und sind demzufolge gerichtlich voll überprüfbar (s. BSG v. 24.11.1983 – 8 RK 6/82 – juris Rn. 20). Rein praktisch betrachtet werden die unbestimmten Rechtsbegriffe – insbesondere die Notwendigkeit – jedoch durch die individuelle Behandlungsentscheidung der Leistungserbringer – vor allem durch den Vertragsarzt – und durch untergesetzliche Rechtsnormen des Gemeinsamen Bundesausschusses – die Richtlinien nach §§ 92, 135 SGB V – definiert. Im Hinblick auf das Demokratie- und Rechtsstaatsprinzip, vor allem bezüglich des Gewaltenteilungsgrundsatzes und des Vorbehalts des Gesetzes, ist die Befugnis des Gemeinsamen Bundesausschusses zur Normsetzung nicht unproblematisch (vgl. dazu BSG v. 31.5.2006 – B 6 KA 13/05 R – juris Rn. 57 ff.). Zwar dürfen die Richtlinien wie alle untergesetzlichen Bestimmungen nicht gegen höherrangiges Recht verstoßen und müssen rechtstaatliche Grundsätze achten. Im Übrigen verfügt der Gemeinsame Bundesausschuss bei der Normgebung nach überwiegender Ansicht aber über einen eigenen Beurteilungs- und Gestaltungsspielraum (sog. Rechtsetzungsermessen) und unterliegt keiner inhaltlichen Kontrolle (BSG v. 7.5.2013 – B 1 KR 8/12 R – Rn. 16).

c) **Ausschluss bzw. Begrenzung der Leistung.** Schließlich dürfte die Leistung **195**
nicht ausgeschlossen bzw. begrenzt sein. Gemäß §§ 2 Abs. 1 S. 3, 72 Abs. 2 SGB V muss die Behandlung bezüglich Qualität und Wirksamkeit dem „allgemein anerkannten Stand der medizinischen Erkenntnisse“ entsprechen. Demgemäß sind **neue, nicht hinreichend erprobte Verfahren** – selbst wenn sie im Einzelfall erfolgreich sind – oder sog. **Außenseitermethoden** (= paramedizinische, nicht wissenschaftlich fundierte Verfahren) grundsätzlich von der Leistungspflicht der Krankenkasse ausgeschlossen (BSG v. 5.5.2009 – B 1 KR 15/08 R –). Neue Behandlungsmethoden können ausnahmsweise zu Lasten der Krankenkasse erbracht werden, wenn der Gemeinsame Bundesausschuss die neue Behandlungsform in Richtlinien nach § 92 Abs. 1 S. 2 Nr. 5, § 135 SGB V anerkannt hat (gleichsam ein Verbot mit Erlaubnisvorbehalt, s. BSG v. 7.5.2013 – B 1 KR 44/12 R – juris Rn. 13, ff., insb. 17). Die „Neuheit“ einer Methode folgt daraus, dass sie

nicht als abrechenbare Leistung im Einheitlichen Bewertungsmaßstab für ärztliche Leistungen enthalten ist (BSG v. 27.9.2005 – B 1 KR 28/03 R – juris Rn. 17). Ferner ist in sog. **Ausnahme- oder Seltenheitsfällen**, also wenn es um eine extrem seltene Erkrankung geht, die einer systematischen wissenschaftlichen Erforschung und damit einer formellen Anerkennung der ärztlichen Methode prinzipiell nicht zugänglich ist, die Erbringung neuer Leistungen auch ohne Empfehlung des Gemeinsamen Bundesausschusses ausnahmsweise möglich (BSG v. 19.10.2004 – B 1 KR 27/02 R – juris Rn. 29). Das Gleiche gilt im Falle sog. Systemversagens (s. Rn. 180). Schließlich kann eine neue Behandlungsmethode zu Lasten der Krankenkasse aufgrund der **verfassungsrechtlichen Wertentscheidung** der Garantie des Rechts auf Leben nach Art. 2 Abs. 2 S. 1 GG i. V. m. dem Sozialstaatsprinzip ausnahmsweise erbracht werden, wenn bei einer lebensbedrohlichen und regelmäßig tödlich verlaufenden Krankheit oder einer wertungsmäßig damit vergleichbaren Erkrankung wie dem konkret drohenden Verlust eines Sinnesorgans oder einer herausgehobenen Körperfunktion eine notstandsähnliche Situation vorliegt (§ 2 Abs. 1a SGB V; vgl. BSG v. 12.7.2013 – B 1 KR 123/12 B – Rn. 6; BSG v. 7.11.2006 – B 1 KR 24/06 R – ; s. auch grundlegend: BVerfG v. 6.12.2005 – 1 BvR 347/98 – „Nikolaus-Beschluss“).

196 Von diesen neuen Methoden abzugrenzen sind die grundsätzlich nicht von der Leistungspflicht ausgeschlossenen Behandlungsmethoden, Arznei- und Heilmittel der **besonderen Therapierichtungen** (§ 2 Abs. 1 S. 2 SGB V) wie z. B. der Homöopathie, der Phytotherapie oder der Anthroposophie (s. § 34 Abs. 3 S. 2 SGB V). Voraussetzung für die Anerkennung einer solchen besonderen Therapierichtung ist das Vorliegen eines umfassenden Konzeptes zur Behandlung verschiedenster Erkrankungen, das sich von der Schulmedizin abgrenzt und auf einem eigenen weltanschaulichen Denkansatz beruht, der durch größere Teile der Ärzteschaft und weite Teile der Bevölkerung anerkannt wird (*Francke* SGb 1999, 5, 10).

197 Im Hinblick auf Leistungsbegrenzungen kommt schließlich eine **Beteiligung des Versicherten an den Behandlungskosten** gemäß § 52 SGB V in Betracht, wenn er sich die Krankheit vorsätzlich, bei einem von ihm begangenen Verbrechen oder vorsätzlichen Vergehen bzw. bei einer medizinisch nicht notwendigen Schönheits-OP, einer Tätowierung oder einem Piercing zugezogen hat. Außerdem ist zu beachten, dass bei **Arbeitsunfällen** die gesetzliche **Unfallversicherung** nach § 11 Abs. 5 SGB V vorrangig zuständig ist.

198 **5. Verhältnis der Krankenkassen zu Leistungserbringern.** Das Leistungserbringungsrecht ist ein in seiner Bedeutung nicht zu unterschätzender Teil der gesetzlichen Krankenversicherung. Dies wird bereits daran deutlich, dass die

Leistungserbringer einen wesentlichen Beitrag zur Konkretisierung des Leistungsrahmenrechts leisten (s. Rn. 181). Daher sprechen einige Stimmen in der Literatur sogar von einem Vorrang des Leistungserbringungs- gegenüber dem Leistungsrecht (*Francke* SGb 1999, 5, 6), wenngleich man doch eher eine Gleichrangigkeit von Leistungs- und Leistungserbringungsrecht annehmen sollte (BSG v. 16.9.1997 – 1 RK 32/95 – juris Rn. 21).

Der wichtigste Teil des **Rechts der Leistungserbringer** in der gesetzlichen Kran- **199**
kenversicherung ist das Vertragsarztrecht (s. vertiefend *Palsherm* ZfS 2006, 38 ff.). **Vertragsärzte** (früher Kassenärzte) sind im Arztregister eingetragene – also approbierte und zum Allgemeinmediziner oder Facharzt für ein anderes bestimmtes Gebiet weitergebildete (s. § 95a Abs. 1 SGB V) – Ärzte, die zur vertragsärztlichen Versorgung zugelassen worden sind (§ 95 Abs. 1 S. 1, Abs. 2 i. V. m. § 98 Abs. 1 SGB V und §§ 1 ff. Zulassungsverordnung für Vertragsärzte – ÄrzteZV). Das Erfordernis der Zulassung erklärt sich aus dem Modus der Leistungsgewährung per Naturalleistungsprinzip (s. Rn. 179). Mit der Zulassung als rechtsgestaltendem Verwaltungsakt i. S. d. § 31 S. 1 SGB X erhält der Vertragsarzt nach § 95 Abs. 3 S. 1 SGB V die öffentlich-rechtliche Berechtigung, Versicherte mit Wirkung für die Krankenkassen zu behandeln (BSG v. 10.5.2000 – B 6 KA 67/98 R – juris Rn. 20). Prinzipiell ist also nur der zugelassene Arzt zur ambulanten Behandlung eines gesetzlich Krankenversicherten im Wege der Sachleistung ermächtigt und kann dafür eine Vergütung beanspruchen. Mit der Zulassung werden die Vertragsärzte zu Mitgliedern der für ihren Arztsitz zuständigen Kassenärztlichen Vereinigung (§ 77 Abs. 3 SGB V). Die Kassenärztliche Vereinigung ist eine (Personal-) Körperschaft des öffentlichen Rechts (§ 77 Abs. 5 SGB V) und Trägerin funktionaler Selbstverwaltung (*Kluth* MedR 2003, 123).

Die Rechtsbeziehungen der von der gesetzlichen Krankenversicherung Betrof- **200**
fenen lassen sich somit als sog. **kassen(zahn)ärztliches Viereck** mit den „Eckpunkten" Patient, Krankenkasse, Vertrags(zahn)arzt, und Kassen(zahn)ärztliche Vereinigung versinnbildlichen: Der Versicherte hat einen Anspruch auf Behandlung gegen seine gesetzliche Krankenversicherung (§ 27 Abs. 1, § 28 Abs. 1, § 11 Abs. 1 Nr. 4 SGB V). Zur Durchführung dieser vertrags(zahn)ärztlichen Versorgung haben die Verbände der Krankenkassen mit den Kassen(zahn)ärztlichen Vereinigungen schriftliche Verträge unter Beachtung der gesetzlichen Vorschriften und der Richtlinien des Gemeinsamen Bundesausschusses abgeschlossen (§ 2 Abs. 2 S. 3 i. V. m. § 72 Abs. 2 SGB V). Danach obliegt den Kassen(zahn)ärztlichen Vereinigungen die Sicherstellung der vertrags(zahn)ärztlichen Versorgung sowie die Übernahme der Gewähr für deren Gesetzmäßigkeit gegenüber

den Krankenkassen und ihren Verbänden (§ 75 Abs. 1 S. 1 SGB V). Im Gegenzug für die gesetzmäßige Erbringung vertrags(zahn)ärztlicher Leistungen zahlen die Krankenkassen mit befreiender Wirkung an die jeweilige Kassen(zahn)ärztlichen Vereinigung eine pauschale Summe: die „Gesamtvergütung" (§ 87a Abs. 3 S. 1 SGB V bzw. § 85 Abs. 1 SGB V). Diese Gesamtvergütung ist vorher in einem besonderen Vertrag zwischen der Kassen(zahn)ärztlichen Vereinigung und den jeweils zuständigen Landesverbänden der Krankenkassen vereinbart worden: bei den Zahnärzten als Teil der sog. „Gesamtverträge" (s. §§ 83, 85 Abs. 1 S. 1 SGB V) und bei den anderen Ärzten in einem Vertrag über die morbiditätsorientierte Gesamtvergütung (§ 87a Abs. 3 SGB V). Die gezahlte Gesamtvergütung wird sodann von der Kassen(zahn)ärztlichen Vereinigung nach dem festgesetzten Verteilungsmaßstab an die Vertrags(zahn)ärzte verteilt (§ 87b Abs. 1 SGB V bzw. § 85 Abs. 4 S. 1 SGB V). Im Grundsatz existieren demnach keine unmittelbaren Rechtsbeziehungen zwischen den Krankenkassen und den Vertrags(zahn)ärzten. Ausnahmen davon bestehen in Form der sog. Direktverträge (Verträge über die hausarztzentrierte Versorgung nach § 73b Abs. 4 SGB V, die besondere ambulante Versorgung nach § 73c Abs. 3 Nr. 1 SGB V oder die integrierte Versorgung nach § 140b Abs. 1 Nr. 1 SGB V).

201 Die vormals umstrittene Frage der **Rechtsnatur des Behandlungsverhältnisses** zwischen gesetzlich Krankenversichertem und Vertragsarzt (einerseits BGH v. 19.7.2011 – VI ZR 217/10 – juris Rn. 20: Dienstleistungsvertrag nach § 611 BGB, andererseits BSG v. 19.11.1985 – 6 RKa 14/83 – juris Rn. 16: wegen Naturalleistungsprinzip und der – anderenfalls unnötigen – Verweisung in § 76 Abs. 4 SGB V ein gesetzliches Rechtsverhältnis öffentlich-rechtlicher Natur) dürfte seit Inkrafttreten des Patientenrechtegesetzes am 26.2.2013 durch den Gesetzgeber entschieden sein: Es handelt sich um einen Behandlungsvertrag nach § 630a BGB (s. BT-Drs. 17/10488, S. 18 f. explizit mit Bezug auf gesetzlich Versicherte).

202 Das Recht der übrigen Leistungserbringer sieht zumeist **zweistufige Regelungssysteme** vor, d. h. Verbände der Krankenkassen und Verbände der Leistungserbringer schließen Rahmenverträge ab, die durch Verträge mit den einzelnen Leistungserbringern bzw. Zulassungen ergänzt werden (s. z. B. § 112 SGB V für Krankenhäuser).

203 6. **Anspruchsgegner.** Gegner des Anspruchs auf Heilbehandlung ist die **Krankenkasse** (s. § 21 Abs. 2 SGB I, §§ 143 ff. SGB V), die der Versicherte gemäß der Voraussetzungen der §§ 173 ff. SGB V gewählt hat.

204 7. **Finanzierung.** Die Krankenkassen finanzieren sich nach § 220 Abs. 1 SGB V aus **Beiträgen und sonstigen Einnahmen** wie z. B. Erstattungsansprüchen oder

Kapitalerträgen. Der allgemeine Beitragssatz beläuft sich ab 1.1.2011 auf 15,5% (§ 241 SGB V). Bei **Beschäftigten** wird der Beitrag gemäß § 249 Abs. 1 SGB V grundsätzlich hälftig von Arbeitnehmer und Arbeitgeber getragen, wobei der Arbeitnehmer (noch) einen zusätzlichen Beitrag i. H. v. 0,9 % trägt. Beide Beitragsanteile werden vom Arbeitgeber an die Krankenkasse als Einzugsstelle des Gesamtsozialversicherungsbeitrags abgeführt (§ 253 SGB V, §§ 28d–28n, § 28r SGB IV). Besonderheiten bestehen insoweit für die sog. **Niedriglohn-Jobs** (s. *Palsherm* ZfS 2003, 358 ff.). Das sind Arbeitsverhältnisse, die mit einem Entgelt von 450,01 Euro bis 850 Euro entlohnt werden. Dieser Gehaltsbereich bildet die „Gleitzone" (§ 20 Abs. 2 SGB IV). Für Arbeitnehmer mit einem Niedriglohn-Job (in der Gleitzone) ist zwar ebenfalls die Krankenkasse zuständige Einzugsstelle (§ 28h SGB IV). Vom Arbeitnehmer sind jedoch geringere Sozialversicherungsbeiträge zu zahlen, wobei sein Beitrag mit steigendem Gehalt auch schrittweise ansteigt. Dadurch soll steigendes Bruttoeinkommen immer auch einen Nettolohnanstieg bewirken. Die Gleitzone beseitigt somit die sog. Niedriglohnschwelle, die vor Einführung der Gleitzone dadurch entstand, dass mit dem Überschreiten des Grenzwertes von der geringfügigen zur „normalen" Beschäftigung sofort der volle Beitrag zu den Sozialabgaben fällig wurde. Grundlage der Beitragsbemessung ist insofern nicht das volle Gehalt, sondern ein nach einer Formel errechneter Anteil davon (s. § 163 Abs. 10 SGB VI, § 344 Abs. 4 SGB III, § 226 Abs. 4 SGB V, § 57 Abs. 1 SGB XI). Der Arbeitgeberbeitrag bleibt aber in der gesamten Gleitzone konstant. Verringert ist also nur der Arbeitnehmeranteil. Der Bund trägt die Beiträge für Arbeitslosengeld-II-Bezieher (§ 251 Abs. 4 SGB V) und die Bundesagentur für Arbeit für die Arbeitslosengeld-Bezieher (§ 251 Abs. 4a SGB V). Die **übrigen Versicherungspflichtigen** tragen gemäß § 250 SGB V ihren Beitrag i.d.R. allein. **Freiwillig versicherte Beschäftigte** erhalten von ihrem Arbeitgeber nach § 257 SGB V einen „hälftigen" Zuschuss (unter Berücksichtigung der 0,9 %, die allein der Arbeitnehmer trägt). Der jeweilige Beitrag wird gemäß § 223 Abs. 2 SGB V unter Berücksichtigung der beitragspflichtigen Einnahmen (s. §§ 226 ff. SGB V) berechnet.

II. Rentenversicherung nach dem SGB VI

Die gesetzliche Rentenversicherung dient im Rahmen des sog. „**Drei-Säulen-Systems**" als Regelabsicherung. Daneben wird das „soziale Risiko" Alter durch betriebliche Sicherungssysteme bzw. die Zusatzversorgung für Arbeiter und An- **205** gestellte im öffentlichen Dienst abgesichert. Der dritte Baustein der Alterssicherung ist schließlich die private Vorsorge, z. B. durch die sog. Riester-Rente (vgl. *Wollenschläger/Becker* JA 1993, 1, 6). Zu diesen drei Säulen kommt bei Bedürftigkeit die Grundsicherung im Alter nach dem vierten Kapitel des SGB XII hinzu.

Leistungsfälle der gesetzlichen Rentenversicherung sind nach dem gleichen Aufbau zu prüfen wie bei der gesetzlichen Krankenversicherung: **(1)** Versicherteneigenschaft, **(2)** Versicherungsfall, **(3)** Leistungsfall und **(4)** richtiger Anspruchsgegner (s. Rn. 139). Dieser Prüfungsaufbau wird zwar in Teilen der Literatur für das Rentenversicherungsrecht als „wenig hilfreich" bezeichnet (*Becker/Seewald*, in: dies., Fälle zum Sozialrecht, Einführung Rn. 31), da es für einen rentenrechtlichen Leistungsanspruch nicht auf eine aktuell bestehende Versicherteneigenschaft ankommt. Gleichwohl setzt die gesetzliche Rentenversicherung als Vorsorgesystem voraus, dass ein Versicherungsverhältnis zumindest einmal bestanden hat. Daher erscheint es m. E. jedenfalls vertretbar, mit der Prüfung dieser (wenigstens in der Vergangenheit bestandenen) Versicherteneigenschaft zu beginnen, zumal dies auch schnell beendet ist, wenn bereits kein Versicherungsverhältnis nachzuweisen ist.

206 **1. Versicherteneigenschaft des Anspruchstellers. – a) Versicherungspflicht.** In der Rentenversicherung bilden ebenfalls die gegen Arbeitsentgelt **Beschäftigten** gemäß § 1 S. 1 Nr. 1 SGB VI die praktisch wichtigste Gruppe (vgl. Rn. 146). Die zur Berufsausbildung Beschäftigten sind nach § 1 S. 1 Nr. 1 SGB VI selbst dann versicherungspflichtig, wenn sie ohne Entgelt arbeiten.

207 Weiterhin gibt es die Versicherungspflicht für besonders schutzwürdige **Selbstständige** wie z. B. Hebammen (§ 2 S. 1 Nr. 3 SGB VI) oder z.B. Personen, die keinen versicherungspflichtigen Arbeitnehmer beschäftigen und dauerhaft im Wesentlichen nur für einen Auftraggeber tätig sind (§ 2 S. 1 Nr. 9 SGB VI). Die Versicherungspflicht für diese sog. „kleinen" Selbstständigen erschien dem Gesetzgeber wegen des i. d. R. geringen Betriebsvermögens oder der arbeitnehmerähnlichen Stellung dieser Selbstständigen aus Gründen der sozialen Sicherung erforderlich (BSG v. 30.10.2013 – B 12 R 17/11 R – Rn. 24).

208 Überdies besteht aus familien- und gesellschaftspolitischen Gründen eine Versicherungspflicht gemäß § 3 SGB VI für einige **sonstige Versicherte** wie Kindererziehende nach § 56 SGB VI (Nr. 1), nicht erwerbsmäßige Pflegepersonen (Nr. 1a), aufgrund gesetzlicher Pflicht Wehr- und Zivildienstleistende (Nr. 2) bzw. Menschen in einem Wehrdienstverhältnis besonderer Art (Nr. 2a), Empfänger von bestimmten Entgeltersatzleistungen wie Kranken-, Verletzten- oder

Arbeitslosengeld (Nr. 3), bestimmte Fälle der Lebendspende von Organen (Nr. 3a) und Vorruhestandsgeldempfänger (Nr. 4), ohne dass insofern ein unmittelbarer Anknüpfungspunkt an eine Beschäftigung oder selbstständige Tätigkeit besteht. Die vormals bestehende Versicherungspflicht von ALG-II-Empfängern wurde mit Wirkung zum 1.1.2011 aufgehoben.

Eine Besonderheit der Rentenversicherung ist die **Versicherungspflicht auf Antrag** gemäß § 4 SGB VI. Hier hat vor allem die Versicherungspflicht auf Antrag für nicht nur vorübergehend Selbstständige nach § 4 Abs. 2 SGB VI praktische Bedeutung. Damit können sich Selbstständige, die nicht schon nach § 2 SGB VI versicherungspflichtig sind, innerhalb von fünf Jahren nach Aufnahme ihrer Tätigkeit versichern. Selbstständig in diesem Sinne ist, wer eine gewerbliche oder freiberufliche Tätigkeit ausübt, bei der keine persönliche Abhängigkeit i. S. v. § 7 Abs. 1 SGB IV besteht (BSG v. 25.2.1997 – 12 RK 33/96 – juris Rn. 14). Maßstab für eine nicht nur vorübergehende Dauer ist der Zeitraum, den die Zeitgeringfügigkeit nach § 8 Abs. 1 Nr. 2 SGB IV umfasst, also (ab 2015) drei Monate (zum Streitstand BSG v. 25.2.1997 – 12 RK 33/96 – juris Rn. 16). Die fünfjährige Frist für den Antrag auf Versicherung soll dazu dienen, dass nicht das Versicherungsrechtsverhältnis für unbestimmte Zeit in der Schwebe gelassen und z. B. erst dann eine Versicherung angestrebt wird, wenn der Versicherungsfall bereits droht (BSG v. 1.2.1979 – 12 RK 33/77 – juris Rn. 13). **209**

b) Ausnahmen von der Versicherungspflicht (Versicherungsfreiheit und Versicherungsbefreiung). Aktive Beamte sind nach § 5 Abs. 1 S. 1 Nr. 1 SGB VI versicherungsfrei. Diese Freiheit reicht aber nur soweit, wie eine Versorgung für die Beamten besteht, d. h. nicht in einer Nebentätigkeit als Selbständiger oder abhängig Beschäftigter (BSG v. 11.3.1970 – 3 RK 40/67 –). Bezüglich der Versicherungsfreiheit wegen **Geringfügigkeit der Beschäftigung** nach § 5 Abs. 2 Nr. 1 SGB VI sei zunächst grundsätzlich auf die Ausführungen zur Krankenversicherung verwiesen (s. Rn. 157). In Bezug auf die entgeltgeringfügige Beschäftigung nach § 8 Abs. 1 Nr. 1 SGB IV hat es mit Wirkung vom 1.1.2013 durch das Gesetz zu Änderungen im Bereich der geringfügigen Beschäftigung eine bedeutende Änderung gegeben: Im Unterschied zur fortbestehenden Versicherungsfreiheit in der Krankenversicherung ist in der gesetzlichen Rentenversicherung zur Stärkung der sozialen Absicherung nun wieder die Versicherungspflicht die Regel und nur auf Antrag ist eine Befreiung von der Versicherungspflicht möglich (§ 6 Abs. 1b SGB VI; s. BT-Drs. 17/10773, S. 1). Schließlich sind **Bezieher einer Vollrente wegen Alters** (s. § 42 Abs. 1, § 33 Abs. 2 SGB VI) nach § 5 Abs. 4 Nr. 1 SGB VI versicherungsfrei, weil sie das Sicherungsziel der Versicherung bereits erreicht haben (BSG v. 30.8.2001 – B 4 RA 62/00 R – juris Rn. 24). **210**

211 **Von der Versicherung** können sich gemäß § 6 Abs. 1 S. 1 Nr. 1 SGB VI Personen **befreien lassen**, die pflichtgemäße Mitglieder in einer berufsständischen Versorgungseinrichtung sind, wie z. B. angestellte Rechtsanwälte, sofern sie als Anwalt beim Arbeitgeber beschäftigt sind (BSG v. 3.4.2014 – B 5 RE 13/14 R). Die Voraussetzungen des § 6 Abs. 1 S. 1 Nr. 1 SGB VI gelten auch für Personen, die nach § 4 Abs. 2 SGB VI auf Antrag versicherungspflichtig geworden sind, wie z. B. selbstständige Rechtsanwälte (BSG v. 7.11.1991 – 12 RK 49/89 – juris Rn. 14). Weiterhin gibt es die Möglichkeit der Versicherungsbefreiung nach § 6 Abs. 1 S. 1 Nr. 4 SGB VI für **selbstständige Handwerker**, die mindestens 18 Jahre Pflichtbeiträge geleistet haben.

212 **c) Versicherungsberechtigung.** Außerdem besteht die Möglichkeit der **freiwilligen Versicherung** gem. § 7 SGB VI. Freiwillig Versicherte haben im Unterschied zu Versicherungspflichtigen bestimmte Wahlmöglichkeiten bezüglich ihrer Beitragshöhe (§ 161 Abs. 2, § 167, § 197 Abs. 2 SGB VI). Jedoch wird durch die freiwillige Versicherung allein kein Recht auf eine Rente wegen Erwerbsminderung erworben (§ 43 Abs. 1 S. 1 Nr. 2, Abs. 2 S. 1 Nr. 2 SGB VI: „Pflichtbeiträge").

213 **d) Nachversicherung und Versorgungsausgleich.** Schließlich gibt es in der Rentenversicherung die Besonderheit der **Nachversicherungspflicht** gemäß § 8 Abs. 1 S. 1 Nr. 1, Abs. 2 SGB VI für **ausgeschiedene Beamte** ohne Versorgungsanspruch und die Versicherung aufgrund **Versorgungsausgleichs nach Ehescheidung** (§ 8 Abs. 1 S. 1 Nr. 2 SGB VI, § 1587 BGB). Nachversicherte stehen gemäß § 8 Abs. 1 S. 2 SGB VI den Versicherungspflichtigen gleich. Durch die Nachversicherung wird aber ein neues Versicherungsverhältnis begründet, so dass die versicherungsfreie Beschäftigungszeit nicht hinterher in eine versicherungspflichtige umgewandelt wird. Folglich bemisst sich der zu entrichtende Beitrag nach dem Beitragssatz zum Zeitpunkt der Nachzahlung (§ 181 Abs. 1 SGB VI).

214 **2. Vorliegen eines Versicherungsfalles.** In der gesetzlichen Rentenversicherung gibt es die Versicherungsfälle der Gefährdung oder Minderung der Erwerbsfähigkeit (dazu unter a), der teilweisen Erwerbsminderung bei Berufsunfähigkeit (dazu unter b) bzw. der teilweisen und vollen Erwerbsminderung (dazu unter c) sowie des Alters und des Todes.

215 **a) Gefährdung oder Minderung der Erwerbsfähigkeit.** Der **Versicherungsfall** der geminderten oder gefährdeten Erwerbsfähigkeit, der **für Leistungen zur Teilhabe** vorliegen muss, verlangt zunächst die Erfüllung bestimmter persönlicher Voraussetzungen (§ 10 Abs. 1 SGB VI): Die Erwerbsfähigkeit muss wegen Krankheit oder Behinderung erheblich gefährdet oder gemindert sein. Dane-

ben erfordert der Leistungsfall noch bestimmte versicherungsrechtliche Voraussetzungen (s. Rn. 230). **Erwerbsfähigkeit** nach § 10 Abs. 1 Nr. 1 SGB VI ist – im Unterschied zur Rechtslage bei der Erwerbsminderungsrente (s. Rn. 224 ff.) – die Fähigkeit des Versicherten, seinen bisherigen Beruf oder seine bisherige Tätigkeit weiter ausüben zu können (BSG v. 11.5.2011 – B 5 R 54/10 R – Rn. 46; BSG v. 17.10.2006 – B 5 RJ 15/05 R –). Es kommt also darauf an, ob er den typischen Anforderungen des konkret ausgeübten Berufes noch nachkommen kann (BSG v. 20.10.2009 – B 5 R 44/08 R – Rn. 29). Die so verstandene Erwerbsfähigkeit muss **wegen Krankheit oder Behinderung** (s. § 2 Abs. 1 S. 1 SGB IX) **erheblich gefährdet oder gemindert** sein. Eine Gefährdung i.d.S. liegt vor, wenn nach der zu erwartenden Entwicklung mit einer Minderung der Erwerbsfähigkeit zu rechnen ist (*Luthe* jurisPK-SGB VI § 10 Rn. 38). Die Erwerbsfähigkeit ist bereits gemindert, sofern die Leistungsfähigkeit im Erwerbsleben nicht unwesentlich eingeschränkt ist und der Versicherte daher nicht mehr in der Lage ist, seine bisherige Tätigkeit normal auszuüben, ohne dass aber bereits eine Erwerbsminderung i. S. d. § 43 SGB VI vorliegt (LSG Berlin v. 13.5.2005 – L 4 RJ 10/03 – juris Rn. 20). Schließlich müsste nach § 10 Abs. 1 Nr. 2 SGB VI eine **Wiederherstellung oder wenigstens eine Besserung der Erwerbsfähigkeit** – auch für andere Tätigkeiten als den ausgeübten Beruf (BSG v. 11.5.2011 – B 5 R 54/10 R – Rn. 47) – **möglich** erscheinen bzw. bei teilweiser Erwerbsminderung ohne Besserungsaussicht wenigstens der Arbeitsplatz erhalten bleiben.

b) Teilweise Erwerbsminderung bei Berufsunfähigkeit. Es soll **grundsätzlich** **216**
keine Berufsunfähigkeitsrente mehr geben, weil man es als ungerecht angesehen hat, dass geringer Qualifizierte mit ihren Beiträgen auch den Berufsschutz höher Qualifizierter finanzieren, aber aufgrund ihrer geringen Qualifizierung nicht in seinen Genuss gelangen können. Im Unterschied zum Erwerbsunfähigen, der gar keinen nennenswerten Erwerb mehr zu erzielen vermag, kann der Berufsunfähige lediglich nicht mehr in seiner bisherigen bzw. in einer seiner sozialen Stellung entsprechenden Tätigkeit arbeiten. **Ausnahmsweise** können aus **Bestandsschutzgesichtspunkten** jedoch vor dem 2.1.1961 Geborene eine Rente wegen teilweiser Erwerbsminderung bei Erfüllung weiterer Voraussetzungen dann erhalten, wenn sie berufsunfähig i. S. v. § 240 SGB VI sind. Praktisch ist die Berufsunfähigkeitsrente also immer noch von Relevanz. Berufsunfähigkeit in diesem Sinne setzt voraus, dass der Betroffene in seinem erlernten, qualifizierten Beruf oder in einer zumutbaren anderen Tätigkeit nur noch weniger als sechs Stunden täglich arbeiten kann. § 240 SGB VI entspricht damit § 43 SGB VI i. d. F. vor dem 1.1.2001 bis auf die Ersetzung des Tatbestandsmerkmals des Herabsinkens der Leistungsfähigkeit auf weniger als die Hälfte durch das Erfordernis der Leistungsminderung auf unter sechs Stunden.

In dem Bereich der verminderten Erwerbsfähigkeit hat es zum 1.1.2001 eine bedeutsame Gesetzesänderung durch das Gesetz zur Reform der Renten wegen verminderter Erwerbsfähigkeit vom 20.12.2000 gegeben: Die Rente bei Berufsunfähigkeit wurde auf die vor dem 2.1.1961 Geborenen beschränkt (s. o.). Demgemäß ist bei der Fallbearbeitung zunächst festzustellen, welche Gesetzeslage anzuwenden ist. Diese Frage ist grundsätzlich in § 300 Abs. 1 SGB VI geregelt. Danach sind die Vorschriften des SGB VI in der jeweils gültigen Fassung von dem Zeitpunkt ihres Inkrafttretens an auf alle Sachverhalte oder Ansprüche anzuwenden, d. h. auch auf solche, die bereits vor dem Zeitpunkt der Gesetzesänderung bestanden haben. Ausnahmsweise ist gem. § 300 Abs. 2 SGB VI weiterhin altes Recht anzuwenden, wenn ein Leistungsanspruch schon bei Aufhebung des alten Rechts bestand und wenn dieser Anspruch innerhalb von drei Monaten nach Aufhebung des alten Rechts geltend gemacht wird. Nach der speziellen Regelung für das Berufsunfähigkeitsrecht in § 302b Abs. 1 S. 1 SGB VI ist altes Recht einschlägig, wenn am 31.12.2000 Anspruch auf eine Rente wegen Berufs- oder Erwerbsunfähigkeit bestanden hat. Schließlich ist aber insbesondere durch § 240 SGB VI das Recht der Berufsunfähigkeitsrente partiell weiterhin von Relevanz. Daher werden beide Gesetzeslagen hier zusammen dargestellt.

217 § 240 Abs. 2 S. 1 SGB VI definiert für das Vorliegen von **Berufsunfähigkeit** bei einem Versicherten, dass seine „**(2)** Erwerbsfähigkeit wegen Krankheit oder Behinderung **(1)** im Vergleich zur Erwerbsfähigkeit von körperlich, geistig und seelisch gesunden Versicherten mit ähnlicher Ausbildung und gleichwertigen Kenntnissen und Fähigkeiten **(3)** auf weniger als sechs Stunden gesunken“ sein muss. Nach der Legaldefinition des § 43 Abs. 2 S. 1 SGB VI **a. F.** waren diejenigen Versicherten berufsunfähig, „deren **(2)** Erwerbsfähigkeit wegen Krankheit oder Behinderung **(3)** auf weniger als die Hälfte **(1)** derjenigen von körperlich ... gesunden Versicherten mit ähnlicher Ausbildung ... gesunken ist.“
Damit ergibt sich folgendes Prüfungsschema (s. BSG v. 9.10.2007 – B 5b/8 KN 3/07 R –):

(1) Hauptberuf bzw. fiktive Erwerbsfähigkeit im Hauptberuf

(2) Erwerbsfähigkeit wegen Krankheit oder Behinderung gesunken

(3) kein Erreichen mindestens sechsstündiger Tätigkeit im Hauptberuf bzw. der hälftigen Erwerbsfähigkeit im bisherigen Beruf

(4) Zumutbarkeit eines Verweisungsberufs

Bei der Prüfung des § 240 SGB VI ist zunächst der Hauptberuf des Antragstel- 218
lers festzustellen. **Hauptberuf** ist der zuletzt nicht nur vorübergehend und vollwertig ausgeübte versicherungspflichtige Beruf (BSG v. 9.10.2007 – B 5b/8 KN 3/07 R –). Eine Tätigkeit ist bloß vorübergehend, wenn sie nicht zumindest potentiell bis zur Rentenaltersgrenze ausübbar ist (z. B. Profi-Fußballer, s. LSG Berlin-Brandenburg v. 29.6.2006 – L 6 RA 115/02 – juris Rn. 30) oder wenn sich der Versicherte nicht endgültig von seiner früheren Tätigkeit gelöst hat (z. B. frühere Tätigkeit wurde nur wegen Krankheit aufgegeben). Bei der Prüfung des § 43 SGB VI a. F. ist darüber hinaus zu untersuchen, was ein gesunder Versicherter mit ähnlicher Ausbildung und gleichwertigen Kenntnissen im Hauptberuf und der entsprechenden Berufsgruppe des Versicherten erwerben könnte (= **Bildung der typisierten Vergleichsperson**). Somit kommt es anders als in der gesetzlichen Unfallversicherung nicht auf den Erwerb des Versicherten vor dem Versicherungsfall, sondern auf einen durchschnittlichen Erwerb an. Also ist zu ermitteln, welches Durchschnittsentgelt bei vollschichtiger Tätigkeit in dem Hauptberuf zu erzielen ist (BSG v. 27.3.1984 – 5a RKn 6/83 – juris Rn. 11).

Weiterhin müsste die Erwerbsfähigkeit wegen Krankheit oder Behinderung 219
(s. § 2 Abs. 1 S. 1 SGB IX) gesunken sein. **Krankheit** ist jeder regelwidrige Körper- oder Geisteszustand, ohne dass es wie in der Krankenversicherung auf Behandlungsbedürftigkeit oder Arbeitsunfähigkeit ankommt (*Freudenberg* jurisPK-SGB VI § 43 Rn. 62, 64). Ein bloßes altersbedingtes Schwinden der Wettbewerbsfähigkeit ist jedoch keine Krankheit (BSG v. 27.5.1959 – 1 RA 34/58 –). In Bezug auf Krankheiten sind Neurosen problematisch. Wegen der hohen Missbrauchs- und Simulationsgefahr muss der Rentenbewerber daher nachweisen, dass eine seelische Störung tatsächlich vorliegt, aus eigener Kraft unüberwindbar ist und sich auf die Erwerbsfähigkeit auswirkt (BSG v. 20.10.2004 – B 5 RJ 48/03 R – juris Rn. 30). Die Frage der **Kausalität der Krankheit oder Behinderung** für das Absinken der Erwerbsfähigkeit („wegen“) wird nach der Theorie der wesentlichen Bedingung entschieden. Demzufolge müssen Krankheit oder Behinderung wesentliche Bedingung für die Minderung der Erwerbsfähigkeit sein, d. h. zur Minderung zumindest wesentlich beigetragen haben (BSG v. 23.10.1996 – 4 RA 1/96 – juris Rn. 22).

§ 240 SGB VI hat das Tatbestandsmerkmal des Herabsinkens der Leistungs- 220
fähigkeit auf weniger als die Hälfte aus § 43 SGB VI a. F. durch das Erfordernis der **Leistungsminderung auf unter sechs Stunden** ersetzt. Zu prüfen ist somit im Rahmen des § 240 SGB VI zunächst, ob der Betroffene in seinem Hauptberuf noch mindestens sechs Stunden täglich arbeiten kann (*Nazarek* jurisPK-

SGB VI § 240 Rn. 29). Wenn dies der Fall ist, so liegt keine Berufsunfähigkeit vor. Demgegenüber war bei § 43 SGB VI a. F. zu fragen, ob der bisherige Beruf, z. B. mit reduzierter Stundenzahl, unter Erreichen der hälftigen Erwerbsfähigkeit weiter ausgeübt werden kann. Maßstab dafür war das Erreichen von zumindest der Hälfte des Durchschnittsentgelts der vollerwerbsfähigen Vergleichsperson der entsprechenden Berufsgruppe (= **gesetzliche Entgelthälfte**).

221 Ist es dem Versicherten nicht möglich, in seinem Hauptberuf noch mindestens sechs Stunden täglich zu arbeiten (s. § 240 Abs. 2 S. 1 SGB VI) bzw. die hälftige Erwerbsfähigkeit zu erreichen (s. § 43 Abs. 2 S. 2 SGB VI a. F.), muss er sich u. U. auf einen anderen Beruf verweisen lassen. Diese Verweisung setzt voraus, dass der andere Beruf objektiv und subjektiv zumutbar ist. Zur Prüfung der Zumutbarkeit muss ein Verweisungsberuf konkret benannt werden, es sei denn, es geht um ungelernte Tätigkeiten mit leichten körperlichen, seelischen und geistigen Belastungen (LSG Sachsen-Anhalt v. 27.5.2010 – L 3 R 510/06 – juris Rn. 36 f.). Ein **Verweisungsberuf** ist **objektiv zumutbar**, sofern er den Versicherten nicht gesundheitlich oder wissens- und könnensmäßig überfordert (s. § 240 Abs. 2 S. 2 SGB VI und § 43 Abs. 2 S. 2 SGB VI a. F.: zumutbar sind „... alle Tätigkeiten, die ihren [= die Versicherten] Kräften und Fähigkeiten entsprechen ..."). Außerdem darf auf eine Tätigkeit nur dann sofort verwiesen werden, wenn die für sie notwendigen Kenntnisse und Fähigkeiten innerhalb einer bis zu drei Monate dauernden Einarbeitung und Einweisung erworben werden können (BSG v. 29.7.2004 – B 4 RA 5/04 R – juris Rn. 33; BSG v. 22.9.1977 – 5 RJ 96/76 – juris Rn. 15). Weiterhin muss der Verweisungsberuf auch **subjektiv zumutbar** sein (s. § 240 Abs. 2 S. 2 SGB VI und § 43 Abs. 2 S. 2 SGB VI a. F. „... und ihnen [= den Versicherten] unter Berücksichtigung der Dauer und des Umfangs ihrer Ausbildung sowie ihres bisherigen Berufes und der besonderen Anforderungen ihrer bisherigen Berufstätigkeit zugemutet werden können."). Das Erfordernis der subjektiven Zumutbarkeit soll einen allzu starken „sozialen Abstieg" verhindern (Bayerisches LSG v. 12.2.2014 – L 13 R 1009/11 – juris Rn. 27). Zur Beurteilung der Frage, welcher „berufliche Abstieg" zumutbar ist, hat die Rechtsprechung ein Stufenschema entwickelt. Als zumutbar wird i. d. R. ein Abstieg um eine Stufe erachtet (BSG v. 27.8.2009 – B 13 R 85/09 B – Rn. 22).

Stufenschema für Arbeiter und Angestellte (BSG v. 27.8.2009 – B 13 R 85/09 B – Rn. 8; damit dürfte die partiell differenzierte Zuordnung für Arbeiter in BSG v. 3.7.2002 – B 5 RJ 18/01 R – juris Rn. 19 überholt sein)
Berufe, deren hohe Qualität regelmäßig auf einem **Hochschulstudium** oder einer **vergleichbaren Qualifikation** beruht
Berufe, die einen erfolgreichen **Abschluss einer Fachhochschule** oder eine zumindest **gleichwertige Berufsausbildung** voraussetzen
Berufe, die **zusätzliche Qualifikationen** oder **Erfahrungen** oder den erfolgreichen **Besuch einer Fachschule** voraussetzen, z.B. Facharbeiter mit Vorgesetztenfunktion, Spezialfacharbeiter, Meister, Berufe mit Fachschulqualifikation als Eingangsvoraussetzung
Berufe mit Ausbildung von mehr als zwei Jahren, z.B. Bankkaufmann
Berufe mit Ausbildung bis zu zwei Jahren (aber über drei Monaten) als anerkannte Anlernberufe und gelernte Tätigkeiten mit mehr als einjähriger bis zu zweijähriger Ausbildung und Anlernzeit (Angelernte oberer Bereich) oder Anlernzeit von mehr als drei Monaten bis zu einem Jahr (Angelernte unterer Bereich)
ungelernte Berufe als normale ungelernte Tätigkeiten mit Anlernzeit bis zu drei Monaten, z. B. Kaufhausdetektiv und einfachste ungelernte Tätigkeiten, z. B. Platzanweiser, Parkwächter

Problematisch ist die **Berücksichtigung des vorhandenen Arbeitsmarktes** bei **222** der Verweisung auf einen anderen Beruf. Denn schließlich soll mittels der verwiesenen Arbeit Einkommen erzielt werden können, damit eine Erwerbsminderungsrente erst gar nicht erforderlich ist. Grundsätzlich gilt, dass der Versicherte selbst dann nicht berufsunfähig ist, wenn der Arbeitsmarkt für ihn tatsächlich verschlossen ist, sofern er **noch sechs Stunden täglich** (§ 240 Abs. 2 S. 4 SGB VI) bzw. vollschichtig (§ 43 Abs. 2 S. 4 SGB VI a.F) arbeiten kann (**abstrakte Betrachtungsweise**). Ganz ausnahmsweise ist ein vollschichtig einsatzfähiger Versicherter berufsunfähig, wenn er objektiv überhaupt keine Chance hat, eine geeignete Arbeitsstelle zu finden. Die Rechtsprechung hat für die Beurteilung, wann ein solcher Fall gegeben ist, einen sog. „Verschlossenheitskatalog" aufgestellt, z. B. nur noch Arbeitsmöglichkeit unter nicht betriebsüblichen Bedingungen (BSG v. 9.9.1986 – 5b RJ 50/84 – juris Rn. 12 ff.; s. auch Rn. 227). Für **nicht mehr mindestens sechs Stunden** bzw. unter vollschichtig einsatzfähige Versicherte (= „potentielle Teilzeitarbeitnehmer") i. S. v. § 43 SGB VI a. F. ist hingegen zu beachten, dass grundsätzlich nicht auf eine Tätigkeit verwiesen werden kann, für die kein ausreichender Arbeitsmarkt vorhanden ist (**konkrete Betrachtungsweise**). Es gibt nämlich nicht so viele Teilzeit- wie Vollzeitarbeitsplätze. Der Arbeitsmarkt gilt in diesem Sinne als verschlossen, wenn dem Versicherten innerhalb eines Jahres nach der Rentenantragsstellung kein zumutbarer Arbeitsplatz angeboten wird, den er täglich von seiner Wohnung aus erreichen kann (BSG v. 10.12.1976 – GS 2/75 –).

223 Schließlich muss im objektiv und subjektiv zumutbaren Verweisungsberuf **sechs Stunden täglich** gearbeitet werden können (§ 240 Abs. 2 S. 4 SGB VI) bzw. nach § 43 Abs. 2 SGB VI a. F. mindestens die **gesetzliche Entgelthälfte** (s. Rn 220) erreicht werden (s. LSG Berlin v. 12.5.2003 – L 16 RA 52/99 – juris Rn. 37; BSG v. 27.3.1984 – 5a RKn 6/83 – juris Rn. 11). Die gesetzliche Entgelthälfte gilt selbst dann als erreicht, wenn ein Versicherter, der vorher mehr als die Beitragsbemessungsgrenze verdiente, noch die Hälfte der Beitragsbemessungsgrenze erzielt. Denn die Berufsunfähigkeitsrente stellt nur eine Grundsicherung dar, die dort endet, wo das Arbeitsentgelt die Beitragsbemessungsgrenze überschreitet (BSG v. 22.2.1990 – 4 RA 16/89 – juris Rn. 26, 22).

224 **c) Teilweise und volle Erwerbsminderung.** Ein Anspruch auf **Rente wegen Erwerbsminderung** setzt neben den besonderen Leistungsvoraussetzungen der Erfüllung der allgemeinen Wartezeit von fünf Jahren (§ 50 Abs. 1 SGB VI) und einer Vorversicherungszeit von drei Pflichtbeitragsjahren innerhalb der letzten fünf Jahre (dazu unten Rn. 235 ff.) auch die vollständige bzw. teilweise Erwerbsminderung voraus (§ 43 Abs. 1 und 2 SGB VI).

225 Bei der Prüfung der **Erwerbsminderung** ist grundsätzlich das gesundheitliche Leistungsvermögen auf dem allgemeinen Arbeitsmarkt maßgebend: Unter drei Stunden ist volle Erwerbsminderung und zwischen drei und unter sechs Stunden ist teilweise Erwerbsminderung (§ 43 Abs. 1 S. 2, Abs. 2 S. 2 SGB VI). **Allgemeiner Arbeitsmarkt** bedeutet, dass sämtliche Beschäftigungsmöglichkeiten in Deutschland berücksichtigt werden müssen. Das Leistungsvermögen wird von einem Arzt im Auftrag der Rentenversicherung in täglichen Arbeitsstunden und mit Bezug auf die Fünftagewoche festgestellt.

226 Versicherte mit einem Leistungsvermögen von drei bis unter sechs Stunden täglich erhalten eine Rente wegen **teilweiser Erwerbsminderung** (§ 43 Abs. 1 SGB VI). Sie ist halb so hoch wie die Rente wegen voller Erwerbsminderung. Daneben können und sollen Rentner im Rahmen ihres noch bestehenden Leistungsvermögens eine Teilzeitarbeit ausüben. Im Umkehrschluss folgt aber aus der grundsätzlichen Unbeachtlichkeit des Arbeitsmarktes für mindestens sechsstündig Erwerbsfähige (s. § 43 Abs. 3 SGB VI), dass die konkrete Arbeitsmarktlage für nur unter sechs Stunden Erwerbsfähige zu berücksichtigen ist (sog. konkrete Betrachtungsweise, s. *Freudenberg* jurisPK-SGB VI § 43 Rn. 225). Daher steht **teilweise erwerbsgeminderten** Versicherten, die binnen Jahresfrist keinen Teilzeitarbeitsplatz in einem zumutbaren Beruf finden und das zusätzliche Einkommen nicht erreichen, wegen des verschlossenen Arbeitsmarktes die Rente wegen voller Erwerbsminderung zu (sog. Arbeitsmarktrente, BSG v.

5.10.2005 – 5 RJ 6/05 R – juris Rn. 18). Versicherte mit einem Leistungsvermögen von weniger als drei Stunden täglich haben Anspruch auf eine Rente wegen **voller Erwerbsminderung** (§ 43 Abs. 2 SGB VI). Dagegen sind Versicherte, die ihren bisherigen Beruf nicht mehr ausüben können, aber auf dem allgemeinen Arbeitsmarkt noch mindestens sechs Stunden täglich einsetzbar sind, wobei die jeweilige Arbeitsmarktlage nicht zu berücksichtigen ist, **nicht erwerbsgemindert** und haben grundsätzlich keinen Rentenanspruch (§ 43 Abs. 3 SGB VI). Ganz ausnahmsweise liegt eine volle Erwerbsminderung und ein entsprechender Rentenanspruch aber auch bei mindestens sechsstündiger Erwerbsfähigkeit vor, wenn sich beim Versicherten außergewöhnliche Leistungseinschränkungen summieren (sog. Seltenheits- oder Katalogfall, BSG v. 9.5.2012 – B 5 R 68/11 R – Rn. 17; BSG v. 19.12.1996 – GS 2/95 – juris Rn. 47 und Bsp. in Rn. 37 zur alten Fassung des § 43 SGB VI).

Beispiel für solche außergewöhnlichen Leistungseinschränkungen: **227**
Arbeitsmöglichkeit besteht nur noch unter nicht betriebsüblichen Bedingungen wie erforderliches häufiges, zusätzliches Pausieren, besondere Schwierigkeiten hinsichtlich der Gewöhnung und Anpassung an den neuen Arbeitsplatz, regelmäßige wöchentliche Fieberschübe.

Unter den Voraussetzungen des § 302b Abs. 1 S. 1 SGB VI ist weiterhin das vor dem 1.1.2001 geltende Recht anzuwenden, so dass die alte Rechtslage auch aktuell noch praxisrelevant ist und daher hier kurz dargestellt wird.

Gemäß § 44 Abs. 2 S. 1 SGB VI a. F. waren diejenigen Versicherten **erwerbsunfähig**, „die wegen Krankheit oder Behinderung auf nicht absehbare Zeit außerstande sind, eine Erwerbstätigkeit in gewisser Regelmäßigkeit auszuüben ...“. **228**
Eine gewisse Regelmäßigkeit in diesem Sinne liegt dagegen vor, wenn der Versicherte noch mindestens zwei Stunden täglich arbeiten kann (BSG v. 9.8.2001 – B 10 LW 18/00 R – juris Rn. 14). Die **Verweisbarkeit** auf andere Berufe ist hier grundsätzlich nur durch das körperliche und geistige Leistungsvermögen eingeschränkt (LSG Rheinland-Pfalz v. 26.3.2003 – L 6 RJ 69/00 – juris Rn. 31 ff.). Ganz ausnahmsweise scheitert eine Verweisung auf eine sozial besonders gering geachtete Tätigkeit am Grundsatz von Treu und Glauben (BSG v. 28.5.1963 – 12/4 RJ 142/61). Maßgeblich für die Erwerbsunfähigkeit ist somit, ob mit dem verbliebenen Leistungsvermögen noch Tätigkeiten des allgemeinen Arbeitsmarktes verrichtet werden können. Für die Berücksichtigung des vorhandenen Arbeitsmarktes gelten die gleichen Grundsätze wie bei der Berufsunfähigkeit (s. § 44 Abs. 2 S. 2 Nr. 2 SGB VI a. F.). Infolgedessen ist hier ganz ausnahms-

weise der Arbeitsmarkt für Vollzeittätige mit der Folge einer Rentengewährung als verschlossen anzusehen, wenn sie nur noch unter nicht betriebsüblichen Bedingungen arbeiten können wie z. B. ganz häufiges Pausieren (BSG v. 19.8.1997 – 13 RJ 1/94 – juris Rn. 24). Der Legaldefinition in § 44 Abs. 2 S. 1 SGB VI a. F., die allein auf die gesundheitsbedingt entfallene berufliche Leistungsfähigkeit in gewisser Regelmäßigkeit abstellt (sog. **abstrakte Betrachtungsweise**), kommt zudem in der Praxis kaum noch Bedeutung zu, da nach der BSG-Rechtsprechung bereits dann ein Anspruch auf Erwerbsunfähigkeitsrente besteht, wenn der Versicherte auf dem allgemeinen Arbeitsmarkt nicht mehr vollschichtig einsatzfähig ist und der Teilzeitarbeitsmarkt verschlossen ist (sog. **konkrete Betrachtungsweise**, s. BSG v. 5.10.2005 – 5 RJ 6/05 R – juris Rn. 18).

229 **3. Voraussetzungen des Leistungsfalles.** § 23 Abs. 1 Nr. 1 SGB I führt die Leistungen der gesetzlichen Rentenversicherung einführend auf. Diese Aufzählung wird durch das zweite Kapitel des SGB VI konkretisiert. Demnach sind zu unterscheiden Leistungen zur Teilhabe gemäß §§ 9 ff. SGB VI (dazu unter a), Rentenleistungen nach §§ 33 ff. SGB VI (dazu unter b) und sonstige Leistungen wie Zusatzleistungen gemäß §§ 106 ff. SGB VI und Serviceleistungen gemäß §§ 109 f. SGB VI.

230 **a) Leistungen zur Teilhabe.** Es gilt der Grundsatz „**Reha vor Rente**" (§ 9 Abs. 1 S. 2 SGB VI, § 8 Abs. 2 SGB IX), d. h. vor Gewährung einer Rente ist zu prüfen, ob dem Versicherten durch die erfolgreiche Leistung zur Teilhabe (vormals „Rehabilitation" genannt) eine Rente nicht oder erst später gezahlt werden muss. Der Leistungsfall für Leistungen zur Teilhabe erfordert bestimmte **versicherungsrechtliche Voraussetzungen** (s. § 11 SGB VI). Der Versicherte muss bei der Antragstellung i. d. R. die Wartezeit von 15 Jahren erfüllt haben oder bereits eine Rente wegen verminderter Erwerbsfähigkeit beziehen (§ 11 Abs. 1 SGB VI). Wenn dann sowohl die persönlichen und versicherungsrechtlichen Voraussetzungen nach §§ 10 f. SGB VI erfüllt sind, als auch kein Leistungsausschluss nach § 12 SGB VI vorliegt, steht das „Ob" der Leistungsgewährung an den Versicherten fest. Lediglich die Entscheidung über das „Wie" der Leistungen zur Teilhabe – z.B. im Hinblick auf Art, Dauer, Umfang Beginn und Durchführung – ist mit Ausnahme des Übergangsgeldes nach § 9 Abs. 2 SGB VI i. V. m. § 39 SGB I im **pflichtgemäßen Ermessen** des Rentenversicherungsträgers (Wortlaut: „können"; s. BSG v. 12.12.2011 – B 13 R 79/11 R – Rn. 25).

231 Zur Rehabilitation werden insbesondere **medizinische Leistungen** nach § 15 SGB VI, §§ 26 ff. SGB IX, Leistungen zur **Teilhabe am Arbeitsleben** nach § 16 SGB VI, §§ 33 ff. SGB IX (wie Hilfen zur Erhaltung eines Arbeitsplatzes, Ausbildung oder Weiterbildung) und **Übergangsgeld** gemäß §§ 20 f. SGB VI, § 45 Abs. 1 Nr. 3 SGB IX gewährt. Das Übergangsgeld dient als Entgeltersatzleistung dem Unterhalt während der Krankheit oder Berufsförderung. Es bezweckt die wirtschaftliche Absicherung des Versicherten entsprechend dem Zustand vor Eintritt des Versicherungsfalls und soll sicherstellen, dass der Versicherte für die Dauer der Rehabilitationsleistung von wirtschaftlichen Sorgen unbelastet bleibt (Bayerisches LSG v. 29.7.2008 – L 14 R 777/05 – juris Rn. 95).

In **Abgrenzung zur Krankenversicherung** ist die Rentenversicherung für die eigentliche rehabilitative, stationäre Behandlung und demgegenüber die Krankenversicherung grundsätzlich für die Akutbehandlung zuständig (s. § 13 Abs. 2 Nr. 1, 2 SGB VI i. V. m. § 40 Abs. 4 SGB V). **232**

b) Renten. Das SGB VI kennt **Renten wegen Alters, wegen verminderter Erwerbsfähigkeit und wegen Todes** (§ 33 Abs. 1 SGB VI). Versicherte und ihre Hinterbliebenen haben Anspruch auf Rente, wenn die für die jeweilige Rente erforderliche Mindestversicherungszeit (Wartezeit) erfüllt ist und die jeweiligen besonderen persönlichen und versicherungsrechtlichen Voraussetzungen vorliegen (§ 34 Abs. 1 SGB VI). Die Renten der gesetzlichen Rentenversicherung weisen somit die gemeinsame Besonderheit auf, dass für sie eine bestimmte **Wartezeit** („Mindestversicherungszeit") erfüllt sein muss. Diese Wartezeiten sind Ausdruck des Versicherungsprinzips, denn nur die Versicherten, die eine Mindestzeit Mitglieder der Versichertengemeinschaft waren, sollen Leistungen erhalten (BSG v. 29.6.2000 – B 4 RA 57/98 R – juris Rn. 165). **233**

Die **Rangfolge verschiedener Renten** der Rentenversicherung beurteilt sich nach § 89 SGB VI. Im Grundsatz geht die höchste Rente und bei gleich hohen Renten eine Regelaltersrente immer vor (§ 89 Abs. 1 S. 1 und S. 2 Nr. 1 SGB VI). Weiterhin sind Leistungen der Rentenversicherung nachrangig gegenüber Leistungen der Unfallversicherung (§ 93 SGB VI). Schließlich werden Rentenleistungen grundsätzlich nur auf **Antrag** erbracht (§ 19 S. 1 SGB IV, § 115 Abs. 1 SGB VI). **234**

aa) Renten wegen verminderter Erwerbsfähigkeit/Erwerbsminderung. Für die Rente wegen Erwerbsminderung müssen die versicherungsrechtlichen Voraussetzungen der „Vorversicherungszeit" und der „Mindestversicherungszeit" erfüllt sein (§ 43 Abs. 1 S. 1 Nr. 2 und 3, Abs. 2 S. 1 Nr. 2 und 3 SGB VI). Dies bedeutet, dass der Versicherte innerhalb der letzten fünf Jahre vor dem Versicherungsfall drei Jahre Pflichtbeiträge gezahlt haben musste („**Vorversicherungszeit**") und die **allgemeine Wartezeit** von fünf Jahren (§ 50 Abs. 1 Nr. 2 SGB VI) bereits hinter sich gebracht hat. Diese Voraussetzungen galten auch für das **235**

„alte Recht“ der Erwerbsminderungsrenten (§ 43 Abs. 1 S. 1 Nr. 2 SGB VI a. F. bzw. § 44 Abs. 1 S. 1 Nr. 2 SGB VI a. F.).

236 Im Grunde handelt es sich bei der **Vorversicherungszeit** um eine besondere rentenrechtliche Wartezeit, die sich von anderen Wartezeiten dadurch unterscheidet, dass sie nicht irgendwann zwischen Versicherungsbeginn und Eintritt des Versicherungsfalls, sondern unmittelbar vor dessen Realisierung zurückgelegt worden ist (s. auch § 43 Abs. 4 SGB VI zur Verlängerung des Fünfjahreszeitraums). Unter den in der Vorversicherungszeit erforderlichen **Pflichtbeitragszeiten** sind nach § 55 SGB VI diejenigen Zeiten zu verstehen, in denen nach Bundesrecht Pflichtbeiträge gezahlt worden sind, d. h., es handelt sich um wegen einer Versicherungspflicht geleistete Beiträge (s. §§ 1–3 und § 4, §§ 229 Abs. 4, 5 SGB VI), bzw. bei denen Pflichtbeiträge als gezählt gelten (§§ 55 Abs. 1 S. 2, Abs. 2, 247 Abs. 3 SGB VI). Demzufolge sind normale freiwillige Beiträge i. S. v. § 7 SGB VI grundsätzlich nicht hinreichend (Umkehrschluss aus § 55 Abs. 2 Nr. 1 SGB VI; s. aber auch § 205 Abs. 1 S. 3 SGB VI, § 119 Abs. 3 SGB X). Ausnahmsweise gilt die Vorversicherungszeit gemäß § 43 Abs. 5 SGB VI i.V.m. §§ 53, 245 SGB VI bzw. § 43 Abs. 4 SGB VI a.F oder § 44 Abs. 4, § 53 SGB VI a. F. als **vorzeitig erfüllt**.

237 Neben der Vorversicherungszeit muss die allgemeine Wartezeit erfüllt sein („**Mindestversicherungszeit**“; § 43 Abs. 1 Nr. 3 und Abs. 2 Nr. 3 SGB VI sowie § 43 Abs. 1 S. 1 Nr. 3 SGB VI a. F. bzw. § 44 Abs. 1 S. 1 Nr. 3 SGB VI a. F.). Die **allgemeine Wartezeit** beträgt nach § 50 Abs. 1 S. 1 Nr. 2 SGB VI fünf Jahre. Bei der Berechnung der Wartezeit werden gemäß § 51 Abs. 1 SGB VI Beitragszeiten berücksichtigt. **Beitragszeiten** wiederum sind in § 55 SGB VI definiert als Zeiten, in denen Pflichtbeiträge oder freiwillige Beiträge gezahlt wurden oder diesen gleichgestellte Zeiten wie z. B. Kindererziehungszeiten gemäß §§ 56 i.V.m. § 55 Abs. 1 S. 3 SGB VI. Wenn die allgemeine Wartezeit von fünf Jahren noch nicht erfüllt ist, kommt bei Umständen, für welche die Allgemeinheit oder die Unternehmerschaft einstehen müssen, ausnahmsweise eine **vorzeitige Wartezeiterfüllung** nach § 53 SGB VI in Betracht. Außerdem kam vor der Rentenreform, falls die Voraussetzungen der allgemeinen Wartezeit nicht vorlagen, ausnahmsweise gemäß § 50 Abs. 3, § 44 Abs. 3 SGB VI a. F. nach einer Wartezeit von 20 Jahren eine Erwerbsunfähigkeitsrente in Betracht.

238 Die Renten wegen Erwerbsminderung – einschließlich der Berufsunfähigkeitsrente nach § 240 SGB VI – werden i. d. R. nur auf längstens drei Jahre **befristet gewährt** und dann verlängert (§ 102 Abs. 2 SGB VI).

bb) Renten wegen Erreichens einer Altersgrenze. Eine Übersicht über die Altersrenten findet sich in § 33 Abs. 2 SGB VI. Für die **Regelaltersrente** nach § 35 SGB VI muss neben der Vollendung eines Mindestalters, der sog. *Regelaltersgrenze*, die *allgemeine Wartezeit von fünf Jahren* (§ 50 Abs. 1 S. 1 Nr. 1 SGB VI) erfüllt sein. Die Regelaltersgrenze wird von 2012 bis zum Jahr 2029 schrittweise auf die Vollendung des 67. Lebensjahres angehoben (§ 235 Absatz 2 SGB VI). Für Menschen, die ab 1964 geboren sind, gilt damit die neue Altersgrenze von 67 Jahren. Eine Besonderheit kennzeichnet die Regelaltersrente: Nach Vollendung des Monats, in dem die Regelaltersgrenze erreicht wird, gibt es **keine Hinzuverdienstgrenze** mehr, so dass die volle Rente neben möglichem Arbeitsentgelt bezogen werden kann (s. § 34 Abs. 2 SGB VI; *Freudenberg* jurisPK-SGB VI § 34 Rn. 45). Für Altersrenten vor Erreichen der Regelaltersgrenze kommt es beim Überschreiten der Hinzuverdienstgrenze in Abhängigkeit von der Verdiensthöhe zu einer Minderung der Rentenzahlung auf eine Teilrente als 2/3-, 1/2-, 1/3-Rente oder sogar zum Entfallen der Rente (§ 34 Abs. 3 SGB VI). **239**

Eine weitere wichtige Rente ist die **Altersrente für langjährig Versicherte** nach § 36 SGB VI. Auch bei dieser Rente wird die Altersgrenze schrittweise auf 67 Jahre angehoben. Mit Abschlägen kann diese Rente ab Vollendung des 63. Lebensjahrs vorzeitig in Anspruch genommen werden (§ 36 S. 2 SGB VI). Die Altersrente für langjährig Versicherte setzt neben der Vollendung dieser Altersgrenze eine Wartezeit von 35 Jahren voraus (s. § 50 Abs. 4 SGB VI) voraus. Auf die Wartezeit von 35 Jahren werden nach § 51 Abs. 3 SGB VI alle rentenrechtlichen Zeiten angerechnet. Rentenrechtliche Zeiten sind gemäß § 54 Abs. 1 SGB VI abschließend definiert als Beitragszeiten, beitragsfreie Zeiten und Berücksichtigungszeiten. Beitragsfreie Zeiten, die aus sozialen Gründen das versicherungsrechtliche Äquivalenzprinzip durchbrechen und beitragslose Lebensabschnitte von Menschen kompensieren, sind in § 54 Abs. 4 SGB VI markiert als Anrechnungs- (s. §§ 58, 252, 252a, 253 SGB VI), Zurechnungs- (s. § 59 SGB VI) und Ersatzzeiten (s. §§ 250, 251 SGB VI). Vor Vollendung der Regelaltersgrenze ist die abschlagsfreie Inanspruchnahme einer Rente möglich bei Vollendung des 65. Lebensjahres und einer Wartezeit von 45 Jahren als **Rente für besonders langjährige Versicherte** (§ 38 SGB VI i.V.m. §§ 50 Abs. 5, 51 Abs. 3a SGB VI), nach der **neuen Rente für besonders langjährig Versicherte** desgleichen übergangsweise sogar ab Vollendung des 63. Lebensjahres und einer Wartezeit von 45 Jahren (§ 236b SGB VI; s. BT-Drs. 18/909) sowie bei einer Wartezeit von 35 Jahren und der Anerkennung als schwerbehinderter Mensch als **Altersrente für schwerbehinderte Menschen** (§ 37 SGB VI, § 2 Abs. 2 SGB IX i.V.m. § 50 Abs. 4, 51 Abs. 3 SGB VI). Mit Abschlägen kann die Altersrente **240** für schwerbehinderte Menschen auch ab Vollendung des 62. Lebensjahres in Anspruch genommen werden (§ 37 S. 2 SGB VI).

241 **cc) Rente wegen Todes eines Versicherten.** Wegen Todes eines Versicherten werden insbesondere **Witwen- und Witwerrente** nach § 46 SGB VI, **Erziehungsrente** (für geschiedene Hinterbliebene) nach § 47 SGB VI oder **Waisenrente** nach § 48 SGB VI geleistet. **Eigenes Einkommen des Hinterbliebenen** wird dabei unter den Voraussetzungen des § 97 SGB VI anspruchsmindernd berücksichtigt. Der Anspruch auf Hinterbliebenenrente besteht regelmäßig nicht, wenn die Ehe nicht mindestens ein Jahr gedauert hat (§ 46 Abs. 2a SGB VI, sog. Versorgungsehe, s. Hessisches LSG v. 16.11.2011 – L 5 R 320/10).

242 Alternativ zur Hinterbliebenenversorgung ist mit der Rentenreform 2002 die Möglichkeit eines „**Rentensplitting unter Ehegatten**" geschaffen worden, d. h. die Ehegatten können gemeinsam bestimmen, dass zwischen ihnen die von ihnen in der Ehe erworbenen Ansprüche auf eine anpassungsfähige Rente aufgeteilt werden (§ 120a SGB VI). Dadurch können, je nachdem wer von den Ehegatten als erster verstirbt, Vor- oder Nachteile entstehen.

243 **dd) Berechnung der Rentenhöhe (Rentenformel).** Die genaue Berechnung der Rentenhöhe ist in den §§ 63 ff. SGB VI geregelt. Die Rente aus der gesetzlichen Rentenversicherung ist im Gegensatz zu „Grundrenten- und Mindestsicherungsmodellen" **lohn- und beitragsbezogen** (*Wollenschläger/Becker* JA 1993, 1, 6). Beabsichtigt ist, dass die Versicherten nach einem Arbeitsleben mit 45 Beitragsjahren bei jeweils durchschnittlichem Verdienst zwischen 67 % bis 70 % ihres letzten Nettoverdienstes als Rente erhalten, sog. **Eckrentenniveau** (BSG v. 20.10.2005 – B 7a/7 AL 76/04 R – juris Rn. 29). Es gilt die Rentenformel gemäß § 64 SGB VI:

Monatsrente = persönliche Entgeltpunkte x Rentenartfaktor x aktueller Rentenwert

244 Die **persönlichen Entgeltpunkte** werden dadurch ermittelt, dass die Entgeltpunkte mit dem Zugangsfaktor multipliziert werden (§ 66, §§ 70 ff. SGB VI). Die Entgeltpunkte ihrerseits werden berechnet, indem das individuell erzielte Arbeitsentgelt durch das Durchschnittsentgelt aller Versicherten für das Kalenderjahr geteilt wird (§ 63 Abs. 2, § 70 Abs. 1 SGB VI). Die Entgeltpunkte sind somit Ausdruck der individuellen Beitragsleistung. Der Zugangsfaktor gemäß § 77 SGB VI mindert die Rente bei vorzeitiger Inanspruchnahme (s. § 63 Abs. 5 SGB VI).

Sinn des **Rentenartfaktors** nach § 67 SGB VI ist es, die Rentenhöhe nach dem Sicherungsziel der Rente zu unterscheiden (s. § 63 Abs. 4 SGB VI). Beispielsweise beträgt der Rentenartfaktor gemäß § 67 Nr. 7, 8 SGB VI für Vollwaisenrenten 0, 2 und für Halbwaisenrenten nur 0, 1, da hier noch ein Elternteil lebt. **245**

Der **aktuelle Rentenwert** gemäß § 68 SGB VI schließlich wandelt die ermittelte relative Rentenhöhe in einen Euro-Betrag um. Der aktuelle Rentenwert bezweckt damit, die Rente dynamisch zu halten, d. h. im Rahmen der Rentenformel über die Vervielfältigung mit sich selbst die Rente an das aktuelle Lohnniveau anzupassen (BSG v. 31.7.2002 – B 4 RA 120/00 R – juris Rn. 22 ff.). Darüber hinaus wird durch das „RV-Nachhaltigkeitsgesetz" bei der Ermittlung des aktuellen Rentenwerts neben der Veränderung der Bruttolöhne und den Belastungsveränderungen, die die Altersvorsorge betreffen, auch ein **Nachhaltigkeitsfaktor** berücksichtigt, der die Relation von Rentnern zu Beitragszahlern wiedergibt. Damit werden sowohl die Entwicklung der Lebenserwartung als auch die Entwicklung der Geburten und die der Erwerbstätigkeit bei der Rentenanpassung einkalkuliert (BT-Drs. 15/2149, S. 22). **246**

4. **Anspruchsgegner.** Mit dem Gesetz zur Organisationsreform in der gesetzlichen Rentenversicherung (= RVOrgG, s. BT-Drs. 15/3654 und 15/3824) wurde die historisch gewachsene Struktur der Rentenversicherung zugunsten der Anforderungen an eine moderne und effiziente Verwaltung aufgegeben: Die Rentenversicherung der Arbeiter – die durch die Landesregierungen errichteten und regional gegliederten Landesversicherungsanstalten – und die Rentenversicherung der Angestellten – die Bundesversicherungsanstalt für Angestellte in Berlin – wurden unter dem Namen **Deutsche Rentenversicherung** zur allgemeinen Rentenversicherung zusammengefasst. Diese besteht mit Wirkung ab dem 1.10.2005 aus der Deutschen Rentenversicherung Bund – der Fusion aus dem Verband Deutscher Rentenversicherungsträger (VDR) und der Bundesversicherungsanstalt für Angestellte – und der Deutschen Rentenversicherung Knappschaft-Bahn-See als Bundesträgern (s. § 125 Abs. 2 SGB VI) sowie Regionalträgern der Deutschen Rentenversicherung (z. B. Deutsche Rentenversicherung Westfalen, s. § 125 Abs. 1 S. 2 SGB VI). Der Deutschen Rentenversicherung Bund kommt u. a. die gebündelte Zuständigkeit für Grundsatz- und Querschnittsaufgaben der gesamten Rentenversicherung bei verbindlicher Entscheidungskompetenz gegenüber allen Trägern zu (§ 125 Abs. 2 S. 2 SGB VI). **247**

Die **Zuordnung der Versicherten** auf den jeweils zuständigen Rentenversicherungsträger erfolgt gemäß § 127 Abs. 1, Abs. 2 Nr. 1 SGB VI bei der Vergabe der Versicherungsnummer im Verhältnis von 55 % (Regionalträger) zu 40 % (Deut- **248** sche Rentenversicherung Bund) und zu 5 % (Deutsche Rentenversicherung Knappschaft-Bahn-See).

249 Eigens hingewiesen sei auf die Rentenversicherung der Bergleute (**Deutsche Rentenversicherung Knappschaft-Bahn-See**, §§ 132 ff. SGB VI) und die **Rentenversicherung der selbstständigen Künstler und Publizisten** nach dem Künstlersozialversicherungsgesetz (KSVG).

250 **5. Finanzierung.** In der gesetzlichen Rentenversicherung gilt das **Umlageverfahren** (= „Generationenvertrag"), d. h., die Ausgaben eines Kalenderjahres werden durch die Einnahmen des gleichen Kalenderjahres und, soweit erforderlich, durch Entnahmen aus der Nachhaltigkeitsrücklage gedeckt (§ 153 Abs. 1 SGB VI). Die Rentenversicherung wird durch **Beiträge** der Versicherten und Arbeitgeber sowie durch **Bundeszuschüsse** (s. § 153 Abs. 2, § 213 SGB VI) finanziert. Die **Beitragshöhe** bestimmt sich nach den §§ 157 ff. SGB VI. Die Beitragssätze in der Rentenversicherung werden grundsätzlich von der Bundesregierung mit Zustimmung des Bundesrates durch Rechtsverordnung festgesetzt (§ 160 Nr. 1 SGB VI). Regelmäßig setzt der Gesetzgeber den Beitragssatz aber durch gesondertes Gesetz fest (s. Beitragssatzgesetz 2014: 18,9 %). Bei der Versicherung aufgrund Beschäftigung **tragen** Arbeitnehmer und Arbeitgeber **den Beitrag** nach § 168 Abs. 1 Nr. 1 SGB VI je zur Hälfte. Bei geringfügig beschäftigten Arbeitnehmer trägt der Arbeitgeber den Beitrag i.H.v. 15%, im Übrigen der Arbeitnehmer (§ 168 Abs. 1 Nr. 1b SGB VI). Beitragspflichtige Einnahme des geringfügig beschäftigten Arbeitnehmers ist das Arbeitsentgelt, mindestens jedoch ein Betrag i. H. v. 175 € (§ 163 Abs. 8 SGB VI). Den an 175 € eventuell fehlenden Betrag muss der Arbeitnehmer tragen (§ 168 Abs. 1 Nr. 1b SGB VI). Bei sonstigen Versicherten wird der Beitrag nach §§ 169, 170 SGB VI i. d. R. allein durch den Versicherten getragen.

251 **6. Sonstige Altersversorgungssysteme.** Abschließend sei noch kurz auf **sonstige Formen der Alterssicherung** verwiesen. Zunächst gibt es die **Altershilfe für Landwirte** nach dem Gesetz über die Alterssicherung der Landwirte (ALG). Außerdem sind zu nennen die öffentlich-rechtlichen **Versorgungswerke der kammerfähigen Berufe** (berufsständische Versorgung z. B. für Ärzte, Apotheker, Rechtsanwälte). Des Weiteren gibt es die **Versorgung im öffentlichen Dienst** (Beamtenversorgungsgesetze bzw. Sozialversicherung und Zusatzversorgung für Angestellte im öffentlichen Dienst). Einen weiteren bedeutenden Bereich bildet die **betriebliche Altersversorgung** (Betriebsrentengesetz – BetrAVG).

III. Unfallversicherung nach dem SGB VII

1. **Allgemeines und Versicherteneigenschaft des Anspruchstellers. – a) Versicherungspflicht. – aa) Versicherungspflicht (§ 2 Abs. 1 SGB VII).** 252

Ein Anspruch gegen den zuständigen Unfallversicherungsträger setzt zunächst ebenfalls die **Versicherteneigenschaft des Anspruchstellers** voraus. Obwohl von Teilen der Literatur angemerkt wird, dass die Differenzierung zwischen der persönlichen Voraussetzung der Versicherteneigenschaft und dem Eintritt des Versicherungsfalles bei bestimmten unfallversicherungsrechtlichen Konstellationen (z. B. bei Hilfeleistungen, ehrenamtlichen oder arbeitnehmerähnlichen Tätigkeiten) „schwer durchführbar und nicht unbedingt erforderlich" ist" (*Becker/Seewald*, in: dies., Fälle zum Sozialrecht, Einführung Rn. 31), soll hier gleichwohl an diesem Aufbau festgehalten werden, da er – an Bekanntes anknüpfend – lernpsychologisch günstig ist. Zudem ist es im Rahmen einer Fallprüfung gut vertretbar, den konkreten Sachverhalt im Rahmen der Prüfung der Versicherteneigenschaft umfassend zu würdigen und dann beim zweiten Prüfungspunkt des Versicherungsfalls zur Vermeidung von Wiederholungen nach oben zu verweisen.

Aufgabe der Unfallversicherung ist es, sowohl mit allen geeigneten Mitteln, Arbeitsunfälle und Berufskrankheiten sowie arbeitsbedingte Gesundheitsgefahren zu verhüten, als auch nach deren Eintritt die Gesundheit und Leistungsfähigkeit der Versicherten mit allen geeigneten Mitteln wiederherzustellen bzw. sie und ihre Hinterbliebenen durch Geldleistungen zu entschädigen (§ 1 SGB VII). Die praktisch wichtigste Gruppe der Versicherungspflichtigen sind wiederum die **Beschäftigten** nach § 2 Abs. 1 Nr. 1 SGB VII (vgl. Rn. 146). In der Unfallversicherung wird davon **auch die unentgeltliche Tätigkeit** erfasst, d. h. Versicherungsfreiheit wegen „Geringfügigkeit" der Beschäftigung ist nicht vorgesehen. Darüber hinaus gibt es – anders als in der gesetzlichen Krankenversicherung – **keine obere Versicherungspflichtgrenze**, d. h. bei Überschreiten eines bestimmten Arbeitsentgelts entsteht keine Ausnahme von der Versicherungspflicht. Hintergrund dafür ist, dass die Unfallversicherung als Ablösung der Unternehmerhaftung (s. Rn. 311) nicht vom erzielten Arbeitsentgelt abhängen kann. 253

254 Das Sozialversicherungsverhältnis entsteht aufgrund des sozialen Schutzgedankens auch **ohne gültigen Arbeitsvertrag** schon bei tatsächlicher Aufnahme der Arbeitstätigkeit (BSG v. 14.11.2013 – B 2 U 15/12 R – Rn. 14; *Mehrtens* Handkommentar SGB VII § 2 Anm. 6.8). Außerdem kann selbst **Schwarzarbeit** versichert sein, wenn die Beziehungen zwischen Schwarzarbeiter und Auftraggeber als abhängiges Arbeitsverhältnis zu bewerten sind (Hessisches LSG v. 30.9.2011 – L 9 U 46/10 – juris Rn. 27 ff.). Darüber hinaus ist der Kreis der Versicherungspflichtigen über Beschäftigte hinaus immer weiter ausgedehnt worden und umfasst mittlerweile z.B. auch **Kita-Kinder, Schüler und Studierende** (§ 2 Abs. 1 Nr. 8 SGB VII), bestimmte **Ehrenamtler** (§ 2 Abs. 1 Nr. 10 SGB VII, dazu auch *Palsherm,* ZMV 2014, 14 ff. 74 ff.) und **Nothelfer** (§ 2 Abs. 1 Nr. 13 SGB VII).

255 **bb) Versicherungspflicht (§ 2 Abs. 2 Satz 1 SGB VII).** Ferner sind nach § 2 Abs. 2 Satz 1 SGB VII Personen versichert, die wie Beschäftigte tätig werden („**Wie-Arbeitnehmer**“, s. *Krasney* NZS 1999, 577). Hierbei handelt es sich aus Gründen der Gewährleistung eines möglichst lückenlosen Unfallversicherungsschutzes für Tätigkeiten im Interesse eines fremden Unternehmens um einen Auffangtatbestand der Versicherungspflicht. Die Voraussetzungen für die „Wie-Arbeitnehmereigenschaft“ sind: **erstens** eine ernstlich dem Betrieb dienende Tätigkeit, die **zweitens** dem mutmaßlichen Willen des Unternehmers entspricht und **drittens** grundsätzlich von einem Arbeitnehmer gemacht werden könnte (BSG v. 26.6.2007 – B 2 U 35/06 R –). Es handelt sich also um vorübergehende Tätigkeiten, die aber der Grundstruktur eines Beschäftigungsverhältnisses ähneln (BSG v. 31.5.2005 – B 2 U 35/04 R – juris Rn. 16).

256 **Beispiele für Wie-Versicherte:**
Abholen eines Paketes von der Post, Leisten von Manövrierhilfe (BSG v. 28.5.1957 – 2 RU 150/55), Hilfe für älteren Hauseigentümer bei Räum- und Streuarbeiten (LSG Rheinland-Pfalz v. 31.1.1990 – L 3 U 121/89 –). Gegenbeispiel: Hilfe beim Hochziehen eines Rollgitters ist nur eine „Handreichung im Vorbeigehen“ und nicht wie-versichert, weil anderenfalls der Versicherungsschutz konturenlos ausufern würde (LSG Nordrhein-Westfalen v. 30.4.2010 – L 4 U 119/09)

257 **Gefälligkeitshandlungen** unter Verwandten, die von familiären Beziehungen zwischen Angehörigen geprägt sind, unterliegen aber ebensowenig dem Unfallversicherungsschutz der „Wie-Versicherung“ wie etwa Verrichtungen

aufgrund mitgliedschaftlicher, gesellschaftlicher oder **körperschaftlicher Verpflichtungen** (BSG v. 13.8.2002 – B 2 U 29/01 R – juris Rn. 21; s. aber die Versicherungspflicht bei ehrenamtlicher Tätigkeit nach § 2 Abs. 1 Nr. 10 SGB VII).

Im Falle des **Aufeinandertreffens der Versicherungspflicht** nach Absatz 1 mit einer solchen nach Absatz 2 ist diejenige gemäß Absatz 2 nachrangig (§ 135 Abs. 5a SGB VII); im Übrigen geht die Versicherungspflicht gemäß Absatz 1 Nr. 1 anderen Nummern des Absatzes 1 vor (§ 135 Abs. 1 SGB VII). **258**

cc) Versicherungspflicht durch Satzung (§ 3 SGB VII). Außerdem ist die **Versicherungspflicht kraft Satzung eines Versicherungsträgers** der Unfallversicherung zu beachten (§ 3 Abs. 1 SGB VII). Praktisch wichtig ist die Unfallversicherung gemäß § 3 Abs. 1 Nr. 1 SGB VII für Unternehmer und ihre mitarbeitenden Ehegatten/Lebenspartner. Dabei handelt es sich um eine solidarische, **genossenschaftliche Eigenunfallversicherung** (*Mehrtens* Handkommentar SGB VII § 3 Anm. 3). **259**

b) Ausnahmen von der Versicherungspflicht (Versicherungsfreiheit und Versicherungsbefreiung). Es bestehen aber auch Ausnahmen von der Versicherungspflicht für die Personen, die über eine ausreichende andere Sicherung verfügen (BSG v. 11.6.1990 – 2 RU 51/89 – juris Rn. 20). Hier ist als erstes die **Versicherungsfreiheit** gemäß § 4 SGB VII, z. B. für Beamte, zu nennen. **260**

Darüber hinaus gibt es als Ausnahme zu § 2 Abs. 1 Nr. 5 SGB VII zur Vermeidung unbilliger Härten die **Versicherungsbefreiung** nach § 5 SGB VII für Kleinlandwirte bis zu 0,25 Hektar Land, da diese i. d. R. nur eine Nebenerwerbslandwirtschaft betreiben. **261**

c) Versicherungsberechtigung. Schließlich ist eine **freiwillige Versicherung** nach § 6 Abs. 1 SGB VII durch schriftlichen Antrag insbesondere für Unternehmer und mitarbeitende Ehegatten/Lebenspartner möglich. Im Unterschied zur Versicherungspflicht nach § 3 Abs. 1 SGB VII beruht die Versicherung hier aber nicht auf einer kollektiv beschlossenen Satzung, sondern auf einer Entscheidung des Einzelnen. **262**

2. Vorliegen eines Versicherungsfalles. Des Weiteren muss ein **Versicherungsfall** vorliegen. Die Versicherungsfälle der gesetzlichen Unfallversicherung sind gemäß § 7 Abs. 1 SGB VII **Arbeitsunfälle** und **Berufskrankheiten**. Darüber hinaus gilt als Versicherungsfall auch der **Gesundheitsschaden eines ungeborenen Kindes** infolge eines Versicherungsfalles der Mutter während der Schwangerschaft (§ 12 S. 1 SGB VII). **263**

264 a) **Arbeitsunfall.** Der Arbeitsunfall ist in § 8 Abs. 1 S. 1 SGB VII gesetzlich definiert als „**(2)** Unfall eines Versicherten **(3)** infolge **(1)** einer den Versicherungsschutz nach §§ 2, 3, oder 6 begründenden Tätigkeit". „Unfälle sind zeitlich begrenzte, von außen auf den Körper einwirkende Ereignisse, die zu einem **(4)** Gesundheitsschaden oder zum Tod **(5)** führen" (§ 8 Abs. 1 S. 2 SGB VII). Zu prüfen ist somit (BSG v. 2.4.2009 – B 2 U 29/07 R – ; s. vertiefend *Becker* SGb 2007, 721 ff.):

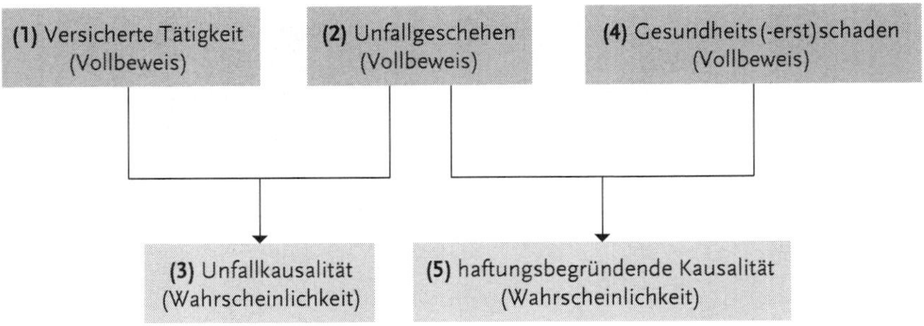

265 aa) **Versicherte Tätigkeit.** Zunächst muss das Verhalten des Versicherten zum Zeitpunkt des Unfalls dem Bereich der **versicherten Tätigkeit** zuzurechnen sein (sog. „innerer oder sachlicher Zurechnungszusammenhang"; BSG v. 9.11.2010 – B 2 U 14/10 R – Rn. 16). Der „Zurechnungszusammenhang" zwischen diesem unfallbringenden Verhalten des Versicherten und der versicherten Tätigkeit dient dazu, Tätigkeiten, die dem Schutzbereich der Unfallversicherung unterfallen, von privaten und daher unversicherten Tätigkeiten (z. B. höchstpersönliche Verrichtungen wie Essen oder sog. eigenwirtschaftliche Tätigkeiten wie Einkaufen) abzugrenzen (BSG v. 18.11.2008 – B 2 U 31/07 R –). In der gesetzlichen Unfallversicherung gilt mithin – anders als z. B. in der Krankenversicherung oder bei der Sozialhilfe, wo das Finalprinzip gilt – das **Kausalprinzip.** Dies bedeutet, dass die Gewährung der Sozialleistung eine bestimmte Ursache des Gesundheitsschadens oder Todes voraussetzt; wohingegen beim **Finalprinzip** die Ursache nicht von Bedeutung ist (Hessisches LSG v. 9.3.1983 – L 3 U 998/80 – juris Rn. 19).

Was als Tätigkeit dem Grunde nach versichert ist, wurde bereits beim Prüfungspunkt „Versicherteneigenschaft" konkret festgestellt; also z. B. die Tätigkeit als Beschäftigter nach § 2 Abs. 1 Nr. 1 SGB VII. Somit ist „nur" noch der Zurechnungszusammenhang zu prüfen.

Der **Zurechnungszusammenhang** ist zu bejahen, wenn zwischen dem unfall- 266
bringenden Verhalten und der versicherten Tätigkeit ein rechtlich wesentlicher, innerer Zusammenhang besteht. Die konkrete Verrichtung des Versicherten muss also der versicherten Tätigkeit wesentlich dienen und diese Handlungstendenz muss durch die objektiven Umstände des Einzelfalls bestätigt werden. Der innere Zusammenhang ist damit gegeben, wenn die unfallbringende Tätigkeit bei wertender Betrachtung innerhalb der Grenze liegt, bis zu welcher der Versicherungsschutz in der gesetzlichen Unfallversicherung reicht (BSG v. 12.5.2009 – B 2 U 8/08 R – ; also Wertungsfrage orientiert am Zweck der Norm). Für Beschäftigte ist demnach abzustellen auf den Gedanken der „**Betriebsnützlichkeit**": Wollte der Beschäftigte eine dem Unternehmen dienende Tätigkeit ausüben und wird diese Handlungstendenz durch die objektiven Umstände des Einzelfalls bestätigt (BSG v. 18.6.2013 – B 2 U 7/12 R – Rn. 13)? Demgegenüber ist der Zurechnungszusammenhang abzulehnen, wenn es sich bei dem unfallbringenden Verhalten um eine der Privatsphäre zuzuordnende, sog. **höchstpersönliche** oder **eigenwirtschaftliche Tätigkeit** handelt. Das ist der Fall, wenn die Tätigkeit im eigenen Interesse des Versicherten liegt und z. B. keinen betriebsdienlichen Zweck hat (BSG v. 18.11.2008 – B 2 U 31/07 R –).

Es kommt mithin entscheidend auf die Handlungstendenz des Versicherten an; bei Beschäftigten somit auf das Abzielen in Richtung auf Unternehmensinteressen oder eigene Interessen (*Mehrtens* Handkommentar SGB VII § 8 Anm. 6.2). Dabei muss der Zurechnungszusammenhang zwischen unfallbringendem Verhalten und versicherter Tätigkeit feststehen, d. h. mit an Sicherheit grenzender Wahrscheinlichkeit gegeben sein. Also ist der **Vollbeweis** bezüglich der für die versicherte Tätigkeit sprechenden Tatsachen erforderlich (BSG v. 31.1.2012 – B 2 U 2/11 R – Rn. 17; BSG v. 2.4.2009 – B 2 U 29/07 R –).

Im Folgenden sollen einige Problemfälle behandelt werden: 267

Vorbereitungshandlungen sind versichert, wenn sie der eigentlichen versicherten Tätigkeit unmittelbar vorangehen und ihre Durchführung erleichtern oder überhaupt erst ermöglichen. Sie müssen mit der eigentlichen versicherten Tätigkeit oder der bereits kraft Gesetzes versicherten weiteren Vorbereitungshandlung (s. § 8 Abs. 2 SGB VII) eng verbunden sein, also in einem besonders engen sachlichen, örtlichen und zeitlichen Zusammenhang stehen, der die Vorbereitungshandlung nach den Gesamtumständen selbst bereits wie einen Bestandteil der versicherten Tätigkeit erscheinen lässt (BSG v. 13.11.2012 – B 2 U 27/11 R – Rn. 20; BSG v. 12.5.2009 – B 2 U 12/08 R –).

268 **Beispiel:**
Direkt der Arbeit dienende Vorbereitungshandlungen sind versichert, sofern sie durch die Arbeit mit geprägt sind, wie z. B. bei der Abholung des Arbeitszimmerschlüssels, und sie nicht lediglich allgemein, sondern spezifisch betriebsbedingt sind, wie z. B. Anziehen allgemeiner Bekleidung im Gegensatz zu spezieller Schutz-Arbeitsbekleidung (*Mehrtens* Handkommentar SGB VII § 8 Anm. 7).

269 Eine **gemischte Tätigkeit**, d. h. eine Tätigkeit, die sich aus unternehmensbezogenen und eigenwirtschaftlichen Anteilen zusammensetzt, kann ebenfalls Versicherungsschutz genießen. Für die Bejahung des dazu erforderlichen inneren Zusammenhangs zwischen Verrichtung und versicherter Tätigkeit ist entscheidend, ob die Verrichtung hypothetisch auch dann vorgenommen worden wäre, wenn die private Motivation des Handelns entfallen wäre. Die so zu bestimmende objektivierte Handlungstendenz bleibt maßgeblich, selbst wenn die konkrete Verrichtung dem Unternehmen dienlich ist (BSG v. 18.6.2013 – B 2 U 7/12 R – Rn. 15; BSG v. 12.5.2009 – B 2 U 12/08 R – ; dazu *Spellbrink*, WzS 2011, 351 ff.).

270 Die **Nahrungsaufnahme** stellt grundsätzlich eine unversicherte höchstpersönliche Tätigkeit dar (BSG v. 18.6.2013 – B 2 U 7/12 R – Rn. 14; BSG v. 2.12.2008 – B 2 U 17/07 R –).

271 **Beispiele:**
Die Nahrungsaufnahme ist ausnahmsweise versichert, wenn sie durch die Arbeit entscheidend mitgeprägt ist, z. B. besonders eilige Essensaufnahme aufgrund betrieblicher Zwänge, betriebliche Umstände veranlassen zur Essensaufnahme an einem bestimmten Ort, wie bei einem Arbeitsessen auf einer Tagung, oder die Arbeit verursacht ein besonderes Hunger- oder Durstgefühl und die Nahrungsaufnahme dient wesentlich der Erhaltung der Arbeitsfähigkeit, wie z. B. das Trinken aufgrund hoher Staubentwicklung bei der Arbeit (BSG v. 30.1.2007 – B 2 U 8/06 R – Rn. 13).

272 Bei einem **Vollrausch** fehlt es an einer versicherten Tätigkeit, da keine dem Unternehmen dienliche Arbeit mehr möglich ist (BSG v. 30.1.2007 – B 2 U 23/05 R –). Grundsätzlich wird ein Versicherungsfall aber allein durch **verbotswidriges Verhalten** nicht ausgeschlossen (§ 7 Abs. 2 SGB VII).

273 Der **Suizid** ist grundsätzlich nicht der versicherten Tätigkeit zuzuordnen, da er keine betriebsdienliche Handlungstendenz verfolgt, sondern nur bei Gelegen-

heit des Aufenthalts am Arbeitsplatz erfolgt (BSG v. 8.12.1998 – B 2 U 1/98 R – juris Rn. 21). Ausnahmsweise ist der Zusammenhang mit der versicherten Tätigkeit zu bejahen, wenn der Selbsttötungsentschluss wesentlich durch die versicherte Tätigkeit hervorgerufen wird (LSG Baden-Württemberg v. 19.3.2013 – L 9 U 3957/09 – juris Rn. 44; LSG Sachsen-Anhalt v. 14.4.2011 – L 6 U 28/07 – juris Rn. 23: Suizid, der auf unfallbedingter Hirnschädigung beruht bzw. Suizid als psychoreaktive Reaktion auf unfallbedingte Schmerzen; Bayerisches LSG v. 29.4.2008 – L 18 U 272/04 – juris Rn. 25: Suizid, der auf psychischem Trauma nach Personalgespräch beruht; BSG v. 24.11.1982 – 5a RKnU 3/82 – juris Rn. 13: Suizid aufgrund der Folgen einer Berufskrankheit).

Betriebliche Gemeinschaftsveranstaltungen wie Betriebsfeste oder -ausflüge weisen den erforderlichen Zurechnungszusammenhang zur versicherten Tätigkeit auf, wenn sie im Interesse des Unternehmens liegen und wie die eigentliche Arbeitstätigkeit betrieblichen Zwecken dienen. Dies erfordert, dass die Veranstaltung von der Unternehmensleitung zumindest gebilligt und von ihrer Autorität getragen sowie für alle Betriebsangehörigen – zumindest für alle einer größeren Abteilung – vorgesehen ist. Die betriebliche Zielsetzung setzt ferner voraus, dass die Unternehmensleitung oder ein Beauftragter jedenfalls phasenweise teilnimmt. Die Gemeinschaftsveranstaltungen unterfallen deshalb der versicherten Tätigkeit, weil sie das Betriebsklima und die Betriebsverbundenheit pflegen (BSG v. 22.9.2009 – B 2 U 4/08 R – Rn. 12; BSG v. 7.12.2004 – B 2 U 47/03 R – juris Rn. 13, 15). **274**

Sportliche Aktivitäten unterfallen als **Betriebssport** dem Versicherungsschutz, wenn die Organisation von betrieblicher Seite erfolgt, die Teilnehmer sich im Wesentlichen aus Unternehmensangehörigen rekrutieren, die Veranstaltung regelmäßig ausgeübt wird, ihr eine Ausgleichsfunktion zukommt und sie nicht eine Teilnahme am allgemeinen Wettkampfgeschehen darstellt (BSG v. 27.10.2009 – B 2 U 29/08 R – Rn. 12; BSG v. 13.12.2005 – B 2 U 29/04 R – juris Rn. 12). **275**

Beispiel: **276**
Als Betriebssport hat das Bundessozialgericht z. B. Fußball (BSG v. 25.2.1993 – 2 RU 19/92 – juris Rn. 15) und Kegeln (BSG v. 24.2.1977 – 8 RU 102/76 – juris Rn. 17) anerkannt.

Schließlich sind aus Gründen des sozialen Schutzprinzips **Unfälle des täglichen Lebens** wie z. B. Stolpern im Regelfall auch Teil der versicherten Tätigkeit (*Mehrtens* Handkommentar SGB VII § 8 Anm. 9.4). **277**

278 **bb) Unfallgeschehen.** Der **Unfall** ist in § 8 Abs. 1 S. 2 SGB VII definiert als zeitlich begrenztes, von außen auf den Körper einwirkendes Ereignis, das zu einem Gesundheitsschaden oder zum Tod führt. „Zeitlich begrenzt" bedeutet dabei, dass sich das Ereignis nicht über eine längere Zeitdauer als eine Arbeitsschicht erstrecken darf, m. a. W. sich noch während des Arbeitstages realisieren muss (BSG v. 8.12.1998 – B 2 U 1/98 R – juris Rn. 22). Das Tatbestandsmerkmal „von außen auf den Körper einwirkend" dient der Abgrenzung eines versicherten Unfallgeschehens von in der Risikosphäre des Versicherten liegenden und daher unversicherten Gesundheitsschäden aufgrund von **inneren Ursachen** wie Sturz nach Herzinfarkt, Kreislaufkollaps, epileptischem Anfall usw. oder aufgrund von vorsätzlichen Selbstschädigungen (BSG v. 12.4.2005 – B 2 U 27/04 R – juris Rn. 12; s. auch nachfolgend zur Unfallkausalität). Die Einwirkung auf den Körper kann zum einen körperlich-gegenständlich sein (wie z. B. eine Verletzung beim Aufschlagen nach einem Sturz) oder zum anderen geistig-seelisch (BSG v. 8.12.1998 – B 2 U 1/98 R – juris Rn. 20).

279 **cc) Unfallkausalität.** Des Weiteren muss die versicherte Tätigkeit kausal für das Unfallgeschehen geworden sein („Unfallkausalität"). Dieses Kausalitätserfordernis dient dazu, die Unfälle auszuscheiden, die zwar auf einer versicherten Tätigkeit beruhen, aber ihre wesentliche Ursache in einem privaten Verhalten haben; mithin soll vom allgemeinen Lebensrisiko abgegrenzt werden. Ob eine versicherte Tätigkeit ursächlich für den Unfall ist, ist mittels der Lehre von der wesentlichen Bedingung zu entscheiden. Diese besondere sozialrechtliche Formel zur Bestimmung der Ursächlichkeit ist erforderlich, da die aus dem Strafrecht bekannte Äquivalenztheorie („Ursächlich ist, was nicht hinweggedacht werden kann, ohne dass der Erfolg entfiele") zu weit reicht und die zivilrechtliche Adäquanztheorie nur atypische Schäden ausscheidet, die in der gesetzlichen Unfallversicherung aber entschädigt werden sollen, sofern sie nur versichert sind. Nach der **Lehre von der wesentlichen Bedingung** ist eine Bedingung kausal für den Unfall, wenn sie aufgrund ihrer besonderen Bedeutung für den Einzelfall wesentlich zum Erfolgseintritt beigetragen hat. Welche Ursache wesentlich ist und welche nicht, muss aus der Auffassung des praktischen Lebens über die besondere Beziehung der Ursache zum Eintritt des Erfolgs abgeleitet werden (BSG v. 17.2.2009 – B 2 U 18/07 R –). Dabei reicht es jedenfalls aus, dass die versicherte Tätigkeit wenigstens in gleicher Weise wie ein privates Verhalten Ursache für den Unfall war (BSG v. 9.5.2006 – B 2 U 1/05 R – juris Rn. 15). Die betriebsbedingte Ursache ist darüber hinaus sogar dann im Sinne der Wesentlichkeitslehre für den Unfall kausal, wenn das private Verhalten gegenüber der versicherten Tätigkeit keine überragende Bedeutung als Ursache für den Unfall hat (BSG v. 30.1.2007 – B 2 U 8/06 R – Rn. 19 f. zu einem anaphylaktischen Schock wegen Nussallergie bei einem Geschäftsessen).

Wird außer dem kausalen Anknüpfungspunkt der versicherten Tätigkeit keine andere Tatsache als mögliche Konkurrenzursache festgestellt, ist die Unfallkausalität zu bejahen (BSG v. 27.6.1991 – 2 RU 31/90 – juris Rn. 15). Die Unfallkausalität ist praktisch somit nur dann problematisch, wenn eine Konkurrenzursache vorliegt. Das ist typischerweise in den Fällen einer inneren Ursache, einer gemischten Tätigkeit, einer unerheblichen Unterbrechung der versicherten Tätigkeit oder einer eingebrachten Gefahr gegeben (BSG v. 17.2.2009 – B 2 U 18/07 R – Rn. 12).

Grundsätzlich müssen auch im Bereich des Sozialversicherungsrechts alle an- **280**
spruchsbegründenden Voraussetzungen zur Überzeugung des Gerichts feststehen. Jedoch reicht anders als beim obigen Zurechnungszusammenhang für die Unfallkausalität **hinreichende Wahrscheinlichkeit** aus, weil der soziale Schutz der Unfallversicherung anderenfalls wegen Beweisproblemen häufig leerlaufen würde. Hinreichende Wahrscheinlichkeit meint weniger als an Sicherheit grenzende Wahrscheinlichkeit, aber mehr als die bloße Möglichkeit (BSG v. 31.1.2012 – B 2 U 2/11 R – Rn. 17; BSG v. 2.4.2009 – B 2 U 29/07 R –). Sie ist gegeben, wenn bei vernünftiger Abwägung so viel mehr für als gegen die Ursächlichkeit spricht, dass sich darauf die richterliche Überzeugung gründen kann und ernste Zweifel ausscheiden (BSG v. 7.9.2004 – B 2 U 34/03 R – juris Rn. 15).

Bei **Unfällen im Straßenverkehr** gilt **Alkohol** im Falle absoluter Fahruntüchtig- **281**
keit, also ab einer Blutalkoholkonzentration von 1,1 ‰, als überragende Verursachung des Unfalls. Die Unfallkausalität ist dann zu verneinen (BSG v. 2.4.2009 – B 2 U 25/07 R – Rn. 27). Bei bloßer relativer Fahruntüchtigkeit müssen alkoholtypische Ausfallerscheinungen hinzukommen, um im Alkoholgenuss die überragende Ursache für das Unfallereignis zu sehen (BSG v. 30.1.2007 – B 2 U 23/05 R – ; dort auch zum Cannabis-Konsum). Grundsätzlich ist der Alkohol dann wesentliche Bedingung, wenn es ohne Alkoholeinfluss wahrscheinlich nicht zum Unfall gekommen wäre (BSG v. 28.6.1979 – 8a RU 98/78 – juris Rn. 15). Es besteht aber ein Anscheinsbeweis, dass bei relativer Fahruntüchtigkeit der Alkoholeinfluss die wesentliche Unfallursache war (Bayerisches LSG v. 14.12.2011 – L 2 U 566/10 – juris Rn. 21). Bei **Unfällen außerhalb des Straßenverkehrs** gilt Alkohol nur dann als überragender Unfallverursacher, wenn neben einer hohen Blutalkoholkonzentration (kein allgemeiner Grenzwert) noch sonstiges alkoholtypisches Fehlverhalten vorliegt (BSG v.

5.7.1994 – 2 RU 34/93 – juris Rn. 18 ff. z.B. alkoholtypische Gleichgewichts- und Koordinationsstörungen).

282 **Selbstgefährdendes Verhalten** schließt den Versicherungsschutz grundsätzlich nicht aus. Die Unfallkausalität kann aber entfallen, wenn sich der Versicherte derart sorglos und unvernünftig verhält, dass für den Eintritt des Arbeitsunfalls statt der versicherten Tätigkeit die selbst geschaffene Gefahr als die rechtlich allein wesentliche Ursache anzusehen ist. Das Maß der noch als vernünftig zu tolerierenden Handlungsweisen richtet sich nach der Motivation für das Handeln. Der Kausalzusammenhang wird ausgeschlossen, wenn aus betriebsfremden Gründen, mithin ohne inneren Zusammenhang zur Arbeit gehandelt wird. Andererseits besteht Versicherungsschutz, sofern das Verhalten des Versicherten trotz der selbst geschaffenen Gefahr noch in einem wesentlichen inneren Zusammenhang zur Arbeit steht (BSG v. 4.9.2007 – B 2 U 28/06 R –).

283 **Beispiel für fehlende Unfallkausalität:**
LKW-Fahrer fällt vom Laufsteg eines Tankauflegers, auf den er sich zum Sonnen gelegt hat, während sein Kollege mit 110 km/h weiterfährt (BSG v. 2.11.1988 – 2 RU 7/88).

284 Eine **Krankheitsanlage** ist für Ansprüche aus der Unfallversicherung unbeachtlich, wenn der Arbeitnehmer vor dem Unfall den betriebsüblichen Belastungen noch standhalten konnte. Wenn jedoch alltägliche, ähnlich gelagerte Ereignisse die Krankheit ebenso hätten auslösen können wie der Unfall, dann ist die betriebliche Ursache für die Auslösung nicht mehr wesentlich, sog. **Gelegenheitsursache** (BSG v. 30.1.2007 – B 2 U 8/06 R – Rn. 20). Die Tatsache, dass ein tödlich verunglückter Arbeitnehmer ohnehin an einer unfallunabhängigen **tödlichen Krankheit** litt, bei der nur der Todeszeitpunkt noch nicht absehbar war, ist für die Kausalitätsfrage unbeachtlich, wenn der Unfall den Tod um mindestens ein Jahr beschleunigt hat (BSG v. 28.6.1988 – 2/9b RU 28/87 – juris Rn. 14). Gleichwohl kann der Kausalitätszusammenhang zwischen Tod und Arbeitsunfall aber abzulehnen sein, beispielsweise wenn die betriebliche Ursache nur Gelegenheitsursache ist, weil nicht mehr als die übliche betriebliche Belastung aufgetreten ist (Landessozialgericht Baden-Württemberg v. 26.6.2009 – L 8 U 5642/08 – juris Rn. 35).

285 **dd) Körperschaden.** Der zu entschädigende **Körperschaden** kann physischer oder psychischer Art sein (BSG v. 9.5.2006 – B 2 U 26/04 R – juris Rn. 25). Als Körperschaden gilt gem. § 8 Abs. 3 SGB VII auch der Verlust eines Hilfsmittels (wie z. B. Prothesen oder Brillen). Für **Sachschäden** kommt die Unfallversicherung grundsätzlich nicht auf (Ausnahme: § 13 SGB VII).

ee) Haftungsbegründende Kausalität. Schließlich muss das Unfallgeschehen kausal für den Körperschaden geworden sein („**haftungsbegründende Kausalität**"). Der Kausalitätszusammenhang bemisst sich wiederum nach der **Lehre von der wesentlichen Bedingung**, wobei hinreichende Wahrscheinlichkeit der Ursächlichkeit genügt (BSG v. 31.1.2012 – B 2 U 2/11 R – Rn. 17; BSG v. 2.4.2009 – B 2 U 29/07 R –). 286

Auch die **Verschlimmerung** einer vor dem Unfall bestehenden Krankheit kann als Schaden i. S. d. Unfallversicherung gelten. Ist der Anteil der Verschlimmerung abgrenzbar, so wird nur dieser entschädigt (BSG v. 17.3.1992 – 2 RU 20/91 – juris Rn. 16). Anderenfalls ist der Gesamtschaden als Arbeitsunfall zu entschädigen, da der Unfall eine wesentliche Bedingung für den Gesamtzustand des Arbeitnehmers ist, sog. „**richtunggebende Verschlimmerung**" (*Mehrtens* Handkommentar SGB VII § 8 Anm. 9.11). 287

b) Wegeunfall. Gemäß § 8 Abs. 2 Nr. 1 SGB VII ist der **Wegeunfall**, also der Unfall auf dem Weg zur und von der Arbeitsstätte, ein **Sonderfall des Arbeitsunfalls.** Er ist somit der versicherten Tätigkeit zuzuordnen. Dies begründet sich dadurch, dass der Arbeitsweg nicht aus privatem Interesse, sondern gerade wegen der versicherten Tätigkeit, also mit einer auf die versicherte Tätigkeit gerichteten Handlungstendenz gegangen wird (BSG v. 18.6.2013 – B 2 U 7/12 R – Rn. 18). Es ist denkbar, dass ein versicherter Arbeitsweg auch mehrmals täglich zurückgelegt wird (BSG v. 14.11.2013 – B 2 U 27/12 R – Rn. 15). Wie der Wortlaut von § 8 Abs. 2 Nr. 2a, 3 SGB VII („Kinder ... in einem gemeinsamen Haushalt") und die systematische Gesamtschau zeigen, ist grundsätzlich nur der unmittelbare Weg von der **eigenen Wohnung** zum Arbeitsplatz (und natürlich wieder zurück) versichert. Der Versicherungsschutz beginnt beim Wegeunfall nach dem Durchschreiten der **Außentür** des bewohnten Gebäudes (BSG v. 18.6.2013 – B 2 U 10/12 R – Rn. 14; BSG v. 4.9.2007 – B 2 U 39/06 R –). Da in § 8 Abs. 2 Nr. 1 SGB VII aber nicht explizit nur der Weg zwischen Wohnung und Arbeitsstelle genannt ist, ist ausnahmsweise auch der Weg von einem anderen, sog. **dritten Ort** zur Arbeit (oder zurück) versichert, wenn zwischen der Zurücklegung des Weges und der versicherten Tätigkeit ein wesentlicher Zusammenhang und ein angemessenes Verhältnis zum üblichen Arbeitsweg besteht (BSG v. 12.5.2009 – B 2 U 11/08 R – Rn. 18; BSG v. 2.5.2001 – B 2 U 33/00 R – juris Rn. 13, 16). Zur Abgrenzung von unversicherten Ab- oder Umwegen ist dabei erforderlich, dass sich der Versicherte an diesem dritten Ort für mindestens zwei Stunden aufgehalten hat oder aufhalten will (BSG v. 5.5.1998 – B 2 U 40/97 R – juris Rn. 18). 288

289 Grundsätzlich ist der **direkte Weg zur Arbeit** – § 8 Abs. 2 Nr. 1 SGB VII spricht vom „unmittelbaren Weg" – zu nehmen, wobei ein längerer Weg unschädlich ist, wenn er bei vernünftiger Betrachtung angemessen ist z. B. aufgrund besserer Straßen- und Verkehrsverhältnisse (BSG v. 28.4.2004 – B 2 U 20/03 R – juris Rn. 18). Nicht versichert sind **Umwege**, d. h. Wege deren Ausgangs- und Endpunkt dem direkten Weg entsprechen, die aber insgesamt so erheblich länger sind, dass der Zusammenhang zur versicherten Tätigkeit aufgehoben ist (BSG v. 24.6.2003 – B 2 U 40/02 R – juris Rn. 13), es sei denn, der Umweg wird irrtümlich gefahren (BSG v. 30.10.2007 – B 2 U 29/06 R –). Ebenfalls unversichert sind **Abwege**, d. h. Wege, bei denen der unmittelbare Weg in eine andere Richtung als die des Zielortes – z. B. für private Einkäufe oder Termine – verlassen wird. Der Versicherungsschutz lebt innerhalb einer Grenze von zwei Stunden aber wieder auf, sofern der unmittelbare Weg wieder erreicht wird (BSG v. 5.5.1998 – B 2 U 40/97 R – juris Rn. 19). Abweichende Wege – z. B. um seine **Kinder abzuholen** oder eine **Fahrgemeinschaft** zu bilden – sind unter den Voraussetzungen von § 8 Abs. 2 Nr. 2, 3 SGB VII versichert.

290 Eine **ganz kurze und geringfügige Unterbrechung des Arbeitsweges aus eigenwirtschaftlichen Gründen** ist unbeachtlich. Ansonsten – z. B. bei einer länger dauernden Unterhaltung – wird der Versicherungsschutz unterbrochen. Um rechtlich nicht ins Gewicht fallende und damit weiterhin versicherte Ereignisse handelt es sich, wenn es sich bei natürlicher Betrachtungsweise zeitlich und räumlich noch um einen Teil des Arbeitsweges in seiner Gesamtheit handelt oder wenn die Besorgung hinsichtlich ihrer zeitlichen Dauer und der Art ihrer Erledigung keine erhebliche Zäsur in der Fortbewegung in Richtung auf die Arbeitsstätte darstellt. Als Beurteilungsmaßstab dient hier die allgemeine Verkehrsauffassung. Geringfügig ist eine Unterbrechung nach diesen Kriterien, wenn die private Besorgung unmittelbar im Bereich der Straße und ohne nennenswerte zeitliche Verzögerung, also gleichsam „im Vorbeigehen", erledigt werden kann (BSG v. 4.7.2013 – B 2 U 3/13 R – Rn. 15).

291 **Beispiele für geringfügige und daher versicherte Unterbrechungen:** Zeitungskauf im „Vorbeigehen" am Straßenkiosk, Zigarettenziehen am Automaten, Einwerfen eines Briefes in den Briefkasten, Hilfeleistung beim Öffnen einer Straßenbahntür, Hilfe beim Hineinheben des Kinderwagens in den Bus (BSG v. 9.12.2003 – B 2 U 23/03 R – juris Rn. 15, 20). Im Zweifel neigt die Rechtsprechung aber dazu, eine Unterbrechung der Versicherung anzunehmen.

Beim **Benutzen eines Autos** entfällt der Versicherungsschutz dann, wenn objektiv erkennbar ist, dass die subjektive Handlungstendenz nicht mehr auf den Arbeitsweg, sondern auf eine eigenwirtschaftliche und nicht betriebsdienliche Tätigkeit gerichtet ist, z.B. beim nicht verkehrsnotwendigen Verlangsamen des KFZ und Setzen des Blinkers, um am linken Straßenrand Erdbeeren einzukaufen (BSG v. 4.7.2013 – B 2 U 3/13 R – Rn. 13; s. auch BSG v. 9.12.2003 – B 2 U 23/03 R – juris Rn. 26: Ende des Versicherungsschutzes spätestens mit Verlassen des Autos). Er lebt aber wieder auf, sofern der Arbeitsweg nach spätestens zwei Stunden fortgesetzt wird, weil dann noch keine endgültige Lösung von dem Zurücklegen des versicherten Arbeitsweges vorlag (BSG v. 2.12.2008 – B 2 U 26/06 R –). Der Versicherungsschutz beginnt dann konkret, sobald der Versicherte objektiv erkennbar die Fortbewegung in Richtung auf das ursprüngliche Ziel wieder aufgenommen hat (BSG v. 4.7.2013 – B 2 U 12/12 R – Rn. 17 ff.: Beginn des Versicherungsschutzes nach dem Verlassen der Tankstelle [= Tanken ist eigenwirtschaftlich], auch wenn Unfall beim Linksabbiegen bereits auf Fahrtrichtung des Gegenverkehrs passiert). Bei Benutzung eines **Motorrads, Fahrrads bzw. zu Fuß** ist eine Unterbrechung jedenfalls nicht mehr geringfügig und daher unversichert, wenn der öffentliche Verkehrsraum der zur Arbeitsstätte führenden Straße verlassen wird (BSG v. 2.12.2008 – B 2 U 17/07 R –). **292**

Abzugrenzen ist der Wegeunfall vom Unfall auf einem Betriebsweg. Beim **Betriebsweg** handelt es sich um einen Weg, der im Rahmen der versicherten Tätigkeit – also im unmittelbaren betrieblichen Interesse – zurückgelegt wird, so dass es sich um einen „normalen" Arbeitsunfall handelt (BSG v. 18.6.2013 – B 2 U 7/12 R – Rn. 13; BSG v. 2.4.2009 – B 2 U 25/07 R –). **293**

Beispiel: **294**
Als Betriebsweg versichert ist der Weg zum Besuch eines Kunden bei einem Außentermin (BSG v. 12.1.2010 – B 2 U 35/08 R; BSG v. 12.12.2006 – B 2 U 28/05 R –), der im Rahmen des Transportauftrags zurückzulegende Weg eines LKW-Fahrers (BSG v. 7.9.2004 – B 2 U 35/03 R – juris Rn. 16 f.) oder sogar der Weg zu einer dringenden, außerhalb der üblichen Arbeitszeit angeordneten zusätzlichen Tätigkeit an einem anderen Ort als der Betriebsstätte (BSG v. 7.11.2000 – B 2 U 39/99 R – juris Rn. 20).

c) Berufskrankheit. Berufskrankheiten sind in § 9 Abs. 1 S. 1 SGB VII gesetzlich definiert als „Krankheiten, die durch die Berufskrankheiten-Verordnung als Berufskrankheiten bezeichnet werden (= Enumerationsprinzip) und die Ver- **295**

sicherte infolge einer versicherten Tätigkeit erleiden", sog. **Listen-Berufskrankheiten** (vgl. vertiefend *Mehrtens/Brandenburg* SGb 1993, 588 ff. und 652 ff. sowie *Becker* SGb 2010, 131 ff.).

296 Zu prüfen ist – vergleichbar zum Arbeitsunfall – somit (BSG v. 4.7.2013 – B 2 U 11/12 R – Rn. 12; BSG v. 2.4.2009 – B 2 U 33/07 R –):

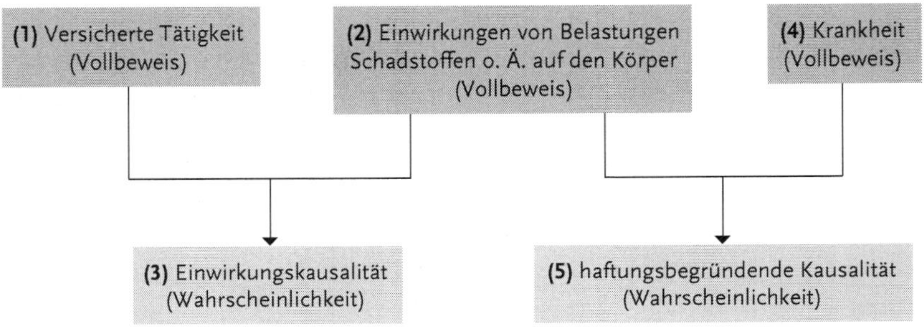

297 Es muss also ein rechtlich wesentlicher Zusammenhang zwischen der versicherten Tätigkeit und der Einwirkung auf den Körper bestehen (= Einwirkungskausalität) und die Einwirkung muss wesentliche Ursache für eine Krankheit sein (= haftungsbegründende Kausalität). Die Verrichtung/versicherte Tätigkeit sowie die Einwirkungen und die Krankheit müssen im Sinne des Vollbeweises – also mit an Sicherheit grenzender Wahrscheinlichkeit – vorliegen. Für die nach der Theorie der wesentlichen Bedingung zu beurteilende Kausalität zwischen der versicherten Tätigkeit und der Einwirkung bzw. zwischen der Einwirkung und der Krankheit genügt dagegen hinreichende Wahrscheinlichkeit (BSG v. 4.7.2013 – B 2 U 11/12 R – Rn. 12; s. auch o. Rn. 280). Gemäß § 9 Abs. 3 SGB VII wird die **Ursächlichkeit** der Arbeit für die Krankheit sogar **vermutet**, wenn *erstens* eine in der Verordnung bezeichnete Berufskrankheit vorliegt, *zweitens* der Arbeitsplatz grundsätzlich eine erhöhte Erkrankungsgefahr aufweist und *drittens* keine anderen Ursachen sichtbar sind.

298 Fernerhin gibt es die sog. **Quasi-Berufskrankheiten** gemäß § 9 Abs. 2 SGB VII. Diese sind noch nicht in die Berufskrankheitenliste aufgenommen worden, erfüllen aber nach neuesten medizinischen Erkenntnissen die Voraussetzungen für die Aufnahme in die Berufskrankheiten-Verordnung.

299 Auch bereits vor der Entstehung einer Berufskrankheit sind vorbeugende Maßnahmen möglich (§ 3 Berufskrankheiten-Verordnung – BKV, sog. **kleiner Versicherungsfall**, dazu *Römer/Brandenburg*, die BG 2006, 169 ff.)

3. Voraussetzungen des Leistungsfalles. Gemäß § 1 SGB VII, § 22 SGB I bietet die Unfallversicherung Leistungen zur **Prävention** (§§ 14–25 SGB VII) und Leistungen **nach Eintritt eines Versicherungsfalles** (§§ 26–103 SGB VII). Zu Letzteren zählen einerseits **Leistungen wiederherstellender Art** wie Heilbehandlung (§§ 27–34 SGB VII), Maßnahmen zur Teilhabe am Arbeitsleben und am Leben in der Gemeinschaft (§§ 35–43 SGB VII), Leistungen bei Pflegebedürftigkeit (§ 44 SGB VII), Geldleistungen während Heilbehandlung oder während Leistungen zur Teilhabe am Arbeitsleben (§§ 45–52 SGB VII) und andererseits **Leistungen zur Entschädigung** wie Renten (§§ 56–74 SGB VII). Kurzum: Die Berufsgenossenschaften bieten für ihre Mitglieder und Versicherten die **Gesamtverantwortung „aus einer Hand"** (*Mehrtens* Handkommentar SGB VII § 1 Anm. 2). 300

a) Heilbehandlung. Wie bei der gesetzlichen Krankenversicherung werden auch im Rahmen der gesetzlichen Unfallversicherung Leistungen im Regelfall nach dem **Natural-** oder **Sachleistungsprinzip** erbracht (§ 26 Abs. 4 S. 2 SGB VII). Die Unfallversicherungsträger bestimmen im Einzelfall Art, Umfang und Durchführung der Heilbehandlung (§ 26 Abs. 5 SGB VII). Zur konkreten Regelung der Heilbehandlung haben die Verbände der Unfallversicherungsträger und die Kassenärztlichen Bundesvereinigungen gemäß § 34 Abs. 3 SGB VII den „Vertrag Ärzte/Unfallversicherungsträger" geschlossen, der die Zulassungsvoraussetzungen für unfallmedizinisch spezialisierte sog. Durchgangsärzte (D-Ärzte), auslaufend bis 31.12.2015 auch für sog. Heilbehandlungsärzte (H-Ärzte), und deren Pflichten sowie besondere Anforderungen an das Heilbehandlungsverfahren normiert. Beim D-Arzt-Verfahren untersucht ein auf die unfallmedizinische Diagnose spezialisierter D-Arzt zunächst den Verletzten und entscheidet, ob eine fachärztliche oder besondere unfallmedizinische Behandlung erforderlich ist. Zu unterscheiden ist **allgemeine Heilbehandlung** für leichtere Verletzungen, die auch von Vertragsärzten der Krankenkasse durchgeführt werden kann, und **besondere Heilverfahren** für schwerere Verletzungen (s. § 28 Abs. 4, § 34 Abs. 1 S. 3 SGB VII). In der ambulanten Heilbehandlung ist damit das ambulante D-Arzt-Verfahren maßgebend, auslaufend bis zum 31.12.2015 auch das H-Arzt-Verfahren, und in der stationären Versorgung gibt es das stationäre D-Arzt-Verfahren (DAV), das Verletzungsartenverfahren (VAV) und das Schwerstverletzungsartenverfahren (SAV; vgl. zu alledem vertiefend *Palsherm*, Gesetzliche Unfallversicherung, Rn. 18 ff. in: Luthe [Hrsg.] Rehabilitationsrecht, 2. Aufl. 2014). Die Unfallversicherungsträger unterhalten nach § 33 Abs. 3 SGB VII **spezielle Unfallkliniken** zur Heilbehandlung. 301

302 b) **Verletztengeld. Verletztengeld** gem. § 45 SGB VII stellt eine Entgeltersatzleistung während der unfallbedingten Arbeitsunfähigkeit bzw. medizinischen Rehabilitation dar. Der Begriff der Arbeitsunfähigkeit entspricht demjenigen der gesetzlichen Krankenversicherung (BSG v. 30.10.2007 – B 2 U 31/06 R – Rn. 12). Auf den Verletztengeld-Anspruch wird gleichzeitig erzieltes Arbeitseinkommen zu einem nach § 52 SGB VII festgelegten Teil angerechnet. Somit steht dem Versicherten Verletztengeld nicht zu, soweit er Arbeitsentgelt, z. B. nach dem Entgeltfortzahlungsgesetz, bezieht (LSG für das Saarland v. 15.2.2006 – L 2 U 15/02 – juris Rn. 34). Das Verletztengeld geht aber einem Anspruch auf Krankengeld nach dem SGB V vor (§ 11 Abs. 5, § 49 Abs. 1 Nr. 4 SGB V).

303 c) **Verletzten- und Hinterbliebenenrente.** Versicherte haben nach § 56 Abs. 1 S. 1 SGB VII einen Anspruch auf **Verletztenrente**, wenn ihre Erwerbsfähigkeit über die 26. Woche nach dem Versicherungsfall hinaus um wenigstens 20 % gemindert ist. Dabei ist unter Erwerbsfähigkeit die Fähigkeit des Versicherten zu verstehen, sich unter Ausnutzung der sich nach seinen Kenntnissen und Fähigkeiten bietenden Arbeitsgelegenheiten auf dem gesamten Gebiet des Erwerbslebens einen Erwerb zu verschaffen (BSG v. 18.1.2011 – B 2 U 5/10 R – Rn. 15; BSG v. 15.2.2001 – B 2 U 23/01 B – juris Rn. 5). Eine Minderung liegt vor, wenn diese Fähigkeit beeinträchtigt ist. Die genaue Quote der Minderung der Erwerbsfähigkeit wird gemäß § 56 Abs. 2 S. 1 SGB VII abstrakt berechnet. Anhand allgemeiner Erfahrungssätze ist zu bestimmen, welche Erwerbsmöglichkeiten dem Verletzten auf dem allgemeinen Arbeitsmarkt verbleiben (Wortlaut: Erwerbs*fähigkeit*). Unfallbedingte konkrete Vermögenseinbußen werden dagegen grundsätzlich nicht berücksichtigt (BSG v. 10.4.2003 – B 4 RA 32/02 R – juris Rn. 31). Auf einen tatsächlichen Einkommensausfall kommt es also nicht an.

> Für die konkrete Beurteilung des Grades der Minderung haben sich Rententabellen und Erfahrungswerte gebildet, die in der Fachliteratur veröffentlicht sind (s. *Schönberger/Mehrtens/Valentin* Arbeitsunfall und Berufskrankheit; *Mehrtens* Handkommentar SGB VII Anlage 12). Dort finden sich z. B. Zeichnungen, bei denen für den Verlust der verschiedenen Gliedmaßen Prozentanteile für den Grad der Minderung angegeben sind.

304 Bei völliger Erwerbsunfähigkeit wird nach § 56 Abs. 3 S. 1 SGB VII eine Vollrente in Höhe von 2/3 des Jahresarbeitsverdienstes (s. §§ 81 ff. SGB VII) geleistet.

An Hinterbliebene wird gemäß § 63 Abs. 1 Nr. 3, § 65 Abs. 1 SGB VII **Witwen- und Witwerrente** und gemäß § 63 Abs. 1 Nr. 3, § 67 Abs. 1 SGB VII **Waisenrente** gezahlt. 305

4. **Anspruchsgegner.** Die gesetzliche Unfallversicherung bezweckte ursprünglich, die Arbeitnehmer vor und bei Arbeitsunfällen zu schützen – **soziales Schutzprinzip** – und die Arbeitgeber von der privatrechtlichen Haftung zu befreien – **Haftungsersetzungsprinzip** (BSG v. 5.5.1998 – B 2 U 9/97 R – juris Rn. 30). Diesen Bereich bezeichnet man als die „echte" Unfallversicherung. Darüber hinaus wurden mit den Jahren Kindergartenkinder, Schüler, Studierende und Personen, die nicht im Rahmen eines Arbeitsverhältnisses, sondern im Allgemeininteresse tätig werden wie z. B. Nothelfer und Blutspender, in die Unfallversicherung einbezogen. Man spricht insofern von der „unechten" Unfallversicherung, die im Grunde keine soziale Vorsorge, sondern soziale Entschädigung darstellt (*Mehrtens* Handkommentar SGB VII § 2 Anm. 4). 306

a) Zuständigkeit für die echte Unfallversicherung. Zuständig für die echte Unfallversicherung sind vor allem die **Berufsgenossenschaften** (s. § 22 Abs. 2 SGB I, § 114 Abs. 1, §§ 121 ff. SGB VII). Zu unterscheiden sind die gewerblichen Berufsgenossenschaften gemäß § 114 Abs. 1 Nr. 1, § 121 SGB VII i. V. m. der Anlage 1 zu § 114 SGB VII und die landwirtschaftliche Berufsgenossenschaft als Teil der Sozialversicherung für Landwirtschaft, Forsten und Gartenbau nach § 114 Abs. 1 Nr. 2, § 123 SGB VII. Die gewerblichen Berufsgenossenschaften sind kraft Gesetzes gebildete und nach Gewerbezweigen gegliederte Pflichtvereinigungen der Unternehmer eines Gewerbezweigs (*Mehrtens* Handkommentar SGB VII § 114 Anm. 3.1). Grundsätzlich kommt für eine Tätigkeit nur eine Berufsgenossenschaft als Versicherungsträger in Betracht (BSG v. 2.4.2009 – B 2 U 20/07 R – Rn. 34; BSG v. 28.5.1957 – 2 RU 150/55). Die **Zuständigkeit** richtet sich nach den §§ 121 ff. SGB VII, wobei es ausschlaggebend auf das Hauptunternehmen und hilfsweise auf den Schwerpunkt der Tätigkeit ankommt, d. h. die Frage, wem die Tätigkeit zumindest überwiegend dient (Bayerisches LSG v. 28.11.2002 – L 3 U 291/00 – juris Rn. 18). Maßgebend für die Zuordnung sind damit Art und Gegenstand der unternehmerischen Betätigung (BSG v. 2.4.2009 – B 2 U 20/07 R – Rn. 34). 307

b) Zuständigkeit für die unechte Unfallversicherung. Für die unechte Unfallversicherung ist die öffentliche Hand zuständig (s. §§ 125 ff. SGB VII). Praktisch relevant ist insbesondere die Unfallversicherung für Schüler und Studierende. Der konkret zuständige Unfallversicherer bemisst sich nach der Trägerschaft für die Bildungseinrichtung (*Triebel* jurisPK-SGB VII § 128 Rn. 16, 308

38, 43): Bei kommunalen Schulen ist es der Unfallversicherer im kommunalen Bereich (§ 129 Abs. 1 Nr. 1 SGB VII), bei Schulen des Landes der Unfallversicherungsträger im Landesbereich (§ 128 Abs. 1 Nr. 1 SGB VII), bei Hochschulen des Landes ebenfalls der Unfallversicherungsträger im Landesbereich (§ 128 Abs. 1 Nr. 1 SGB VII) und bei Hochschulen des Bundes die Unfallkasse des Bundes (§ 125 Abs. 1 Nr. 1 SGB VII). Private und gemeinnützige Kitas, private Schulen und Hochschulen fallen unter die Zuständigkeit des Unfallversicherungsträgers im Landesbereich (§ 128 Abs. 1 Nr. 2, 3 und 4 SGB VII).

309 **5. Finanzierung.** Die **Berufsgenossenschaften** als Unfallversicherungsträger werden durch **Beiträge der Unternehmer** finanziert (§§ 150 ff. SGB VII), d. h. anders als in sonstigen Zweigen der Sozialversicherung werden die Beiträge nicht anteilig von Arbeitgeber und Arbeitnehmer getragen. Dies begründet sich durch das Haftungsersetzungsprinzip (s. Rn. 311 f.). Die Beitragshöhe richtet sich nach dem nach Ablauf des Kalenderjahres gem. § 152 Abs. 1 SGB VII zu ermittelnden Finanzbedarf (dem sog. Umlagesoll), dem Einkommen der Versicherten und ferner dem Grad der Unfallgefahr im Unternehmen – der sog. Gefahrklasse – (§ 153 Abs. 1 SGB VII). Durch die Anknüpfung an die Gefahrklasse soll sich im nach § 167 SGB VII zu zahlenden Beitrag das konkrete Schadensrisiko des jeweils versicherten Unternehmens widerspiegeln (vgl. *Mehrtens* Handkommentar SGB VII § 153 Anm. 2). Die Finanzierung der landwirtschaftlichen Berufsgenossenschaften ist in § 182 Abs. 2 SGB VII geregelt.

310 Die **Unfallversicherungsträger der öffentlichen Hand** finanzieren die Unfallversicherung – also auch im Hinblick auf die „unechte" Unfallversicherung – aus **Beiträgen der „Unternehmen"** (§ 185 Abs. 1, § 150 SGB VII) und aus **Haushaltsmitteln** (s. § 185 Abs. 2 SGB VII), d. h. aus dem Steueraufkommen.

311 **6. Haftungsausschluss und Regress.** Gemäß § 104 SGB VII wird der **Unternehmer** von der Haftpflicht bezüglich eines Personenschadens gegenüber seinen Arbeitnehmern freigestellt. Diese **Freistellung von der Haftung** entspringt der Funktion der gesetzlichen Unfallversicherung als „Haftpflichtversicherung" für den Unternehmer, die er ja auch finanziert, und dient zugleich der Bewahrung des Betriebsfriedens vor einem möglichen Schadensersatzprozess (*Mehrtens* Handkommentar SGB VII, § 104 Anm. 2 f.). Nach zutreffender Auffassung wird auch ein nicht von der Unfallversicherung befriedigter Anspruch auf Schmerzensgeld ausgeschlossen, weil nur so der Betriebsfrieden zu sichern ist (BVerfG v. 27.2.2009 – 1 BvR 3505/08 – juris Rn. 11).

312 Weiterhin sind die **im gleichen Betrieb tätigen Arbeitskollegen** gemäß § 105 SGB VII ebenfalls von der Haftung freigestellt. Der Grund für diese Freistellung liegt wieder in der Sicherung des Betriebsfriedens und in der Tatsache, dass der unfallverursachende Arbeitskollege nach den Grundsätzen der betrieblich veranlassten Tätigkeit unter Umständen einen Freistellungsanspruch gegen den Unternehmer hätte, so dass dieser trotz der „Haftpflichtversicherung“ letztlich den Schaden zahlen müsste (BAG v. 22.4.2004 – 8 AZR 159/03 – juris Rn. 20). Darüber hinaus bilden die Arbeitskollegen eine Funktions- und Gefahrengemeinschaft, so dass jedem Kollegen an dem Haftungsausschluss gelegen ist (*Hollo* jurisPK-SGB VII § 105 Rn. 9).

Schließlich gibt es eine **Freistellung für die Haftung anderer Personen** gem. **313**
§ 106 Abs. 1 SGB VII, z. B. für Schüler, und nach § 106 Abs. 3 SGB VII, z. B. für Versicherte mehrerer Unternehmen auf einer gemeinsamen Betriebsstätte.
Für die Sozialversicherungsträger besteht nach § 110 SGB VII die Möglichkeit, **bei dem Unfallverursacher Regress** zu nehmen, wenn Leistungen wegen eines Unfalles erbracht wurden, der von jemandem, der nach den §§ 104 f. SGB VII von der Haftung freigestellt ist, grob fahrlässig oder vorsätzlich verursacht wurde.

Dieser Anspruch auf Regress ist aufgrund seiner zivilrechtlichen Natur vor der ordentlichen Gerichtsbarkeit geltend zu machen (*Mehrtens* Handkommentar SGB VII § 110 Anm. 2.3).

IV. Pflegeversicherung nach dem SGB XI

1. Versicherteneigenschaft des Anspruchstellers. Aufgabe der Pflegeversicherung nach dem SGB XI ist es, Pflegebedürftigen Hilfe zu leisten, die wegen der Schwere der Pflegebedürftigkeit auf solidarische Unterstützung angewiesen sind (§ 1 Abs. 4 SGB XI). Dabei sollen geschlechts- und kulturbedingte Besonderheiten berücksichtigt werden (§ 1 Abs. 4a SGB XI). Um einen möglichst breiten Schutz vor diesem sozialen Risiko der Pflegebedürftigkeit zu gewährleisten, ist der Kreis der versicherungspflichtigen Personen sehr weit – weiter als bei anderen Sozialversicherungszweigen – gezogen worden. Beispielsweise besteht eine Pflichtversicherung bzw. Versicherungspflicht auch für Personen, die bei einem privaten Krankenversicherungsunternehmen (§ 1 Abs. 2 S. 2, § 23 SGB XI) oder weder gesetzlich noch privat gegen den Krankheitsfall versichert sind (§ 21 SGB XI). Aufgrund dieses breiten versicherungspflichtigen Personen- **314**

kreises spricht man bei der gesetzlichen Pflegeversicherung von einer „**Volksversicherung**“ (BVerfG v. 3.4.2001 – 1 BvR 2014/95 – juris Rn. 80).

315 a) **Versicherungspflicht.** Die Versicherungspflicht in der Pflegeversicherung folgt der Versicherung in der gesetzlichen Krankenversicherung (§ 1 Abs. 2 S. 1, § 20 Abs. 1 S. 1 SGB XI). Dadurch lassen sich Zuständigkeitsstreitigkeiten vermeiden, denn die schwierige Abgrenzung von Krankheit und Pflegebedürftigkeit wird von einer einzigen Organisation vorgenommen und zugleich der Verwaltungsaufwand reduziert (BSG v. 6.11.1997 – 12 RP 2/96 – juris Rn. 12).

316 Für die Versicherungspflicht kann weitestgehend auf die obigen Ausführungen zum SGB V verwiesen werden. Somit gelten aufgrund des Grundsatzes „Pflegeversicherung folgt der Krankenversicherung“ die **Nachrangigkeitsvorschriften** zur Regelung von Versicherungspflichtkonkurrenzen nach § 5 Abs. 6–Abs. 8a SGB V auch bei der gesetzlichen Pflegeversicherung. Zu beachten ist jedoch, dass nach § 20 Abs. 1 S. 1 SGB XI für die Versicherungspflicht in der gesetzlichen Pflegeversicherung nicht eine Eigenschaft i.S.d. §§ 5–10 SGB V an sich, sondern die **Mitgliedschaft** in der gesetzlichen Krankenversicherung gemäß §§ 186 ff. SGB V entscheidend ist.

317 Trotz des demnach vorliegenden weitgehenden Gleichklangs der Versicherungspflichten nach § 5 Abs. 1 SGB V und nach § 20 Abs. 1 SGB XI ist auf folgende **Besonderheiten** hinzuweisen: Nach § 20 Abs. 1 S. 2 Nr. 5 SGB XI sind über die in Einrichtungen der Jugendhilfe Tätigen hinaus auch die Menschen versichert, die in Berufsbildungswerken für behinderte Menschen für eine Erwerbstätigkeit befähigt werden sollen (s. anders § 5 Abs. 1 Nr. 5 SGB V). Über § 5 Abs. 1 Nr. 10 SGB V hinausgehend sind nach § 20 Abs. 1 S. 2 Nr. 10 SGB XI auch Personen, die eine Fachschule oder Berufsfachschule besuchen, pflegeversicherungspflichtig.

318 Praktisch wichtig ist schließlich der „**Missbrauchstatbestand**“ des § 20 Abs. 4 SGB XI. Dieser stellt zum Schutz der Solidargemeinschaft der Versicherten eine widerlegbare Vermutung auf, dass Personen, die mindestens 10 Jahre nicht gesetzlich kranken- oder pflegeversicherungspflichtig waren und dem äußeren Anschein nach eine versicherungspflichtige Beschäftigung – insbesondere bei Familienangehörigen oder Lebenspartnern – oder eine selbstständige Tätigkeit von untergeordneter wirtschaftlicher Bedeutung aufnehmen, tatsächlich keine versicherungspflichtige Tätigkeit ausüben. Eine Tätigkeit von untergeordneter Bedeutung liegt vor, wenn die Höhe der Vergütung der geleisteten Arbeit nicht angemessen ist oder die Hälfte der monatlichen Bezugsgröße nach § 18 SGB IV nicht übersteigt (BT-Drucks. 12/5262, S. 103 f.).

Freiwillige Mitglieder der gesetzlichen Krankenversicherung sind nach § 20 Abs. 3 SGB XI in der sozialen Pflegeversicherung versicherungspflichtig. Auf Antrag ist davon eine **Befreiung** möglich, wenn nachgewiesen wird, dass eine nach Art und Umfang den Leistungen der sozialen Pflegeversicherung gleichwertige private Versicherung für den freiwillig Krankenversicherten und seine familienversicherten Angehörigen und Lebenspartner besteht (§ 22 Abs. 1 SGB XI). Dieser Antrag kann jedoch nur innerhalb einer Frist von drei Monaten nach Beginn der Versicherungspflicht bei der Pflegekasse gestellt werden (§ 22 Abs. 2 S. 1 SGB XI). Die erteilte Befreiung kann nicht widerrufen werden (§ 22 Abs. 2 S. 3 SGB XI). Freiwillig gesetzlich krankenversicherte **Beamte** müssen im Falle ihrer Befreiung von der sozialen Pflegeversicherung eine entsprechend ihrer Beihilfeansprüche anteilige Versicherung abschließen (§ 22 Abs. 1 S. 3 SGB XI). **319**

Nach § 21 SGB XI sind bestimmte **Personen ohne gesetzlichen oder privaten Krankenversicherungsschutz** versicherungspflichtig, z.B. Soldaten auf Zeit. Deren Einbeziehung erfolgte aus sozialpolitischen Gründen. Auch **Abgeordnete** des Bundestages, des Europäischen oder eines der Länder-Parlamente müssen sich nach § 24 SGB XI gegen das Risiko der Pflegebedürftigkeit versichern. **320**

b) Pflichtversicherung für Privatversicherte. Versicherte der privaten Krankenversicherungsunternehmen sind nach § 1 Abs. 2 S. 2, § 23 SGB XI verpflichtet, einen Versicherungsvertrag zur Absicherung des Risikos der Pflegebedürftigkeit abzuschließen. Die Versicherung entsteht mithin nicht wie bei der aus sonstigen Zweigen der gesetzlichen Sozialversicherung bekannten Versicherungspflicht kraft Gesetzes, sondern wie bei der Kfz-Haftpflichtversicherung mit Abschluss des Versicherungsvertrages. Dies sollte man terminologisch berücksichtigen und von **Pflichtversicherung** anstatt von Versicherungspflicht sprechen (auch wenn der Gesetzgeber selbst hier ungenau ist). Nach § 110 Abs. 1 SGB XI besteht ein Zwang zum Abschluss eines Versicherungsvertrages (sog. **Kontrahierungszwang)**, der die private der sozialen Pflegeversicherung – zumindest ein Stück weit – annähert (z. B. durch das Verbot eines Ausschlusses von Vorerkrankungen). Ausnahmsweise gilt die Pflicht zur Versicherung nach § 23 Abs. 5 SGB XI jedoch nicht für Personen, die sich auf nicht absehbare Dauer in stationärer Pflege befinden und bereits Pflegeleistungen – z. B. nach dem BVG – erhalten. **321**

Aus europarechtlichen Gründen besteht gemäß § 23 Abs. 2 SGB XI ein **Wahlrecht**, den Vertrag bei einem anderen Unternehmen als dem privaten Kranken- **322** versicherer abzuschließen (BT-Drs. 12/5853, S. 38). Dieses Wahlrecht ist innerhalb von sechs Monaten nach Eintritt der individuellen Versicherungspflicht auszuüben (§ 23 Abs. 2 S. 2 und 3 SGB XI).

323 **Beamte** sind zum Abschluss einer entsprechenden anteiligen beihilfekonformen Versicherung verpflichtet, d. h., sie müssen sich insoweit versichern, als sie nicht durch ihre Beihilfeansprüche abgesichert sind (§ 23 Abs. 3 SGB XI).

324 Private Pflegeversicherungsverträge können nach § 27 SGB XI **gekündigt** werden, wenn eine Versicherungspflicht nach §§ 20, 21 SGB XI eintritt. Sinn und Zweck dieser Regelung ist die Vermeidung einer Doppelversicherung.

325 **c) Versicherungsberechtigung.** Schließlich ist für Personen, die aus der Versicherungspflicht nach §§ 20 f. SGB XI ausgeschieden sind, zudem während einer bestimmten Vorversicherungszeit pflegeversichert waren und keinen privaten Pflegeversicherungsvertrag abschließen müssen, eine **freiwillige Weiterversicherung** möglich (§ 26 SGB XI).

326 **d) Familienversicherung. Familienangehörige** von Mitgliedern sind nach § 25 SGB XI unter bestimmten Voraussetzungen familienversichert (vgl. Rn. 164). Im Gegensatz zu § 10 SGB V ist auch die Zeit der Ableistung des gesetzlichen Wehr- und Zivildienstes familienversichert (§ 25 Abs. 4 SGB XI). Denn während der Anspruch aus der Krankenversicherung durch die Heilfürsorge ersetzt wird, soll der Versicherungsschutz in der sozialen Pflegeversicherung für die Dauer des Dienstes fortbestehen, z. B. wenn der Wehr- oder Ersatzdienst wegen einer nicht dienstlich bedingten Pflegebedürftigkeit beendet werden muss (BT-Drs. 12/5952, S. 38).

327 **2. Vorliegen des Versicherungsfalles.** Versicherungsfall der Pflegeversicherung ist die **Pflegebedürftigkeit**. Nach § 14 Abs. 1 SGB XI sind pflegebedürftig im Sinne des SGB XI Personen, die **(1)** wegen einer körperlichen, geistigen oder seelischen Krankheit oder Behinderung (s. § 14 Abs. 2 SGB XI) **(2)** für die gewöhnlichen und regelmäßig wiederkehrenden Verrichtungen (s. § 14 Abs. 4 SGB XI: Nr. 1 bis 3 = Grundpflege, Nr. 4 = hauswirtschaftliche Versorgung) **(3)** im Ablauf des täglichen Lebens auf Dauer, voraussichtlich für mindestens sechs Monate, **(4)** in erheblichem oder höherem Maße (§ 15 SGB XI) **(5)** der Hilfe (s. § 14 Abs. 3 SGB XI) bedürfen. An diesem verrichtungsbezogenen Begriff von Pflegebedürftigkeit wird **kritisiert**, dass er allgemeine Betreuung (z.B. Kommunikation und soziale Teilhabe) und Beaufsichtigung bei Menschen mit eingeschränkter Alltagskompetenz wie z.B. Demenzkranken zu wenig berücksichtige (vgl. *Udsching*, Strukturelle Probleme der Pflegeversicherung, in:

Sozialrecht – eine Terra incognita, 2009, S. 87 ff.). Die von einem Expertengremium vorgeschlagene Änderung hin zu einem neuen Pflegebegriff mit fünf Pflegegraden und zur Messung der noch vorhandenen Selbständigkeit bzw. des Unterstützungsbedarfs wird im Jahr 2014 in Pilotprojekten evaluiert, um zur Grundlage eines Gesetzgebungsvorhabens ab 2015 zu sein.

Als **Ursachen der Pflegebedürftigkeit** sind beim aktuell geltenden Begriff der 328
Pflegebedürftigkeit somit alle Bedingungen ausgeschlossen, die nicht in einer Krankheit oder Behinderung wurzeln. Das Vorliegen von Pflegebedürftigkeit knüpft darüber hinaus am verrichtungsbezogenen Hilfebedarf an. Die Bestimmung zählt die gewöhnlichen und regelmäßig wiederkehrenden **Verrichtungen abschließend** auf, die für die Pflegebedürftigkeit berücksichtigungsfähig sind (BSG v. 19.2.1998 – B 3 P 3/97 R –). Die Auswahl und Kategorisierung in § 14 Abs. 4 SGB XI trägt dabei der Tatsache Rechnung, dass nicht alle denkbaren, sondern nur bestimmte Hilfebedarfe eine Leistung der sozialen Pflegeversicherung auslösen können sollen. Dementsprechend ist der in der Praxis vielfach erhebliche sog. **psychosoziale Betreuungsbedarf** im Rahmen des § 14 SGB XI grundsätzlich nicht berücksichtigungsfähig (BSG v. 1.9.2005 – B 3 P 4/04 R –). Gleichwohl besteht in einer vollstationären Einrichtung nach § 43 Abs. 2 S. 1 SGB XI ausnahmsweise die Möglichkeit der Erbringung psychosozialer Pflege, die bei der Pflegekasse abrechnungsfähig ist (s. auch § 43a SGB XI für Einrichtungen der Behindertenhilfe). Zudem sehen § 45a und § 45b SGB XI bei einem erheblichen allgemeinen Betreuungsbedarf aufgrund einer Einschränkung des Zurechtfindens im Alltag, z. B. bei einer Weglauftendenz von zu Hause oder bei einer Störung des Tag-/Nacht-Rhythmus, die Möglichkeit der Inanspruchnahme zusätzlicher Betreuungsleistungen vor. Bei einer solchen erheblich eingeschränkten Alltagskompetenz gibt es sogar für Versicherte ohne zuerkannte Pflegestufe (sog. Pflegestufe 0) Leistungen (§ 123 SGB XI).

Die erforderliche **Beständigkeit der Hilfebedürftigkeit** von voraussichtlich min- 329
destens sechs Monaten ist nicht allein deshalb zu verneinen, weil der Hilfebedürftige wahrscheinlich nicht einmal mehr sechs Monate leben wird (BSG v. 19.2.1998 – B 3 P 7/97 R – juris Rn. 23). Falls sich die Prognose der Beständigkeit über sechs Monate hinaus im Nachhinein als falsch erweist, führt dies nicht zu einem rückwirkenden Fortfall der einmal getroffenen Entscheidung; die Pflegebedürftigkeit ist dann lediglich für die Zukunft abzulehnen (BSG v. 17.3.2005 – B 3 P 2/04 R – juris Rn. 15).

330 Bezüglich des **Maßes der Pflegebedürftigkeit** sieht § 15 SGB XI eine **Dreistufigkeit** vor:

Stufe I:	erhebliche Pflegebedürftigkeit (min. 90 Minuten, davon mehr als 45 Minuten für Grundpflege)
Stufe II:	Schwerpflegebedürftigkeit (min. 3 Stunden, davon mehr als 2 Stunden für Grundpflege)
Stufe III:	Schwerstpflegebedürftigkeit (min. 5 Stunden, davon mehr als 4 Stunden für Grundpflege).

Darüber hinaus hat sich im allgemeinen Sprachgebrauch der nicht vom Gesetz verwendete Terminus „**Pflegestufe 0**" für Versicherte eingebürgert, die einen Anspruch auf zusätzliche Betreuungsleistungen bei erheblichem allgemeinen Bedarf nach §§ 45a, 45b SGB XI haben, ohne bereits die Voraussetzungen einer gesetzlichen Pflegestufe zu erfüllen.

331 Die Begutachtung des Vorliegens der Voraussetzungen der Pflegebedürftigkeit und die Zuordnung zu den einzelnen Pflegestufen erfolgt gemäß § 18 Abs. 1 S. 1 SGB XI i.d.R. durch den **Medizinischen Dienst der Krankenversicherung** (MDK, §§ 275 ff. SGB V). Die Aufgaben des Medizinischen Dienstes werden durch Ärzte in enger Zusammenarbeit mit Pflegefachkräften und anderen geeigneten Fachkräften wahrgenommen (§ 18 Abs. 7 S. 1 SGB XI). Bei Kindern kommt es für die Zuordnung auf den zusätzlichen Hilfebedarf gegenüber einem gesunden gleichaltrigen Kind an (§ 15 Abs. 2 SGB XI; s. BSG v. 15.2.2012 – B 3 P 1/11 R – Rn. 11).

☞ Ein angreifbarer Verwaltungsakt erfordert Rechtswirkung nach außen und ist daher noch nicht beim MDK-Gutachten, sondern erst bei der Entscheidung der Pflegekasse über die Pflegebedürftigkeit gegeben.

332 Der Spitzenverband Bund der Pflegekassen hat unter Beteiligung des Medizinischen Dienstes des Spitzenverbands Bund der Krankenkassen im Interesse einer einheitlichen Rechtsanwendung nach § 17 Abs. 1 S. 1 SGB XI die sog. **Pflegebedürftigkeits-Richtlinien** erlassen, die sich sowohl zu den Merkmalen des § 14 SGB XI als auch zu den Pflegestufen nach § 15 SGB XI und dem Verfahren der Feststellung der Pflegebedürftigkeit verhalten. Weitere in diesem Zusammenhang relevante Verwaltungsvorschriften sind die „Richtlinien des GKV-Spitzenverbands [als Spitzenverband Bund der Pflegekassen] zur Begutachtung von Pflegebedürftigkeit nach dem XI. Buch des Sozialgesetzbuches" gemäß §§ 17, 53a S. 1 Nr. 2 SGB XI (sog. **Begutachtungs-Richtlinien**) und die **Richtlinie zur Feststellung von Personen mit erheblich eingeschränkter Alltags-**

kompetenz und zur Bewertung des Hilfebedarfs nach §§ 45a Abs. 2 S. 3, 45b Abs. 1 S. 4, 53a S. 1 Nr. 2 SGB XI (alle erhältlich unter: www.gkv-spitzenverband.de). Die Begutachtungs-Richtlinien zielen auf bundesweit einheitliche Maßstäbe für die Begutachtung ab und erläutern dazu die Begutachtungskriterien und das -verfahren.

3. Voraussetzungen des Leistungsfalles. Weitere Voraussetzung für eine Leistung ist das Vorliegen eines Leistungsfalles. Das Erste Kapitel des SGB XI (§§ 1–13 SGB XI) enthält dazu einige **allgemeine Regeln von grundlegender Bedeutung**. Nach dem **Grundsatz der Selbstbestimmung** sollen die Pflegebedürftigen trotz ihrer Hilfebedürftigkeit ein möglichst selbstständiges und selbstbestimmtes Leben führen (§ 2 SGB XI). Daher sieht § 2 Abs. 2 SGB XI eine prinzipielle Wahlmöglichkeit der Pflegebedürftigen zwischen verschiedenen vorhandenen Leistungsanbietern vor und ihren angemessenen Wünschen zur Leistungsgestaltung soll entsprochen werden. **333**

Ferner gilt der **Grundsatz des Vorranges der häuslichen Pflege vor teil- bzw. vollstationärer Pflege** (§ 3 SGB XI). Dementsprechend soll die Pflegeversicherung die Pflegebereitschaft der Angehörigen und Nachbarn mit ihren Leistungen (s. §§ 36 ff. SGB XI, z. B. Leistungen zur sozialen Sicherung der Pflegepersonen nach § 44 SGB XI) unterstützen (LSG Niedersachsen v. 18.4.2000 – L 3 P 1 /00 – juris Rn. 16). Dieser Vorrang der häuslichen Pflege gründet sich auf einen in der Bevölkerung weit verbreiteten Wunsch, möglichst lange im eigenen Zuhause zu leben, und die Tatsache, dass eine stationäre gegenüber der häuslichen Pflege die deutlich kostenintensivere Variante ist (BT-Drs. 12/5262, S. 90). **334**

Das Leistungsrecht der sozialen Pflegeversicherung wird geprägt vom **Natural- oder Sachleistungsprinzip** (§ 4 Abs. 1 S. 1 SGB XI). Auch das Pflegegeld für selbst beschaffte Pflege ist nur ein Surrogat für eine Sachleistung, wie der Wortlaut von § 37 Abs. 1 SGB XI „... anstelle der häuslichen Pflegehilfe ...“ zeigt (BSG v. 6.2.1997 – 3 RK 8/96 – juris Rn. 13). Ausnahmsweise ist gemäß § 91 Abs. 2, § 4 Abs. 1 S. 1 SGB XI aber auch eine **Kostenerstattung** möglich, wenn der Pflegebedürftige Leistungen einer zugelassenen Pflegeeinrichtung erhalten hat, mit der die Pflegekasse keine vertragliche Vereinbarung getroffen hatte. Ferner gibt es anstatt der Sachleistung für die „Privatversicherten“ naturgemäß immer eine der Höhe nach gleiche Kostenerstattung (§ 23 Abs. 1 S. 3 SGB XI). **335**

Ein weiterer Grundsatz ist der **Vorrang von Prävention und medizinischer Rehabilitation** (§ 5 SGB XI). Dieser bewirkt, dass Leistungsträger im Rahmen **336** ihres Leistungsrechts sogar nach Eintritt der Pflegebedürftigkeit die Leistungen zur medizinischen Rehabilitation und ergänzende Leistungen in vollem Umfang einzusetzen und darauf hinzuwirken haben, die Pflegebedürftigkeit zu überwinden, zu mindern sowie eine Verschlimmerung zu verhindern (§ 5 Abs. 2 SGB XI, § 11 Abs. 2 S. 1 SGB V). Vorrangiger Leistungsträger sind diesbezüglich zwar vor allem die Krankenkassen. „Aktivierende Pflege“ nach Eintritt von Pflegebedürftigkeit ist aber eine Aufgabe der Pflegekassen (§ 11 Abs. 2 S. 2 SGB V).

337 In § 13 SGB XI ist schließlich das **Verhältnis der Leistungen der Pflegeversicherung zu den Leistungen anderer Sozialleistungsträger** geregelt. **Vorrangig** vor den Leistungen der Pflegeversicherung **sind Entschädigungsleistungen** wegen Pflegebedürftigkeit nach dem Bundesversorgungsgesetz (BVG) und nach Gesetzen, die eine entsprechende Anwendung des BVG vorsehen, aus der gesetzlichen Unfallversicherung und aus öffentlichen Kassen auf Grund gesetzlich geregelter Unfallversorgung oder Unfallfürsorge (§ 13 Abs. 1 SGB XI). **Nachrangig** gegenüber den Leistungen der Pflegeversicherung **sind Fürsorgeleistungen** zur Pflege nach dem Zwölften Sozialgesetzbuch, Lastenausgleichsgesetz, Reparationsschädengesetz, Flüchtlingsgesetz, BVG (Kriegsopferfürsorge) und nach Gesetzen, die eine entsprechende Anwendung des BVG vorsehen (§ 13 Abs. 3 S. 1 SGB XI). Die Leistungen der **häuslichen Krankenpflege nach § 37 SGB V** bleiben unberührt (§ 13 Abs. 2 SGB XI).

338 Für die Prüfung der speziellen Voraussetzungen eines konkreten Leistungsfalles kann man sich an folgendem Schema orientieren:

a) Antragstellung nach § 33 Abs. 1 SGB XI
b) Erfüllung von Vorversicherungszeiten (§ 33 Abs. 2 SGB XI)
c) Besondere Voraussetzungen der jeweiligen Leistung
d) Wahrung des Wirtschaftlichkeitsgebot (§ 29 SGB XI)
e) Kein Ruhen / Erlöschen der Leistungsansprüche (§ 34, § 35 SGB XI)

339 a) **Antrag.** Erforderlich für den Bezug von Pflegeleistungen ist zunächst die Stellung eines Antrages nach § 33 Abs. 1 SGB XI. Dieser Antrag begründet also gleichsam den Anspruch, d. h. er wirkt konstitutiv. Nur wenn der Antrag nicht später als einen Monat nach Eintritt der Pflegebedürftigkeit gestellt wird, erhält der Pflegebedürftige ab Eintritt der Pflegebedürftigkeit Leistungen. Anderenfalls werden die Leistungen vom Beginn des Monats der Antragstellung an gewährt (§ 33 Abs. 1 S. 3 SGB XI). Der Antrag muss noch zu Lebzeiten des Pflegebedürftigen gestellt werden, damit die Ansprüche nicht nach § 59 S. 1

und 2 SGB I erlöschen (Bayerisches LSG v. 23.1.2013 – L 2 P 61/12 – juris Rn. 17).

b) Erfüllung von Vorversicherungszeiten. Darüber hinaus muss eine gewisse 340
Vorversicherungszeit eingehalten worden sein (§ 33 Abs. 2 SGB XI). Ab dem 1.7.2008 muss der Pflegebedürftige in den letzten zehn Jahren vor Antragstellung mindestens zwei Jahre als Mitglied versichert oder nach § 25 SGB XI familienversichert gewesen sein (§ 33 Abs. 2 S. 1 Nr. 6 SGB XI). Diese Vorversicherungszeit ist Ausdruck des Versicherungsprinzips, d. h. zur Vermeidung einer Überforderung der Solidargemeinschaft soll niemand Leistungen erhalten, der nicht vorher auch mit Beiträgen die Gemeinschaft unterstützt hat (BSG v. 19.4.2007 – B 3 P 1/06 R –).

c) Leistungen der Pflegeversicherung. Eine Übersicht über die **Leistungsarten** 341
der Pflegeversicherung enthalten § 21a SGB I, § 28 Abs. 1 SGB XI (vgl. zu den Leistungen auch das Gemeinsame Rundschreiben der Spitzenverbände der Pflegekassen zu den leistungsrechtlichen Vorschriften v. 17.4.2013). Demnach kann man unterscheiden zwischen **(1)** Leistungen bei häuslicher Pflege, **(2)** teilstationäre Pflege und Kurzzeitpflege, **(3)** Leistungen für Pflegepersonen sowie **(4)** vollstationäre Pflege. Zu beachten ist, dass die § 21a SGB I, § 28 Abs. 1 SGB XI keine Ansprüche normieren. Anspruchsgrundlagen finden sich vielmehr in den §§ 36 ff. SGB XI.

aa) Leistungen bei häuslicher Pflege. Als Leistungen bei häuslicher Pflege kom- 342
men in Betracht: **(a)** Pflegesachleistung (§ 36 SGB XI), **(b)** Pflegegeld für selbst beschaffte Pflegehilfen (§ 37 SGB XI), **(c)** Kombinationsleistung (§ 38 SGB XI), **(d)** Zusätzliche Leistungen für Pflegebedürftige in ambulant betreuten Wohngruppen (§ 38a SGB XI), **(e)** Häusliche Pflege bei Verhinderung der Pflegeperson (§ 39 SGB XI) sowie **(f)** Pflegehilfsmittel und wohnumfeldverbessernde Maßnahmen (§ 40 SGB XI).

Die **Pflegesachleistung** (= häusliche Pflegehilfe) erfordert nach § 36 Abs. 1 S. 1 343
und 2 SGB XI, dass der Pflegebedürftige in seinem Haushalt oder in einem anderen Haushalt – z. B. in einer Wohngemeinschaft für behinderte Menschen – gepflegt wird. Nicht möglich ist demgegenüber die Erbringung der häuslichen Pflegehilfe in einer stationären Pflegeeinrichtung (§ 36 Abs. 1 S. 2 SGB XI). Die häusliche Pflegehilfe beinhaltet Grundpflege und hauswirtschaftliche Versorgung durch i. S. v. § 36 Abs. 1 S. 3 und 4 SGB XI geeignete Pflegekräfte (§ 36 Abs. 1 S. 1 SGB XI). Sie umfasst Hilfeleistungen bei den in § 14 SGB XI genannten Verrichtungen (§ 36 Abs. 2 SGB XI), also beispielsweise Hilfe bei der Ernährung oder der Körperpflege. Der Anspruch beläuft sich auf Pflegeeinsätze

mit einem monatlichen Gesamtwert von bis zu (§ 36 Abs. 3 SGB X; Anstieg in 2015 um 4% beabsichtigt):

	Pflegestufe I	Pflegestufe II	Pflegestufe III
ab 1.1.2012	450, 00 €	1.100, 00 €	1.550, 00 €

344 Bei einem außergewöhnlich hohen Pflegeaufwand in besonders gelagerten Einzelfällen können Pflegebedürftigen der Pflegestufe III zur Vermeidung unbilliger **Härten** Pflegeeinsätze bis zu einem Gesamtwert von 1.918, 00 € gewährt werden (§ 36 Abs. 4 SGB XI). Die Entscheidung über das Vorliegen eines Härtefalls wird determiniert durch die sog. Härtefallrichtlinien des Spitzenverbands Bund der Pflegekassen nach § 17 Abs. 1 S. 3 SGB XI (vgl. www.gkv-spitzenverband.de).

345 Das **Pflegegeld** für selbst beschaffte Pflegehilfen nach § 37 Abs. 1 S. 1 SGB XI ersetzt die eigentliche Pflegesachleistung, so dass es sich hierbei um ein **Sachleistungssurrogat** handelt (BSG v. 6.2.1997 – 3 RK 8/96 – juris Rn. 13). Die geringere Höhe gegenüber der Pflegesachleistung ist verfassungsgemäß (BVerfG v. 26.03.2014 – 1 BvR 1133/12 –). Gemäß § 13 Abs. 5 SGB XI bleibt es als Einkommen bei Sozialleistungen, deren Gewährung von anderem Einkommen abhängig ist, unberücksichtigt (Bayerisches LSG v. 18.1.2011 – L 8 SO 25/10 – juris Rn. 71). Der Anspruch auf Pflegegeld setzt voraus, dass dieses eigens beantragt wird und der Pflegebedürftige die Pflege in geeigneter Weise durch den Einsatz von einer oder mehreren Pflegepersonen selbst sicherstellt (§ 37 Abs. 1 S. 1 und 2 SGB XI). Dazu kann der Pflegebedürftige von dem Pflegegeld eine berufliche Pflegekraft bezahlen oder den Einsatz ehrenamtlich Pflegender – z. B. von Angehörigen oder Nachbarn – finanziell würdigen.

346 Die Höhe des Pflegegeldes orientiert sich am Grad der Pflegestufe und ist § 37 Abs. 1 S. 3 SGB XI zu entnehmen (Anstieg in 2015 um 4% beabsichtigt):

	Pflegestufe I	Pflegestufe II	Pflegestufe III
ab 1.1.2012	235, 00 €	440, 00 €	700, 00 €

347 Um zu gewährleisten, dass der pflegebedürftige Pflegegeldbezieher zu Hause geeignet versorgt und das Pflegegeld sachdienlich verwendet wird, ist er nach § 37 Abs. 3 SGB XI verpflichtet, in gewissen Abständen (halb- bzw. vierteljährlich) einen Pflegeeinsatz durch eine zugelassene Pflegeeinrichtung bzw. durch eine beauftragte Pflegefachkraft auf Kosten der Pflegekasse abzurufen.

348 Für die Gewährung der **Kombinationsleistung** nach § 38 SGB XI aus der Pflegesachleistung (§ 36 SGB XI) und dem Bezug von Pflegegeld (§ 37 SGB XI) ist erforderlich, dass die gesetzlichen Voraussetzungen für den Bezug beider Leistung vorliegen. Wird die Kombinationsleistung beantragt, so wird das Pflegegeld nach § 38 S. 2 SGB XI insoweit prozentual vermindert gezahlt, als der Pflegebedürftige prozentual Sachleistungen im Verhältnis zum maximalen Sachleistungsbetrag in Anspruch genommen hat (Beispiel: Pflegebedürftiger Stufe 1 nimmt 270 von 450 Euro für Sachleistungen in Anspruch, also 60 %; vom Pflegegeld von max. 235 Euro kann er dann noch 40% beanspruchen, also 94 Euro, s. BT-Drs. 12/5262, S. 113 zu § 34). An die Entscheidung, in welchem Verhältnis er die Sach- und Geldleistung in Anspruch nehmen will, ist der Pflegebedürftige für die Dauer von sechs Monaten gebunden (§ 38 S. 3 SGB XI).

Nach § 39 SGB XI übernimmt die Pflegekasse die Kosten für eine notwendige **349** **Ersatzpflege** für längstens vier Wochen und bis zu 1.550 Euro im Kalenderjahr, wenn eine Pflegeperson wegen Erholungsurlaubs, Krankheit oder aus anderen Gründen an der Pflege gehindert ist. Weitere Voraussetzung hierfür ist jedoch, dass die Pflegeperson den Pflegebedürftigen vor der erstmaligen Verhinderung mindestens sechs Monate in seiner häuslichen Umgebung gepflegt hat (§ 39 S. 2 SGB XI). Pflegebedürftige und Leistungen nach §§ 36-38 SGB XI beziehende Personen erhalten einen pauschalen Zuschlag von 200 Euro, wenn sie in einer ambulant betreuten Wohngruppe in gemeinsamer Wohnung mit i.d.R. mind. 3 Pflegebedürftigen leben und in der Wohngruppe eine Pflegekraft tätig ist (sog. **Wohngruppenzuschlag**, § 38a SGB XI; s. auch zur Anschubfinanzierung solcher Wohngruppen: § 45e SGB XI). Damit wird diese besondere ambulante Versorgungsform gestärkt und der Tatsache Rechnung getragen, dass hier besondere Aufwendungen entstehen (vgl. BT-Drs. 17/9369, S. 40 f. zu Nummer 13 § 38a).

Des Weiteren haben Pflegebedürftige im Rahmen der häuslichen Pflege einen **350** Anspruch auf **Versorgung mit Pflegehilfsmitteln** (§ 40 Abs. 1 SGB XI). Der Spitzenverband Bund der Pflegekassen hat als Anlage zu dem Hilfsmittelverzeichnis nach § 139 SGB V ein Pflegehilfsmittelverzeichnis erstellt und mit den Leistungserbringern und ihren Verbänden Verträge über die Versorgung mit Pflegehilfsmitteln geschlossen (§ 78 Abs. 2, Abs. 1 S. 1 SGB XI). Das Pflegehilfsmittelverzeichnis ist damit praktisch wichtig als Entscheidungs- und Auslegungshilfe für die Pflegekassen, ist aber keine abschließende Positivliste zulässiger Hilfsmittel (BSG v. 22.4.2009 – B 3 KR 11/07 R – juris Rn. 16). Bezüglich der zum Verbrauch bestimmten Hilfsmittel ist der Anspruch auf 31 Euro im Monat begrenzt (§ 40 Abs. 2 S. 1 SGB XI).

351 **Beispiele für Pflegehilfsmittel** sind Desinfektionsmittel, Einmalhandschuhe, Rollstuhl, Windeln, Körperpflegeartikel. Nicht umfasst sind demgegenüber Gebrauchsgegenstände des täglichen Lebens, also solche Dinge, die zum Lebensbedarf oder den Kosten der normalen Lebenshaltung gehören wie ein beheizbarer und elektrisch verstellbarer Sessel (BSG v. 22.8.2001 – B 3 P 13/00 R – juris Rn. 16).

352 Außerdem können die Pflegekassen als Ermessensleistung und subsidiär finanzielle Zuschüsse für **wohnumfeldverbessernde Maßnahmen** gewähren (§ 40 Abs. 4 SGB XI). Voraussetzung für solche Maßnahmen ist, dass diese *erstens* die häusliche Pflege ermöglichen bzw. erheblich erleichtern oder eine selbstständige Lebensführung des Pflegebedürftigen wiederherstellen (§ 40 Abs. 4 SGB XI) und *zweitens* räumlich dem individuellen Wohnumfeld des Pflegebedürftigen zuzurechnen sind (BSG v. 17.7.2008 – B 3 P 12/07 R – juris Rn. 9). Der Zuschuss für eine einzelne Maßnahmen zur Verbesserung des individuellen Wohnumfeldes des Pflegebedürftigen ist begrenzt auf 2.557 Euro (§ 40 Abs. 4 S. 2 SGB XI).

353 **Beispiele für wohnumfeldverbessernde Maßnahmen:**
Einbau eines Treppenlifters oder der rollstuhlgerechte Umbau des Bades.

354 **bb) Leistungen bei teilstationärer Pflege und Kurzzeitpflege. Teilstationäre Pflege** wird nach § 41 SGB XI in Einrichtungen der **Tages- und Nachtpflege** geleistet, wenn häusliche Pflege nicht in ausreichendem Umfang sichergestellt werden kann. Beispiele für mangelnde Sicherstellung der häuslichen Pflege sind vorübergehende Verschlimmerung der Pflegebedürftigkeit, Ermöglichen einer (Teilzeit-)Tätigkeit einer Pflegeperson oder ihre teilweise Entlastung (BT-Drs. 12/5262, S. 114). Die teilstationäre Pflege umfasst auch die notwendige **Beförderung** des Pflegebedürftigen von der Wohnung zur Einrichtung der Tages- oder der Nachtpflege und zurück (§ 41 Abs. 1 S. 2 SGB XI).

355 Pflegebedürftige haben gemäß § 42 SGB XI Anspruch auf **Kurzzeitpflege** in einer stationären Einrichtung, wenn die häusliche Pflege zeitweise nicht, noch nicht oder nicht in erforderlichem Umfang erbracht werden kann und auch teilstationäre Pflege nicht ausreicht. Die Kurzzeitpflege ist also **subsidiär zur häuslichen und teilstationären Pflege** (§ 42 Abs. 1 S. 1 SGB XI). Sie kann im Anschluss an eine stationäre Behandlung des Pflegebedürftigen oder in sonstigen Krisensituationen erbracht werden (§ 42 Abs. 1 S. 2 SGB XI). Zudem ist sie auf vier Wochen pro Kalenderjahr beschränkt (§ 42 Abs. 2 S. 1 SGB XI).

cc) Leistungen für Pflegepersonen. Das SGB XI sieht auch Leistungen für Pflegepersonen vor, obwohl diese als solche nicht Versicherte der Pflegeversicherung sind. **Pflegepersonen** sind nach § 19 S. 1 SGB XI Personen, die nicht erwerbsmäßig einen Pflegebedürftigen in seiner häuslichen Umgebung pflegen wie z. B. Familienangehörige, Nachbarn, Freunde, ehrenamtliche Pfleger. Hierzu zählen jedoch nicht Zivildienstleistende und junge Menschen im freiwilligen sozialen Jahr (BT-Drs. 12/5262, S. 101). **356**

Die Leistungen für Pflegepersonen umfassen zum einen Leistungen zur sozialen Sicherung der Pflegepersonen (§ 44 SGB XI) sowie zusätzliche soziale Leistungen bei Pflegezeit (§ 44a SGB XI) und zum anderen Pflegekurse für Angehörige und ehrenamtliche Pflegepersonen (§ 45 SGB XI). **357**

Unter die **Leistungen zur sozialen Sicherung der Pflegepersonen** fallen die Altersversorgung (s. § 44 Abs. 1 S. 1 SGB XI i. V. m. § 3 S. 1 Nr. 1a SGB VI), der Unfallversicherungsschutz (s. § 44 Abs. 1 S. 6 SGB XI i. V. m. § 2 Abs. 1 Nr. 17 SGB VII) und die Erleichterung des Wiedereinstieges in die Berufstätigkeit nach der Pflegetätigkeit entsprechend des Arbeitsförderungsrechts (s. § 44 Abs. 1 S. 7 SGB XI). Erforderlich für die Leistungen zur sozialen Sicherung ist, dass die jeweilige Person **(1)** als Pflegeperson einen Pflegebedürftigen in seiner häuslichen Umgebung betreut, **(2)** der Pflegeaufwand mindestens 14 Stunden wöchentlich beträgt und **(3)** die Pflegeperson regelmäßig nicht mehr als 30 Stunden wöchentlich erwerbstätig ist (§ 44 Abs. 1 S. 1, § 19 SGB XI). Bei der Bestimmung des Mindest-Pflegeaufwands von 14 Stunden wöchentlich sind nur der Zeitaufwand für Grundpflege und hauswirtschaftliche Versorgung nach § 14 Abs. 4 SGB XI zu berücksichtigen (BSG v. 5.5.2010 – B 12 R 6/09 R – Rn. 13). Die Bestimmung des § 44 SGB XI sichert insbesondere denjenigen Personen ihre Alterssicherung, die bei der Aufnahme der Pflege ihre eigene Erwerbstätigkeit ganz bzw. teilweise aufgeben oder gar nicht erst aufnehmen (BT-Drs. 12/5262, S. 116). Dabei stellt § 44 Abs. 1 SGB XI aber keine Rechtsgrundlage für Ansprüche aus der Sozialversicherung dar. Die Norm hat lediglich die Funktion einer sog. Einweisungsvorschrift, d. h. rechtlich maßgeblich sind die spezielleren Vorschriften der jeweiligen Sozialversicherungszweige (z. B. § 2 Abs. 1 Nr. 17, § 106 Abs. 2 SGB VII). Wer nach dem Pflegezeitgesetz von der Arbeitsleistung (teilweise) freigestellt ist, weil er einen pflegebedürftigen Angehörigen pflegt (s. § 3 Abs. 1 PflegeZG), kann Zuschüsse zur freiwilligen Kranken- und Pflegeversicherung erhalten (§ 44a Abs. 1 SGB XI) und ist ggf. nach dem SGB III versichert (§ 44a Abs. 2 SGB XI i.V.m. § 26 Abs. 2b SGB III). **358**

359 Pflegepersonen sind als solche mangels Beschäftigungsverhältnis nicht nach § 5 Abs. 1 Nr. 1 SGB V krankenversichert; sie können allenfalls aus anderen Gründen – z. B. durch eine Familienversicherung – in den Schutz der gesetzlichen Krankenversicherung gelangen.

360 Des Weiteren besteht für Pflegepersonen und für sonstige an einer ehrenamtlichen Pflegetätigkeit interessierte Personen nach § 45 SGB XI die Möglichkeit, unentgeltlich an **Pflegekursen** teilzunehmen. Dies soll vor allem eine qualitativ ordentliche Pflege sicherstellen (BT-Drs. 12/5262, S. 101).

361 **dd) Leistungen bei vollstationärer Pflege und Leistungen bei Pflege in vollstationären Einrichtungen der Hilfe für behinderte Menschen. Vollstationäre Pflege** wird nach § 43 SGB XI wegen des Vorrangs häuslicher Pflege nur subsidiär gewährt, also dann, wenn häusliche oder teilstationäre Pflege nicht möglich ist oder wegen der Besonderheit des Einzelfalls nicht in Betracht kommt (§ 43 Abs. 1 SGB XI). Die Pflegekasse übernimmt im Rahmen der vollstationären Pflege die pflegebedingten Aufwendungen, die Aufwendungen der sozialen Betreuung und die Leistungen der medizinischen Behandlungspflege. Nicht erfasst werden die Aufwendungen für Unterkunft und Verpflegung sowie Zusatzleistungen nach § 88 SGB XI, weil diese auch von dem zu Hause zu Pflegenden selbst getragen werden müssen (BT-Drs. 12/5262, S. 115). Die Pflegekasse gewährt pauschale Leistungsbeträge für die Aufwendungen in folgender Höhe (Anstieg in 2015 um 4% beabsichtigt):

	Pflegestufe I	**Pflegestufe II**	**Pflegestufe III**	**Pflegestufe III als Härtefall**
ab 1.1.2012	1.023, 00 €	1.279, 00 €	1.550, 00 €	1.918, 00 €

362 Für **Pflegebedürftige in Behinderteneinrichtungen**, die nach § 71 Abs. 4 SGB XI nicht als Pflegeeinrichtungen i. S. d. SGB XI gelten, werden nach § 43a SGB XI die pflegebedingten Aufwendungen durch die Pflegekasse pauschal abgegolten, und zwar in Höhe von 10 % des Heimentgelts, höchstens jedoch in Höhe von 256 Euro. Für eine Inanspruchnahme der Leistung nach § 43a SGB XI genügt es, wenn die Voraussetzungen der Pflegestufe I vorliegen (§ 15 Abs. 1 S. 2 SGB XI).

363 **d) Wirtschaftlichkeitsgebot.** Der **Grundsatz der Wirtschaftlichkeit** ist in § 29 SGB XI normiert. Danach müssen die Leistungen der sozialen Pflegeversicherung wirksam und wirtschaftlich sein und dürfen das Maß des Notwendigen nicht übersteigen. Anders als bei der gesetzlichen Krankenversicherung (s. Rn. 193) gilt bei der sozialen Pflegeversicherung also nicht das Gebot der

ausreichenden Leistungsgewährung als Untergrenze, weil ihre Leistungen betragsmäßig gedeckelt sind (BT-Drs. 12/5262, S. 108).

e) **Ruhen der Leistungsansprüche.** Das Ruhen der Leistungsansprüche regelt § 34 SGB XI. Dieser sieht drei Ruhenstatbestände vor: **(1)** bei einem Auslandsaufenthalt mit einer Dauer von mehr als sechs Wochen im Kalenderjahr (§ 34 Abs. 1 Nr. 1 SGB XI; mit Ausnahme des EU-Auslands, § 34 Abs. 1a SGB XI), **(2)** beim Bezug von Entschädigungsleistungen wegen Pflegebedürftigkeit aus anderen Gesetzen wie z. B. nach § 35 BVG (§ 34 Abs. 1 Nr. 2 SGB XI) und **(3)** hinsichtlich der Leistungen häuslicher Pflege, soweit bei einem Anspruch auf häusliche Krankenpflege gemäß § 37 SGB V auch die Grundpflege und hauswirtschaftliche Versorgung abgedeckt werden (§ 34 Abs. 2 SGB XI). Ein Leistungstransfer ins Ausland ist über den Wortlaut der Norm hinaus auch dann möglich, wenn über- und zwischenstaatliche Regelungen dies vorsehen (BT-Drs. 12/5262, S. 110). Pflegegeld wird auch während der ersten vier Wochen eines stationären Krankenhausaufenthalts weiter gezahlt (§ 34 Abs. 2 S. 2 SGB XI). **364**

f) **Erlöschen der Leistungsansprüche.** Leistungsansprüche erlöschen nach § 35 SGB XI grundsätzlich mit dem **Ende der Mitgliedschaft**. **365**

4. **Verhältnis der Pflegekassen zu Leistungserbringern.** Das **Recht der Leistungserbringer** ist geregelt in den §§ 69 ff. SGB XI. Nach § 69 S. 1 SGB XI wird den Pflegekassen ausdrücklich der Auftrag zur Sicherstellung der pflegerischen Versorgung der Versicherten erteilt. Zur Erfüllung des Auftrags bedienen sich die Kassen einzelner Pflegeeinrichtungen. Der Pflegebedürftige hat also einen Anspruch auf pflegerische Versorgung gegen seine Pflegekasse, der durch zugelassene Pflegeeinrichtungen erfüllt wird. Die Leistung der Pflegeeinrichtung wird dann durch die Pflegekasse vergütet (§ 72 Abs. 4 S. 3 SGB XI). **366**

Die Pflegeeinrichtungen erhalten durch den Abschluss eines **Versorgungsvertrags** die Zulassung und den Versorgungsauftrag zur Erbringung der konkreten Pflegeleistungen (§ 72 Abs. 1 SGB XI). Der Versorgungsvertrag wird zwischen dem Träger der Pflegeeinrichtung (bzw. einer vertretungsberechtigten Vereinigung gleicher Träger) und den Landesverbänden der Pflegekassen geschlossen (§ 72 Abs. 2 S. 1 SGB XI). Auf den Abschluss eines Versorgungsvertrages besteht bei Vorliegen der gesetzlichen Voraussetzungen ein Anspruch (§ 72 Abs. 3 S. 1, 2. Halbsatz SGB XI). **367**

Die Ablehnung des Angebots auf Abschluss eines Versorgungsvertrags ist nach vorzugswürdiger Auffassung, wie der Umkehrschluss zu § 73 Abs. 2 S. 2 SGB XI belegt, ein belastender Verwaltungsakt, der mit einer kombinierten Anfechtungs- und Leistungsklage anzugreifen ist (BSG v. 12.6.2008 – B 3 P 2/07 R – Rn. 12; BSG v. 6.8.1998 – B 3 P 8/97 R – juris Rn. 12; Thüringer LSG v. 25.10.2000 – L 6 P 129/97 – juris Rn. 41).

368 Bei ambulanten Pflegediensten ist in den Versorgungsverträgen der Einzugsbereich festzulegen, in dem die Leistungen zu erbringen sind (§ 72 Abs. 3 S. 3 SGB XI). Damit ist die BSG-Rechtsprechung zur vormaligen Gesetzesfassung überholt, die aus der Zulassung in einem Bundesland das Recht ableitete, Pflegebedürftige aus allen Teilen der Bundesrepublik zu Lasten der sozialen Pflegeversicherung zu versorgen (Sächsisches LSG v. 18.10.2013 – L 8 SO 35/13 B ER – juris Rn. 15 entgegen BSG v. 24.5.2006 – B 3 P 1/05 R –).

369 Der Inhalt der Versorgungsverträge zwischen Pflegekasse und Pflegeeinrichtung wird durch **Rahmenverträge auf Landesebene** zwischen den Landesverbänden der Pflegekassen und den Vereinigungen der Träger ambulanter und stationärer Pflegeeinrichtungen unter Beteiligung der Sozialhilfeträger als Vertragspartner teilweise vorherbestimmt (§ 75 Abs. 1 S. 1 und 3 SGB XI). Diese Rahmenverträge bezwecken, eine wirksame und wirtschaftliche pflegerische Versorgung sicherzustellen (§ 75 Abs. 1 S. 1 SGB XI). Dazu normieren sie z. B. die allgemeinen Bedingungen der Pflege einschließlich der Kostenübernahme (§ 75 Abs. 2 SGB XI). Die Rahmenverträge sind für die Pflegekassen und die zugelassenen Pflegeeinrichtungen unmittelbar verbindlich (§ 75 Abs. 1 S. 4 SGB XI).

370 Die Rahmenverträge ihrerseits werden determiniert durch **bundesweite Empfehlungen** des Spitzenverbands Bund der Pflegekassen und der Vereinigungen der Träger der Pflegeeinrichtungen auf Bundesebene (§ 75 Abs. 6 SGB XI). Die bundesweiten Empfehlungen bezwecken eine Vereinheitlichung der Inhalte der landesweiten Rahmenverträge auf der Bundesebene.

371 5. **Anspruchsgegner.** Träger der Pflegeversicherung und damit richtiger Anspruchsgegner für Leistungsansprüche aus der gesetzlichen Pflegeversicherung sind die **Pflegekassen** (§ 21a Abs. 2 SGB I, § 1 Abs. 3, § 12, § 46 Abs. 1 S. 1 SGB XI). Diese sind gemäß § 46 Abs. 2 S. 1 SGB XI rechtsfähige Körperschaften des Öffentlichen Rechts mit Selbstverwaltung. Zwar handelt es sich bei der Pflegeversicherung um einen selbstständigen Versicherungszweig mit eigenständiger Finanzierung, die Pflegekassen sind jedoch bei den Krankenkassen zu errichten (§ 46 Abs. 1 S. 2 SGB XI). Dementsprechend sind die Organe der Pflegekassen die Organe der Krankenkassen, bei denen sie errichtet sind (§ 46 Abs. 2 S. 2 SGB XI).

6. Finanzierung. Die **Mittel** für die Pflegeversicherung werden durch **Beiträge sowie sonstige Einnahmen** gedeckt (§ 1 Abs. 6, § 54 ff. SGB XI). Arbeitgeber und Arbeitnehmer tragen die Beiträge für versicherte Beschäftigte je zur Hälfte (§ 58 Abs. 1 S. 1 SGB XI). Zum Ausgleich der damit für die Arbeitgeber verbundenen Belastungen wurde – mit Ausnahme Sachsens, wo § 58 Abs. 3 SGB XI gilt – der Buß- und Bettag als Feiertag gestrichen (§ 58 Abs. 2 SGB XI). Freiwillige Mitglieder der gesetzlichen Krankenversicherung und Privatversicherte erhalten von ihren Arbeitgebern einen der Höhe nach auf den Arbeitgeberanteil eines versicherungspflichtig Beschäftigten begrenzten Beitragszuschuss (§ 61 SGB XI). Die Höhe des Beitrags beläuft sich auf 2, 05 % der beitragspflichtigen Einnahmen der Mitglieder (§ 55 Abs. 1 SGB XI; Erhöhung ab 1.1.2015 auf 2,35% und ab 1.1.2017 auf 2,55% beabsichtigt). Zudem wird in Ausführung der Rechtsprechung des Bundesverfassungsgerichts, das für Kindererziehende im Verhältnis zu Kinderlosen einen Beitragsabstand gefordert hatte, weil erstere durch Beitragszahlung und Kindererziehung gleichsam einen doppelten, systemerhaltenden Beitrag zur Pflegeversicherung leisteten (s. BVerfG v. 3.4.2001 – 1 BvR 1629/94), für kinderlose Versicherte nach Ablauf des Monats der Vollendung des 23. Lebensjahres ein Beitragszuschlag von 0, 25 % erhoben (§ 55 Abs. 3 S. 1 SGB XI). **372**

V. Arbeitsförderung nach dem SGB III

1. Allgemeines. Die Arbeitsförderung will **Arbeitslosigkeit vermeiden oder jedenfalls verkürzen.** Zudem soll der **Ausgleich von Angebot und Nachfrage** am Arbeitsmarkt unterstützt werden (§ 1 Abs. 1 S. 1 SGB III). „Unterstützung“ drückt aus, dass es in einer Marktwirtschaft vor allem Aufgabe der Arbeitnehmer und Arbeitgeber ist, für den Ausgleich auf dem Arbeitsmarkt zu sorgen. Die Förderung der Beschäftigung ist zwar ein Verfassungsgebot, vollzieht sich aber nicht durch staatsdirigistische Lenkung des Arbeitsmarktes, sondern durch Beistand und Hilfe für die Marktteilnehmer, nämlich Arbeitgeber und **373**

Arbeitnehmer (s. vertiefend *Palsherm,* Die staatliche Lenkung des Arbeitsmarktes, S. 62 ff.). Die Arbeitsförderung soll dazu beitragen, dass ein hoher Beschäftigungsstand erreicht und die **Beschäftigungsstruktur ständig verbessert** wird (§ 1 Abs. 1 S. 4 SGB III). Durchgängiges Prinzip der Arbeitsförderung ist dabei die **Gleichstellung** von Frauen und Männern (§ 1 Abs. 1 S. 3 SGB III).

374 Das **Arbeitsförderungsrecht** kann – wie auch hier geschehen – systematisch unter der Rubrik der **Vorsorgesysteme** eingeordnet werden. Dies rechtfertigt sich dadurch, dass eine der zentralsten Leistungen des SGB III das Arbeitslosengeld der Arbeitslosenversicherung ist. Gleichwohl muss man aber **auch** sehen, dass das SGB III über diese Sozialversicherungskomponente hinaus eine Vielzahl von Leistungen anbietet, die rechtssystematisch eher dem Bereich des **sozialen Ausgleichs** zuzuordnen sind.

375 **Allgemeine Grundsätze für das Arbeitsförderungsrecht** sind in dem ersten Kapitel des SGB III enthalten. In dessen erstem Abschnitt werden Grundaussagen getroffen zum Zusammenwirken von Arbeitgebern und Arbeitnehmern mit den Agenturen für Arbeit (§ 2 SGB III), zum Vorrang der Vermittlung und der Leistungen der aktiven Arbeitsförderung vor anderen Leistungen (§§ 4, 5 SGB III), zur Ermessensausübung bei der aktiven Arbeitsförderung (§ 7 SGB III), zur Vereinbarkeit von Familie und Beruf (§ 8 SGB III), zum Vorrang der ortsnahen Leistungserbringung durch die örtlichen Agenturen für Arbeit (§ 9 SGB III), zur Zusammenarbeit mit den Jobcentern (§ 9a SGB III) sowie zur Leistungsmessung durch eine Eingliederungsbilanz (§ 11 SGB III). Fernerhin definiert der zweite Abschnitt (§§ 12–21 SGB III) häufig gebrauchte Begriffe – wie z. B. „Arbeitslose" in § 16 SGB III – verbindlich für das gesamte Arbeitsförderungsrecht. Schließlich ist das Verhältnis der Leistungen aktiver Arbeitsförderung zu anderen Leistungen im dritten Abschnitt geregelt (§§ 22 f. SGB III).

376 Um den – bereits benannten – Ausgleich auf dem Arbeitsmarkt zu erzielen, hat derjenige, der am Arbeitsleben teilnimmt oder teilnehmen will, sehr unterschiedliche Rechte. Aufgrund von deren Vielfalt bietet es sich an, mit Hilfe der sog. **„sozialen Rechte"** (s. § 2 Abs. 1 S. 1 SGB I) eine Systematisierung anzustreben: Beratung bei der Wahl des Bildungswegs und des Berufs (§ 3 Abs. 2 Nr. 1 SGB I), individuelle Förderung der beruflichen Weiterbildung (§ 3 Abs. 2 Nr. 2 SGB I), Hilfe zur Erlangung und Erhaltung eines angemessenen Arbeitsplatzes (§ 3 Abs. 2 Nr. 3 SGB I) sowie wirtschaftliche Sicherung bei Arbeitslosigkeit und bei Zahlungsunfähigkeit des Arbeitgebers (§ 3 Abs. 2 Nr. 4 SGB I). Geht man nun ins Detail, zeigt sich, dass diese Aufzählung nicht abschließend ist. Die

Einweisungsvorschrift des § 19 Abs. 1 SGB I und § 3 SGB III verdeutlicht, dass die Leistungen des Arbeitsförderungsrechts sehr vielfältig sind: Mit dem Gesetz zur Verbesserung der Eingliederungschancen am Arbeitsmarkt wurde die vormalige Einteilung der Leistungen aktiver Arbeitsförderung nach Empfängern aufgegeben. Die Leistungen sind nun nach der **Unterstützung in bestimmten Arbeitsmarktkontexten** gegliedert:

1. **Beratung und Vermittlung (§§ 29–43 SGB III)**, z. B. Berufsberatung (§ 30 SGB III), Arbeitsmarktberatung für Arbeitgeber (§ 34 SGB III) und Arbeitsvermittlung (§ 35 SGB III)
2. **Aktivierung und berufliche Eingliederung (§§ 44–47 SGB III)**, z. B. Förderung aus dem Vermittlungsbudget (§ 44 SGB III), Maßnahmen zur Aktivierung und beruflichen Eingliederung (§ 45 SGB III) und Probebeschäftigung und Arbeitshilfe für behinderte Menschen (§ 46 SGB III)
3. **Berufswahl und Berufsausbildung (§§ 48–80b SGB III)**, z.B. Berufseinstiegsbegleitung (§ 49 SGB III), berufsvorbereitende Bildungsmaßnahmen (§ 51 SGB III), Berufsausbildungsbeihilfe (§ 56 SGB III), Zuschüsse zur Ausbildungsvergütung behinderter Menschen (§ 73 SGB III), Unterstützung und Förderung der Berufsausbildung förderungsbedürftiger junger Menschen (§ 74 SGB III), ausbildungsbegleitende Hilfen (§ 75 SGB III) und außerbetriebliche Berufsausbildung (§ 76 SGB III)
4. **Berufliche Weiterbildung (§§ 81–87 SGB III)**, z.B. Übernahme der Weiterbildungskosten einschließlich Fahr-, Unterbringungs- und Kinderbetreuungskosten (§§ 81, 83 SGB III)
5. **Aufnahme einer Erwerbstätigkeit (§§ 88–94 SGB III)**, z. B. Eingliederungszuschuss zum Arbeitsentgelt (§§ 88, 90 SGB III), Gründungszuschuss zur selbständigen Existenzgründung (§ 93 SGB III)
6. **Verbleib in Beschäftigung (§§ 95–111 SGB III)**, z.B. Kurzarbeitergeld (§ 95 SGB III), Saison-Kurzarbeitergeld (§ 101 SGB III)
7. **Teilhabe behinderter Menschen am Arbeitsleben (§§ 112–129 SGB III)**, wie allgemeine und besondere Leistungen zur Teilhabe

Das Gesetz differenziert in § 3 Abs. 1 SGB III zwischen **aktiver Arbeitsförderung** einerseits sowie Arbeitslosengeld und Insolvenzgeld als reinem **Entgeltersatz** andererseits. Damit gibt es Entgeltersatzleistungen, die ebenfalls dem Bereich der aktiven Arbeitsförderung zuzurechnen sind. Nach § 5 SGB III gehen die Leistungen der aktiven Arbeitsförderung (z. B. Beratung/Vermittlung) den Entgeltersatzleistungen vor. **377**

Aktive Arbeitsförderung (§ 3 Abs. 2 SGB III)	Entgeltersatz (§ 3 Abs. 4 SGB III)
Dies sind alle Leistungen der Arbeitsförderung mit Ausnahme des Arbeitslosengeldes und des Insolvenzgeldes (= Entgeltersatzleistungen nach dem vierten Kapitel). Das Arbeitslosengeld bei beruflicher Weiterbildung ist jedoch auch eine Leistung der aktiven Arbeitsförderung.	Als Leistungen aktiver Arbeitsförderung: • Kurzarbeitergeld bei Arbeitsausfall (§ 95 SGB III) • Übergangsgeld bei Teilnahme an Maßnahmen zur Teilhabe am Arbeitsleben (§ 119 SGB III) • Arbeitslosengeld bei beruflicher Weiterbildung (§ 136 Abs. 1 Nr. 2 SGB III) Als reiner Entgeltersatz: • Arbeitslosengeld bei Arbeitslosigkeit (§ 136 Abs. 1 Nr. 1 SGB III) • Teilarbeitslosengeld (§ 162 SGB III) • Insolvenzgeld bei Zahlungsunfähigkeit des Arbeitsgebers (§ 165 SGB III) • Die bis zum 31.12.2004 gewährte Arbeitslosenhilfe wurde durch die Grundsicherung für Arbeitsuchende nach dem SGB II abgelöst.

378 2. **Aktive Arbeitsförderung.** Bei den Leistungen der **aktiven Arbeitsförderung** wird weiter unterschieden zwischen Pflichtleistungen und Ermessensleistungen: Grundsätzlich sind die Leistungen der aktiven Arbeitsförderung **Ermessensleistungen.** Die **Pflichtleistungen** der aktiven Arbeitsförderung werden in § 3 Abs. 3 SGB III abschließend aufgezählt, wie z. B. Berufsausbildungsbeihilfe und Kurzarbeitergeld. Kriterien für die Vergabe von Ermessensleistungen werden in § 7 SGB III geregelt (z. B. der Grundsatz der Wirtschaftlichkeit und Sparsamkeit, die Beachtung der Fähigkeiten des Einzelnen und die Aufnahmefähigkeit des Arbeitsmarktes). Die für die Ermessensausübung der Bundesagentur wichtigen Verwaltungsvorschriften („Handlungsempfehlungen und Geschäftsanweisungen“) sind auf ihrer Homepage – etwas versteckt – veröffentlicht: www.arbeitsagentur.de, dann Schnellzugriff > Veröffentlichungen > Weisungen > Arbeitslosenversicherung > Arbeitsmarkt und Integration.

379 a) **Beratung und Vermittlung.** Die **Berufsberatung** richtet sich an Jugendliche und Erwachsene, die am Arbeitsleben teilnehmen oder teilnehmen wollen. Sie umfasst entsprechend des individuellen Bedarfs die Erteilung von Auskunft und Rat beispielsweise in Bezug auf Berufswahl und -wechsel, Arbeitsmarktlage und -entwicklung, Bildungsmöglichkeiten, Stellensuche und Leistungen der Arbeitsförderung (§ 29 und § 30 SGB III) und wird durch berufsorientierende Maßnahmen zur Vorbereitung der Berufswahl ergänzt (§ 33 SGB III). Zu berücksichtigen sind hier vor allem die Neigung, Eignung und Leistungsfähigkeit der Ratsuchenden sowie die Beschäftigungsmöglichkeiten (§ 31 SGB III).

Vermittlung i. S. d. SGB III umfasst Ausbildungs- sowie Arbeitsvermittlung und ist auf die Begründung eines Beschäftigungs- bzw. Ausbildungsverhältnisses gerichtet (§ 35 Abs. 1 SGB III). Der Arbeitsuchende hat mithin einen Anspruch darauf, dass die Arbeitsagentur Vermittlungsarbeit leistet (BSG v. 6.5.2009 – B 11 AL 11/08 R), aber kein subjektives Recht auf einen Arbeitsplatz bzw. auf den Erfolg der Vermittlungsbemühungen (LSG Baden-Württemberg v. 28.1.2011 – L 8 AL 3586/10 – juris Rn. 20). Bei ihrer vermittelnden Tätigkeit muss die Arbeitsagentur ebenfalls Neigung, Eignung und Leistungsfähigkeit der Suchenden berücksichtigen (§ 35 Abs. 2 S. 2 SGB III). Eine Vermittlung in gesetzes- und sittenwidrige Ausbildungs- und Arbeitsverhältnisse (§ 36 Abs. 1 SGB III) sowie Diskriminierungen – z. B. aufgrund des Geschlechts, Alters, Gesundheitszustands oder der Nationalität – sind verboten (§ 36 Abs. 2 SGB III).

Beispiel: **380**
Trotz des Prostitutionsgesetzes besteht keine Pflicht der Bundesagentur für Arbeit, Bordellbetreibern Prostituierte als Arbeitnehmer zu vermitteln (BSG v. 6.5.2009 – B 11 AL 11/08 R).

Diese Tätigkeit wird von der Arbeitsagentur grundsätzlich unentgeltlich ausge- **381**
übt (§ 42 SGB III). Arbeitsuchende und Arbeitgeber sind zur Mitwirkung verpflichtet, z. B. zur Auskunftserteilung (§ 38 Abs. 1 und 2, § 39 SGB III). Insbesondere müssen sich Menschen spätestens drei Monate vor Beendigung ihres Arbeitsverhältnisses oder, wenn dieses kurzfristiger endet, innerhalb von drei Tagen nach Kenntnis des Beendigungszeitpunktes persönlich bei der Arbeitsagentur **arbeitsuchend melden** (§ 38 Abs. 1 SGB III), damit das Entstehen von Arbeitslosigkeit vermieden oder deren Dauer möglichst verringert wird. Die Nichtbefolgung dieser Pflicht wird mit Ruhen des Anspruchs auf Arbeitslosengeld wegen versicherungswidrigen Verhaltens, einer sog. Sperrzeit, sanktioniert (§ 159 Abs. 1 S. 2 Nr. 7 SGB III). Nach der Arbeitssuchendmeldung wird verpflichtend und unverzüglich eine **Potenzialanalyse** durchgeführt, um berufliche und persönliche Merkmale, berufliche Fähigkeiten sowie die Eignung festzustellen (§ 37 Abs. 1 SGB III). Auf dieser Basis wird dann eine **Eingliederungsvereinbarung** über die Vermittlungsbemühungen der Arbeitsagentur und die Eigenbemühungen des Arbeitsuchenden abgeschlossen (§ 37 Abs. 2 SGB III). Falls ein solcher subordinationsrechtlicher öffentlich-rechtlicher Vertrag nicht zustande kommt, sollen die erforderlichen Eigenbemühungen des Arbeitsuchenden durch Verwaltungsakt festgesetzt werden (§ 37 Abs. 3 S. 4 SGB III).

Die Arbeitsvermittlung wird ergänzt durch **Informations- und Beratungsleistungen** (§ 33 SGB III).

382 **b) Aktivierung und berufliche Eingliederung.** Beratung und Vermittlung werden unterstützt durch Leistungen der Aktivierung und beruflichen Eingliederung. Als Ermessensleistung ist eine Unterstützung bei der Anbahnung oder Aufnahme einer Beschäftigung aus dem **Vermittlungsbudget** vorgesehen, sofern dies zur Eingliederung in Arbeit notwendig ist (§ 44 Abs. 1 SGB III). Der Gesetzgeber versteht dies als flexibles, bedarfsgerechtes und unbürokratisches Instrument für einzelfallbezogene Hilfestellungen (BT-Drs. 16/10810, S. 23). Somit wird eine ermessensgerechte Kostenübernahmemöglichkeit für Vermittlungshemmnisse beseitigende Leistungen geschaffen wie z.B. Reise- und Bewerbungskostenerstattungen (Hessisches LSG v. 19.6.2009 – L 7 AL 15/09), Umzugskostenbeihilfe, Fahrtkostenbeihilfe für anfängliches Pendeln nach Arbeitsaufnahme, Arbeitsausrüstungsbeihilfen oder sogar eine Beteiligung an den Kosten des Führerscheinerwerbs oder Autokaufs. Ferner dienen **Maßnahmen der Aktivierung und beruflichen Eingliederung** der Vermittlung in Arbeit (§ 45 Abs. 1 SGB III). Dazu kann dem Arbeitsuchenden ein Aktivierungs- und Vermittlungsgutschein ausgestellt werden (§ 45 Abs. 4 SGB III). Die Bandbreite möglicher Maßnahmen reicht auch hier weit: von stabilisierender Förderung, z.B. sozialpädagogische Hilfen zur Strukturierung des Tagesablaufs, über berufsbezogene Trainings (wie EDV-Kurse), Bewerbungstraining und Betreuung bei der Arbeitsuche oder während der Probezeit zur Stabilisierung der Arbeitsaufnahme bis hin zur privaten Arbeitsvermittlung.

383 **c) Berufswahl und Berufsausbildung.** Im Hinblick auf Berufswahl und Berufsausbildung unterscheidet das Gesetz fünf Leistungsbereiche: (a) Leistungen zum Übergang von Schule in Ausbildung (§§ 48–50 SGB III), (b) Berufsvorbereitung (§§ 51–55 SGB III), (c) Berufsausbildungsbeihilfe (§§ 56–72 SGB III), (d) Berufsausbildung (§§ 73–80 SGB III) und (e) Jugendwohnheime (§§ 80a–80b SGB III). Die Berufsausbildung dient der Vermittlung einer erstmaligen beruflichen Grundbildung sowie der für die Berufsausübung notwendigen Fertigkeiten, Kenntnisse und Fähigkeiten sowie Erfahrungen (s. § 1 Abs. 3 Berufsbildungsgesetz).

384 Der **Übergang von der Schule in die Ausbildung** wird zunächst durch *Berufsorientierungsmaßnahmen* nach § 48 SGB III unterstützt. Dadurch sollen sich Schüler frühzeitig und intensiv mit der Berufswahl auseinandersetzen, um Fehlentscheidungen nach Möglichkeit zu vermeiden (BT-Drs. 14/6944, S. 30 zu Nummer 12). Zudem soll mittels individueller Begleitung und Unterstützung

die Eingliederung junger förderungsbedürftiger Menschen in die Berufsausbildung erreicht werden, sog. *Berufseinstiegsbegleitung* (§ 49 SGB III). Dabei werden i. d. R. von der Vorabgangsklasse bis zu einem halben Jahr nach Ausbildungsbeginn Unterstützungen durch Berufseinstiegsbegleiter gewährt, um den Schulabschluss zu erreichen, sich für einen Beruf zu entscheiden und einen Ausbildungsplatz zu finden sowie das Ausbildungsverhältnis zu stabilisieren (§ 49 Abs. 2 S. 2 SGB III).

Zur **Berufsvorbereitung** können berufsvorbereitende Bildungsmaßnahmen **385**
erbracht werden (§ 51 SGB III). Diese zielen darauf ab, förderungsbedürftige junge Menschen (s. § 52 SGB III) auf die Aufnahme einer Berufsausbildung vorzubereiten oder, falls dies aus persönlichen Gründen nicht möglich ist, ihnen nachrangig dazu die berufliche Eingliederung zu erleichtern. Im Ergebnis geht es somit darum, Ausbildungs- und Berufsreife herzustellen (*Knickrehm*, in jurisPK-SGB III, § 51 Rn. 8). Dazu kann erforderlichenfalls auch auf den Erwerb des fehlenden Hauptschulabschlusses vorbereitet werden (§ 53 SGB III). Während einer berufsvorbereitenden Bildungsmaßnahme kommt bereits ein Anspruch auf Berufsausbildungsbeihilfe in Betracht (§ 56 Abs. 2 SGB III)

Ferner wird die berufliche Ausbildung mit Hilfe der **Berufsausbildungsbeihilfe** **386**
gefördert. Der entsprechende Anspruch setzt nach § 56 Abs. 1 SGB III voraus, dass **(1)** die konkrete berufliche Ausbildung oder die berufsvorbereitende Bildungsmaßnahmen förderungsfähig ist, **(2)** bestimmte persönliche Voraussetzungen erfüllt werden und **(3)** der Antragsteller bedürftig ist. Die *Förderungsfähigkeit der Ausbildung* bemisst sich nach §§ 57 ff. SGB III. Es muss sich um einen anerkannten Ausbildungsberuf handeln, für den der vorgeschriebene Ausbildungsvertrag geschlossen worden ist. Die *persönliche Förderungsfähigkeit* setzt neben der Eigenschaft als Deutscher, EU-Bürger oder Inhaber bestimmter ausländerrechtlicher Stati (s. § 59 SGB III) voraus, dass der Antragsteller nicht bei seinen Eltern wohnt und die Ausbildungsstelle von der elterlichen Wohnung aus nicht in angemessener Zeit erreichen kann (§ 60 Abs. 1 SGB III). Die Leistungserbringung erfordert eine *Antragstellung* (§ 323 SGB III), wobei dies auch nach Eintritt des leistungsbegründenden Ereignisses erfolgen kann (§ 324 Abs. 1 und 2 SGB III). Bei Vorliegen der gesetzlichen Voraussetzungen besteht ein *Rechtsanspruch* auf die Berufsausbildungsbeihilfe, die eine Pflichtleistung ist (s. § 3 Abs. 3 Nr. 2 SGB III). Der Anspruch besteht für die Dauer der Ausbildung, beschränkt auch während Krankheitszeiten (§ 69 SGB III). Die Höhe orientiert sich an dem nach BAföG bemessenen Bedarf (§§ 61 ff., § 70 SGB III).

387 Die Chancen auf **Berufsausbildung** werden gesteigert durch die Möglichkeit von *Zuschüssen* an Arbeitgeber *zur Ausbildungsvergütung für (schwer)behinderte Menschen* (§ 73 Abs. 1 SGB III). Ferner kann bei Übernahme eines während der Ausbildung geförderten und nun fertig ausgebildeten schwerbehinderten Menschen in ein Arbeitsverhältnis ein Eingliederungszuschuss von bis zu 70 % des Arbeitsentgelts für die Dauer von einem Jahr an den Arbeitgeber erbracht werden (§ 73 Abs. 3 SGB III). Des Weiteren sieht das Gesetz in §§ 74 ff. SGB III Ermessensleistungen an Maßnahmenträger (s. § 21 SGB III) zur *Unterstützung der Berufsausbildung von förderbedürftigen jungen Menschen* entweder durch ausbildungsbegleitende Hilfen (s. § 75 SGB III) oder durch die Förderung der Ausbildung in einer außerbetrieblichen Einrichtung vor (§ 76 SGB III). Zum Kreis der förderbedürftigen jungen Menschen i.S.v. § 78 SGB III rechnen solche mit einer Lernbeeinträchtigung, insbesondere Menschen ohne Schulabschluss, oder solche mit einer sozialen Benachteiligung, worunter beispielsweise Menschen mit Verhaltensstörung, psychischen Problemen, ehemals Drogenabhängige oder Straffällige, Menschen mit Sprachproblemen aufgrund von ausländischer Herkunft oder Alleinerziehende fallen (*Knickrehm*, in jurisPK-SGB III, § 78 Rn. 9 f.). Voraussetzung ist aber zudem, dass ohne die Förderung aus persönlichen Gründen die Ausbildung bzw. die Festigung eines Arbeitsverhältnisses nicht gelingt (§ 78 Abs. 1 SGB III).

388 Soweit dies zum Ausgleich auf dem Ausbildungsmarkt und zur Förderung der Berufsausbildung erforderlich ist, können im Ermessenswege Träger von **Jugendwohnheimen** durch Darlehen und Zuschüsse **gefördert** werden (§ 80a SGB III). Die Leistungen dienen dem Ausbau, der Erweiterung, dem Umbau und der Ausstattung der Wohnheime (§ 80a S. 2 SGB III). Typische Bewohner der Wohnheime sind Auszubildende, die aus strukturschwachen Gebieten zur Ausbildung in Großstädte gezogen sind, deren Mieten sie aber nicht finanzieren können (*Petzold*, in Hauck/Noftz, SGB III, § 80a Rn. 4).

389 **d) Berufliche Weiterbildung.** Die **Förderung** der beruflichen Weiterbildung erfolgt durch Übernahme der Weiterbildungskosten. Dies **setzt** nach § 81 Abs. 1 SGB III **voraus**, dass **(1)** die Weiterbildung zur Vermeidung von (weiterer) Arbeitslosigkeit notwendig ist (s. zur Notwendigkeit wegen fehlenden Berufsabschlusses: § 81 Abs. 2 SGB III), **(2)** die Bundesagentur für Arbeit vor der Teilnahme an der Weiterbildungsmaßnahme beraten hat und **(3)** sowohl die Maßnahme als auch der Bildungsträger für die Förderung zugelassen sind. Die Förderung erfordert zudem die vorherige **Antragstellung** (§ 323 Abs. 1, § 324 Abs. 1 SGB III).

Maßnahmen der beruflichen Weiterbildung sind zugelassene Unterrichtsveranstaltungen, die von einem zugelassenen Träger durchgeführt werden, damit der Arbeitnehmer berufliche Kenntnisse und Fähigkeiten besitzt bzw. einen Berufsabschluss erwirbt (§§ 176, 180 Abs. 2 S. 1 SGB III). Die **Zulassung der Maßnahme** setzt insbesondere voraus, dass eine fachkundige Stelle die Weiterbildung nach Gestaltung der Inhalte sowie Methoden und Materialien der Vermittlung für eine erfolgreiche berufliche Bildung voraussichtlich tauglich erachtet und dass die Maßnahme unter Berücksichtigung von Lage und Entwicklung des Arbeitsmarktes zweckmäßig ist (§ 179 Abs. 1 S. 1 Nr. 1 SGB III). Fachkundige Stellen ihrerseits müssen nach der Akkreditierungs- und Zulassungsverordnung Arbeitsförderung (AZAV) i. S. v. § 177 SGB III akkreditiert sein. **Weiterbildungskosten** umfassen die Lehrgangskosten einschließlich der Kosten für die Eignungsfeststellung, Fahr- und Unterbringungskosten sowie Kinderbetreuungskosten (§ 83 Abs. 1 SGB III). Bezüglich **Umfang und Dauer der Förderung** gilt, dass die Förderleistungen grundsätzlich nur für die Bildungsgänge, die Teil der Maßnahme sind, und auf deren Dauer gewährt werden (§ 83 SGB III). Sind die einzelnen Bildungsgänge für eine bestimmte berufliche Qualifikation von vornherein nicht Teil eines Gesamtplans und auch nicht inhaltlich sowie organisatorisch aufeinander abgestimmt, so bedarf die Förderung für jeden Bildungsgang einer besonderen Bewilligung (BSG v. 20.3.1986 – 11b RAr 11/85 – juris Rn. 11 f.). **390**

e) Aufnahme einer Erwerbstätigkeit. An Arbeitgeber, die einen wegen persönlicher Gründe schwer vermittelbaren Arbeitslosen einstellen, kann ein Zuschuss zum Arbeitsentgelt geleistet werden, der die Minderleistung des Arbeitslosen ausgleicht (sog. **Eingliederungszuschuss**, § 88 SGB III). Persönliche Gründe für eine erschwerte Vermittelbarkeit können beispielsweise Alter, fehlende oder unzureichende Sprachkenntnisse sowie durch Krankheit oder Behinderung beeinträchtigtes körperliches oder geistiges Leistungsvermögen sein (BSG v. 6.5.2008 – B 7/7a AL 16/07 R – Rn. 19). Der Zuschuss hängt vom Ausmaß der Minderleistung ab und kann sich auf bis zu 50 % des Arbeitsentgelts für bis zu 12 Monate belaufen (§ 89 SGB III), bei behinderten Menschen bis zu 70 % für bis zu 24 Monate (§ 90 Abs. 1 SGB III) und bei besonders betroffenen schwerbehinderten Menschen bis zu 60 Monate und ab dem 55. Lebensjahr bis zu 96 Monate (§ 90 Abs. 2 SGB III, s. aber zur jährlichen Abschmelzung: Absatz 4). Arbeitslose, die eine selbstständige hauptberufliche Tätigkeit aufnehmen, haben zur Sicherung ihres Lebensunterhalts einen Anspruch auf einen **Gründungszuschuss** (§ 93 SGB III). Der Anspruch erfordert u. a., dass die Existenzgründung nachgewiesenermaßen tragfähig ist und dass der Ar- **391**

beitslose bei Aufnahme der Tätigkeit noch einen Anspruch auf Arbeitslosengeld von mindestens 150 Tagen hatte.

392 f) **Verbleib in Beschäftigung.** Arbeitnehmer haben nach § 95 S. 1 SGB III Anspruch auf **Kurzarbeitergeld**, wenn **(1)** ein erheblicher Arbeitsausfall mit Entgeltausfall nach § 96 SGB III vorliegt, **(2)** die betrieblichen Voraussetzungen des § 97 SGB III und **(3)** die persönlichen Voraussetzungen des § 98 SGB III erfüllt sind sowie **(4)** der Arbeitsausfall gemäß § 99 SGB III der Agentur für Arbeit angezeigt worden ist. Das Kurzarbeitergeld bezweckt im Interesse der Beitragszahler-Gemeinschaft, des Betriebes und des einzelnen Arbeitnehmers den Erhalt von Arbeitsplätzen, wenn Unternehmen aufgrund ungünstiger Wirtschaftslage von Arbeitsausfällen betroffen sind (BT-Drs. 13/4941, S. 183). Der Arbeitsausfall darf also nicht auf betriebsspezifischen Umständen beruhen, die das einzelne Unternehmen zu verantworten hat, sondern es muss sich um **allgemeine wirtschaftliche Veränderungen**, insbesondere um konjunkturelle und strukturelle Störungen der Gesamtwirtschaftslage, handeln (BSG v. 15.12.2005 – B 7a AL 10/05 R – juris Rn. 15).

393 **Beispiele solcher ungünstiger Wirtschaftslagen:**
Auftragsmangel infolge Rezession, Exportrückgang wegen währungspolitischer Maßnahmen, Mangel an Betriebs- und Werkstoffen, Umstellung auf ein neues Produkt, Automatisierung – jeweils als Folge der Gesamtwirtschaftslage, nicht aber Unglücksfälle und Unfälle.

394 Das Kurzarbeitergeld ruht allerdings bei Arbeitsausfällen, die auf inländischen Arbeitskämpfen beruhen (§ 100 SGB III). Es wird in der Regel maximal **sechs Monate lang** (§ 104 Abs. 1 SGB III) und auf **schriftlichen Antrag** des Arbeitgebers oder der Betriebsvertretung (§ 323 Abs. 2, § 325 Abs. 3 SGB III) gewährt. Das Kurzarbeitergeld verhütet nicht nur Arbeitslosigkeit, weil der Arbeitnehmer ansonsten wahrscheinlich betriebsbedingt gekündigt würde. Daneben dient es auch dem Ersatz des durch die Kurzarbeit verursachten Lohnausfalls (BSG v. 30.5.1978 – 7/12 RAr 100/76 – juris Rn. 28). Das Kurzarbeitergeld hat somit gleichsam einen „Zwittercharakter“: Es ist sowohl eine Leistung der aktiven Arbeitsförderung (s. § 3 Abs. 2 SGB III), als auch Entgeltersatzleistung (s. § 3 Abs. 4 Nr. 4 SGB III). Die **Höhe** des Kurzarbeitergelds bemisst sich anhand des Entgeltrückgangs infolge des Arbeitsausfalls (sog. Nettoentgeltdifferenz, s. §§ 105 f. SGB III).

395 Im Unterschied zum vorübergehende Arbeitsausfälle kompensierenden Kurzarbeitergeld sieht das Gesetz bei dauerhaftem Entfallen der Beschäftigungsmöglichkeit aufgrund einer betrieblichen Restrukturierung **Transferkurzarbeitergeld** vor (§ 111 SGB III). Des Weiteren wird zur Förderung von ganzjähriger Beschäftigung in der Bauwirtschaft und anderen von saisonbedingtem Arbeitsausfall betroffenen Wirtschaftszweigen in der Schlechtwetterzeit von 1. Dezember bis 31. März **Saison-Kurzarbeitergeld** geleistet (§ 101 SGB III). Ergänzend dazu wird Wintergeld als Zuschuss-Wintergeld und Mehraufwands-Wintergeld erbracht (§ 102 SGB III). Das **Mehraufwands-Wintergeld** dient zur Abgeltung witterungsbedingter Mehraufwendungen für geleistete Arbeitsstunden, z. B. für wettergerechte Winterbekleidung (§ 102 Abs. 3 SGB III). Demgegenüber will das **Zuschuss-Wintergeld** Arbeitsentgeltverluste der Arbeitnehmer wegen eines witterungsbedingten Arbeitsausfalls zumindest teilweise kompensieren, wenn zum Ausgleich ausgefallener Arbeitsstunden Arbeitszeitguthaben aufgelöst und die Inanspruchnahme des Saison-Kurzarbeitergeldes vermieden wird (§ 102 Abs. 2 SGB III).

g) Leistungen zur Förderung der Teilhabe behinderter Menschen am Arbeitsleben. Behinderten Menschen (s. die gesetzliche Definition behinderter Menschen in § 19 Abs. 1 SGB III) können unter angemessener Berücksichtigung von Eignung, Neigung, bisheriger Tätigkeit sowie Lage und Entwicklung des Arbeitsmarktes **Leistungen zur Förderung der Teilhabe am Arbeitsleben** erbracht werden, die wegen Art oder Schwere der Behinderung erforderlich sind, um ihre Erwerbsfähigkeit zu erhalten, zu bessern, herzustellen oder wiederherzustellen und ihre Teilhabe am Arbeitsleben zu sichern (§ 112 SGB III). Dazu dienen allgemeine und besondere Leistungen (§ 113 SGB III). Sie werden **nachrangig** zu den entsprechenden Leistungen anderer Rehabilitationsträger erbracht (§ 22 Abs. 2 SGB III). Die **Voraussetzungen** zur Leistungserbringung entsprechen prinzipiell den Voraussetzungen der Leistungen nach dem zweiten bis fünften Abschnitt des dritten Kapitels zur aktiven Arbeitsförderung, also den §§ 44-94 SGB III, es sei denn, im siebten Abschnitt ist mit Bezug auf behinderte Menschen Besonderes geregelt (§ 114 SGB III). **396**

Die **allgemeinen Leistungen** umfassen nach § 115 SGB III Leistungen zur Aktivierung und beruflichen Eingliederung (s. §§ 44-47 SGB III), Leistungen zur Förderung der Berufsvorbereitung und Berufsausbildung einschließlich der Berufsausbildungsbeihilfe (s. §§ 51-80 SGB III), Leistungen zur Förderung der beruflichen Weiterbildung (s. §§ 81-87 SGB III) und Leistungen zur Förderung der Aufnahme einer selbständigen Tätigkeit (s. §§ 93-94 SGB III). Behinderungsspezifische Besonderheiten und Erweiterungen bei den allgemeinen Leistungen werden durch § 116 SGB III begründet. Subsidiär zu den allgemeinen sieht das Gesetz auch besondere Leistungen vor, soweit das Teilhabeziel **397** durch die allgemeinen Leistungen allein nicht erreicht wird (§ 113 Abs. 2 SGB III; BSG v. 25.3.2003 – B 7 AL 8/02 R – juris Rn. 17). Die **besonderen Leistungen** sind insbesondere zur Förderung der beruflichen Aus- und Weiterbildung, einschließlich der Berufsvorbereitung, sowie blindentechnischer und vergleichbarer spezieller Grundausbildungen zu erbringen (§ 117 Abs. 1 SGB III), sind also akzessorische Unterstützung einer Hauptmaßnahme. Sie umfassen nach § 118 SGB III das Übergangsgeld (s. §§ 119–121 SGB III), das Ausbildungsgeld (s. §§ 122–126 SGB III), wenn Übergangsgeld nicht gezahlt werden kann, und die Übernahme der Teilnahmekosten für eine Maßnahme (s. §§ 127–128 SGB III).

398 **3. Entgeltersatzleistungen.** Nach § 3 Abs. 4 SGB III gibt es **fünf Arten von Entgeltersatzleistungen**: **(1)** Arbeitslosengeld bei Arbeitslosigkeit und bei beruflicher Weiterbildung, **(2)** Teilarbeitslosengeld bei Teilarbeitslosigkeit, **(3)** Übergangsgeld bei Teilnahme an Leistungen zur Teilhabe am Arbeitsleben, **(4)** Kurzarbeitergeld bei Arbeitsausfall und **(5)** Insolvenzgeld bei Zahlungsunfähigkeit des Arbeitgebers. Im Folgenden wird nur auf das Arbeitslosengeld, das Teilarbeitslosengeld und das Insolvenzgeld eingegangen, da das Kurzarbeitergeld und das Übergangsgeld bereits oben angesprochen wurden (s. Rn. 392 ff., 397).

399 Bis zum 31.12.2004 wurde unter den Voraussetzungen der §§ 190 ff. SGB III a. F. **Arbeitslosenhilfe** gewährt. Die Arbeitslosenhilfe war aber keine Versicherungsleistung, sondern eine soziale Hilfeleistung, deren Kosten der Bund aus Steuermitteln trug (§ 363 Abs. 1 SGB III a. F.). Die Bundesagentur für Arbeit erbrachte die Arbeitslosenhilfe als Auftragsverwaltung des Bundes (§ 205 SGB III a. F., siehe auch Art. 85 GG). Seit dem 1.1.2005 ist die Arbeitslosenhilfe mit der Sozialhilfe zu der neuen Leistung der Grundsicherung für Arbeitsuchende nach dem SGB II zusammengeführt (vertiefend dazu *Palsherm* ZfS 2004, 352 ff.). Damit ist die Arbeitslosenhilfe alter Prägung **abgeschafft** worden.

400 **a) Arbeitslosengeld.** Der **Anspruch auf Arbeitslosengeld** bei Arbeitslosigkeit hat nach § 137 i.V.m. § 136 Abs. 1 Nr. 1, Abs. 2, SGB III folgende Voraussetzungen (Grobstruktur): **(1)** Arbeitslosigkeit, **(2)** Arbeitslosmeldung bei der Arbeitsagentur, **(3)** Erfüllung der Anwartschaftszeit, und **(4)** Antragsteller noch jünger als die Regelaltersgrenze.

401 Im Einzelnen sind die Voraussetzungen für einen durchsetzbaren Anspruch auf Arbeitslosengeld:

aa) Erste Voraussetzung des Arbeitslosengeldes ist das **Vorliegen des Versicherungsfalles der Arbeitslosigkeit** nach § 137 Abs. 1 Nr. 1 SGB III. Nach der gesetzlichen Definition in § 138 Abs. 1 SGB III ist ein Arbeitnehmer arbeitslos, der **(1)** beschäftigungslos ist (s. § 138 Abs. 1 Nr. 1, Abs. 2, Abs. 3 SGB III), **(2)** sich bemüht diese Beschäftigungslosigkeit zu beenden (s. § 138 Abs. 1 Nr. 2, Abs. 4 SGB III) und **(3)** den Vermittlungsbemühungen der Agentur für Arbeit zur Verfügung steht (s. § 138 Abs. 1 Nr. 3, Abs. 5 SGB III). **402**

Arbeitnehmer sind Personen, die eine abhängige Beschäftigung ausüben oder ausüben würden (BSG v. 12.5.2011 – B 11 AL 25/10 R – Rn. 22; BSG v. 7.7.2004 – B 8 KN 7/03 R – juris Rn. 22). Dazu gehören auch diejenigen, die eine Beschäftigung im Rahmen betrieblicher Berufsausbildung oder als Heimarbeiter ausüben oder anstreben (s. § 7 Abs. 2 SGB IV, §§ 13–15, § 25 Abs. 1 SGB III). **403**

Ein Arbeitnehmer ist **beschäftigungslos**, wenn er nicht erwerbstätig ist oder nur einer Erwerbstätigkeit mit erheblich reduzierter Arbeitszeit, d. h. mit weniger als 15 Wochenstunden, nachgeht (§ 138 Abs. 1 Nr. 1, Abs. 3 SGB III). Erwerbstätigkeit kann dabei als Beschäftigung, selbstständige Tätigkeit oder als mithelfender Familienangehöriger ausgeübt werden (§ 138 Abs. 3 SGB III). Mithelfender Familienangehöriger in diesem Sinne ist, wer im Betrieb eines Angehörigen (mehr als nur kurzzeitig) mithilft. Auf das Bestehen einer häuslichen Gemeinschaft zwischen den Angehörigen kommt es insofern nicht an (BSG v. 14.2.1989 – 7 RAr 52/87). Übt der Arbeitsuchende mehrere Erwerbstätigkeiten nebeneinander aus, so werden diese für die 15-Stunden-Grenze zusammengerechnet (§ 138 Abs. 3 S. 2 SGB III). Das aus dieser Tätigkeit erzielte Arbeitseinkommen wird nach Abzug von Steuern, Sozialversicherung und Werbungskosten sowie eines Freibetrags von 165 Euro auf das Arbeitslosengeld angerechnet (§ 155 Abs. 1 S. 1 SGB III). **404**

Gelegentliche Überschreitungen der 15-Wochenstunden-Grenze von geringer Dauer sind für die Einordnung als Beschäftigungslosigkeit ohne Bedeutung (§ 138 Abs. 3 S. 1, 2. Halbsatz SGB III). „Gelegentlich" ist eine Überschreitung indes nur dann, wenn sie nicht vorhersehbar war und sich innerhalb des Beschäftigungsverhältnisses voraussichtlich nicht wiederholt (BSG v. 29.10.2008 – B 11 AL 44/07 R –).

Für die Frage, ob ein **Beschäftigungsverhältnis** vorliegt oder nicht, ist grundsätzlich maßgebend, ob die das Beschäftigungsverhältnis kennzeichnenden Merkmale – Dienstbereitschaft des Arbeitnehmers und Verfügungsmacht des Arbeitgebers (Weisungsbefugnis) – gegeben sind (BSG v. 21.3.2007 – B 11a AL **405**

31/06 R – Rn. 27; BSG v. 13.7.2006 – B 7a AL 16/05 R –). Bei einer *Freistellung* des Arbeitnehmers von der Arbeit ohne Fortzahlung des Arbeitsentgeltes ist das Beschäftigungsverhältnis i. S. d. SGB III trotz weiterhin gegebener Verfügungsmacht beendet, auch wenn das Arbeitsverhältnis fortbesteht; der Arbeitnehmer ist beschäftigungslos (BSG v. 29.9.1987 – 7 RAr 59/86 – juris Rn. 13). Eine *ehrenamtliche Betätigung* schließt die Beschäftigungslosigkeit dann nicht aus, wenn die berufliche Eingliederung des Arbeitslosen nicht beeinträchtigt wird (§ 138 Abs. 2 SGB III; s. auch Verordnung über die ehrenamtliche Betätigung von Arbeitslosen). Das Ehrenamt kann also sogar die 15-Stunden-Grenze überschreiten (BT-Drs. 14/6944, S. 35 f. zu Nummer 40).

406 Das Erfordernis der **Eigenbemühungen** in § 138 Abs. 1 Nr. 2 SGB III ist erst mit der Schaffung des SGB III in das Gesetz eingefügt worden. Damit soll verdeutlicht werden, dass es in erster Linie Aufgabe des Arbeitslosen selbst ist, für seine berufliche Wiedereingliederung zu sorgen (BT-Drs. 13/4941, S. 175 zu § 119). Er muss alle Möglichkeiten zur beruflichen Eingliederung nutzen (§ 138 Abs. 4 SGB III).

Wegen fehlender Eigenbemühungen kann das Vorliegen von Arbeitslosigkeit regelmäßig nur verneint werden, wenn die Agentur für Arbeit die allgemeine Obliegenheit zu Eigenbemühungen ausdrücklich und zumutbar konkretisiert hat. Ist dies nicht erfolgt, kann von unzureichenden Eigenbemühungen nur ausgegangen werden, wenn der Arbeitslose über die Einschaltung der Dienste der Agentur für Arbeit hinaus selbst nichts unternimmt (BSG v. 31.1.2006 – B 11a AL 13/05 R – juris Rn. 20).

407 Den Vermittlungsbemühungen steht i.S.v. § 138 Abs. 1 Nr. 3 SGB III zur **Verfügung**, wer in den Grenzen der Zumutbarkeit nach § 140 SGB III *erstens* arbeitsfähig (objektives Element nach § 138 Abs. 5 Nr. 1 und 2 SGB III) und *zweitens* arbeitsbereit (subjektives Element nach § 138 Abs. 5 Nr. 3 und 4 SGB III) ist (BSG v. 27.8.2008 – B 11 AL 7/07 R –). Die **Arbeitsfähigkeit** i.d.S. setzt voraus, dass der Arbeitslose eine versicherungspflichtige, mindestens 15 Wochenstunden umfassende, zumutbare Beschäftigung unter den üblichen Bedingungen des für ihn in Betracht kommenden Arbeitsmarktes ausüben kann und darf (§ 138 Abs. 5 Nr. 1 SGB III) sowie Vorschlägen der Agentur für Arbeit zur beruflichen Eingliederung zeit- und ortsnah Folge leisten kann (§ 138 Abs. 5 Nr. 2 SGB III). Sollte es dem Arbeitsuchenden an der Arbeitsfähigkeit i. S. d. Nr. 1 aus gesundheitlichen Gründen ermangeln, kommt für ihn die Sonderform des Arbeitslosengeldes nach § 145 SGB III in Betracht.

Ausländern kann es an der Arbeitsfähigkeit i. S. d. § 138 Abs. 5 SGB III unter dem rechtlichen Gesichtspunkt des Dürfens fehlen. Sie benötigen nämlich prinzipiell einen Aufenthaltstitel, der ihnen die Ausübung einer Beschäftigung erlaubt (s. §§ 4 Abs. 3, 18 Abs. 2, § 39 Abs. 1 Aufenthaltsgesetz – AufenthG). Durch das Aufenthaltsgesetz wurde ab dem 1.10.2005 das vormalige doppelte Genehmigungsverfahren von Arbeit und Aufenthalt (s. §§ 284 ff. SGB III a. F., die die Arbeitsberechtigung für Ausländer regelten) teilweise durch ein internes Zustimmungsverfahren der Bundesagentur für Arbeit ersetzt (s. § 18 Abs. 2 AufenthG). Mithin wird die Arbeitsgenehmigung in einem Akt mit der Aufenthaltserlaubnis von der Ausländerbehörde erteilt, sofern die Arbeitsverwaltung intern zugestimmt hat („one-stop-government"). Für Unionsbürger ist das Erfordernis einer Aufenthaltserlaubnis zum Zwecke der Verwirklichung der Freizügigkeit demgegenüber abgeschafft worden (s. § 2 Abs. 4 Freizügigkeitsgesetz/EU, § 1 Abs. 2 Nr. 1 AufenthG). Damit besteht für sie nur noch – wie für Deutsche – eine Meldepflicht bei der Meldebehörde. Ausnahmsweise bedürfen jedoch Staatsangehörige des jüngsten EU-Mitglieds Kroatien für die Ausübung einer Beschäftigung einer Genehmigung der Bundesagentur für Arbeit (§ 284 SGB III, § 12a Arbeitsgenehmigungsverordnung), da ihre Arbeitnehmerfreizügigkeit übergangsweise bis zum 30.6.2015 noch eingeschränkt ist. **408**

Zeitnahes Befolgen von Vorschlägen zur beruflichen Eingliederung i. S. v. § 138 Abs. 5 Nr. 2 SGB III setzt die Erreichbarkeit des Arbeitsuchenden voraus. Die ehemals sehr strengen Anforderungen des Arbeitsförderungsgesetzes (AFG) an die Erreichbarkeit (§ 103 Abs. 5 AFG i. V. m. §§ 1, 2 Aufenthaltsanordnung: z. B. Sicherstellung des täglichen, persönlichen Antreffens des Arbeitslosen im Zeitpunkt des Eingangs der Briefpost in der Wohnung), sind durch das SGB III nach § 138 Abs. 5 Nr. 2, § 164 Nr. 2 SGB III i. V. m. § 1 der Erreichbarkeits-Anordnung (EAO) ein wenig gemildert worden. Danach hat der Arbeitslose sicherzustellen, dass die Arbeitsagentur ihn persönlich an jedem Werktag an seinem Wohnsitz oder gewöhnlichen Aufenthalt unter der von ihm benannten Anschrift (Wohnung) durch Briefpost erreichen kann (§ 1 Abs. 1 S. 2 EAO). Die postalische Erreichbarkeit erfordert, dass dem Arbeitslosen Briefpost unmittelbar, d. h. ohne Verzögerung und ohne Einschaltung Dritter zugehen kann (BSG v. 2.3.2000 – B 7 AL 8/99 R – juris Rn. 15), d. h. ein Nachsendeauftrag genügt nicht diesen Anforderungen (GA Bundesagentur zu § 138, S. 2, Stand 2/2012). **409**

> Ein Arbeitsloser entspricht den Anforderungen an seine Verfügbarkeit, wenn er sich einmal werktäglich in seiner Wohnung aufhält, um die Briefpost in Empfang und zur Kenntnis zu nehmen (BSG v.13.7.2006 – B 7a AL 16/05 R –).

410 Das subjektive Element der **Arbeitsbereitschaft** muss in dem Umfang bestehen, in dem der Arbeitnehmer arbeitsfähig ist (s. Wortlaut § 138 Abs. 5 Nr. 3 SGB III: „jede Beschäftigung im Sinne der Nr. 1") und setzt voraus, dass der Arbeitslose bereit ist, jede zumutbare Beschäftigung aufzunehmen und auszuüben und an Maßnahmen zur beruflichen Eingliederung in das Erwerbsleben teilzunehmen (§ 138 Abs. 5 Nr. 3 und 4 SGB III; zu Ausnahmen für mindestens 58jährige Arbeitnehmer s. § 428 SGB III).

411 Die **Zumutbarkeit** bildet die Grenze der Arbeitsfähigkeit und der Arbeitsbereitschaft (§ 138 Abs. 5 Nr. 1, § 140 SGB III). Anders als nach altem Recht sind einem Arbeitslosen jegliche seiner Arbeitsfähigkeit entsprechenden Beschäftigungen zumutbar, soweit allgemeine oder personenbezogene Gründe der Zumutbarkeit einer Beschäftigung nicht entgegenstehen (§ 140 Abs. 1 SGB III). Allgemeine Gründe i. d. S. sind beispielsweise entgegenstehende gesetzliche oder tarifliche Bestimmungen (§ 140 Abs. 2 SGB III). Als personenbezogener Grund kommen z. B. unverhältnismäßig lange Pendelzeiten zwischen Wohnung und Arbeitsstätte im Vergleich zur Arbeitszeit oder erhebliche finanzielle Einbußen in Betracht (§ 140 Abs. 3 und 4 SGB III). Eine Beschäftigung ist für einen Arbeitslosen jedoch nicht schon deshalb unzumutbar, weil sie befristet ist, vorübergehend eine getrennte Haushaltsführung erfordert oder nicht seinem Ausbildungsstand bzw. seiner zuletzt ausgeübten Tätigkeit entspricht (§ 140 Abs. 5 SGB III).

412 **bb)** Der **Leistungsfall** der Zahlung von Arbeitslosengeld setzt nach § 136 Abs. 1 Nr. 1, Abs. 2, § 137 Abs. 1 SGB III neben dem Versicherungsfall der Arbeitslosigkeit weiter voraus, **(1)** dass eine Arbeitslosmeldung vorliegt, **(2)** die Anwartschaftszeit erfüllt ist und **(3)** die Altersgrenze nicht überschritten ist. Ferner darf der Anspruch nicht erloschen sein und darf nicht ruhen.

413 Die nach § 137 Abs. 1 Nr. 2 SGB III notwendige **Arbeitslosmeldung** stellt keine Willenserklärung – also keine Äußerung eines auf die Herbeiführung einer Rechtsfolge gerichteten Willens – dar, sondern ist eine Tatsachenerklärung (BSG v. 17.2.2009 – B 2 U 34/07 R – Rn. 18). Daraus folgt, dass eine Arbeitslosmeldung nicht zurückgenommen werden kann. Sie muss, um wirksam zu sein, persönlich bei der zuständigen Arbeitsagentur am Wohnsitz des Arbeitnehmers erfolgen (§ 141 Abs. 1 S. 1, § 327 SGB III). Eine Ausnahme von diesem Persönlichkeitserfordernis besteht bei gesundheitlichen Beeinträchtigungen (§ 145 Abs. 1 S. 3 SGB III). Grundsätzlich kommt ihr – mit Ausnahme des § 141 Abs. 3 SGB III (die Arbeitsagentur ist am ersten Tag der Beschäftigungslosigkeit nicht dienstbereit) – keine rückwirkende Kraft zu. Ihre Wirkung erlischt in den Fällen des § 141 Abs. 2 SGB III (z. B. Aufnahme einer Beschäftigung). Die persönliche Arbeitslosmeldung gilt als Antragsstellung (§ 323 Abs. 1 S. 2 SGB III).

Erforderlich ist des Weiteren nach § 137 Abs. 1 Nr. 3 SGB III die Erfüllung der **414**
sog. **Anwartschaftszeit**. Die Anwartschaftszeit erfüllt grundsätzlich derjenige, der innerhalb einer Rahmenfrist von zwei Jahren (§ 143 SGB III) vor Eintritt der Arbeitslosigkeit zumindest 12 Monate (360 Kalendertage, § 339 S. 2 SGB III) versicherungspflichtig beschäftigt war (§ 142 SGB III). Die **Rahmenfrist** bezweckt, zur Durchsetzung des Versicherungsprinzips eine dauerhafte und gegenwärtige Verbindung des Arbeitnehmers mit der Solidargemeinschaft herzustellen (LSG Nordrhein-Westfalen v. 22.1.2004 – L 9 AL 28/03 – juris Rn. 20).

Der Begriff der **Versicherungspflicht** ist mit dem Inkrafttreten des SGB III in **415**
§ 24 SGB III eingegliedert worden (vorher: Beitragspflicht, § 168 AFG). Anders als z. B. bei fast allen Leistungen der Krankenversicherung nach dem SGB V ist das Bestehen eines Versicherungspflichtverhältnisses jedoch nicht Grundvoraussetzung für sämtliche Leistungen des Arbeitsförderungsrechts nach dem SGB III. Aus sozialpolitischen Gründen kennt das SGB III nämlich auch eine Vielzahl von Leistungen, die ein Sozialversicherungsverhältnis nicht erfordern, wie z. B. Beratung und Vermittlung. § 24 Abs. 1, 1. Fall SGB III regelt die Versicherungspflicht von **Beschäftigten**. Hierunter fallen Personen, die gegen Entgelt oder zu ihrer Berufsausbildung beschäftigt sind (§ 25 Abs. 1 SGB III), und Heimarbeiter (§ 13 SGB III). Darüber hinaus besteht eine **Versicherungspflicht „aus sonstigen Gründen“** (§ 24 Abs. 1, 2. Fall SGB III), die im Einzelnen in § 26 SGB III geregelt ist (z. B. Jugendliche in Einrichtungen der beruflichen Rehabilitation). Im Unterschied dazu waren Selbstständige – wie eine historische Betrachtung der Ursprünge der Arbeitslosenversicherung zeigt – ursprünglich von der Versicherungspflicht vollständig ausgenommen und nur abhängig Beschäftigte erfasst. Durch § 28a SGB III wird **selbstständigen** Existenzgründern und **Personen, die Angehörige pflegen**, aber auf Antrag die Möglichkeit eröffnet, sich freiwillig weiterzuversichern und damit ihren Versicherungsschutz aus Zeiten eines Beschäftigungsverhältnisses aufrechtzuerhalten (BT-Drs. 15/1515, S. 78). Das Versicherungspflichtverhältnis **beginnt** für Beschäftigte in der

Regel mit dem Tag des Eintritts in das Beschäftigungsverhältnis oder mit dem Tag nach dem Erlöschen der Versicherungsfreiheit, für die sonstigen Versicherungspflichtigen mit dem Tag, an dem erstmals die Voraussetzungen für die Versicherungspflicht erfüllt sind (§ 24 Abs. 2 SGB III). Die Versicherungspflicht auf Antrag nach § 28a SGB III endet für einen Selbständigen nicht bereits durch die krankheitsbedingte Nichtausübung seiner Tätigkeit, z.B. nach einem Schlaganfall (BSG v. 4.9.2013 – B 12 AL 1/12 R – Rn. 13).

416 Ausnahmsweise **versicherungsfrei** sind vor allem Erwerbstätige, die einem anderen Versorgungssystem angehören (§ 27 Abs. 1 Nr. 1–4 SGB III), wie z. B. Beamte, sowie ferner die Mitglieder des Vorstandes einer Aktiengesellschaft (§ 27 Abs. 1 Nr. 5 SGB III), geringfügig beschäftigte Arbeitnehmer im Sinne von § 8 SGB IV (§ 27 Abs. 2 SGB III), arbeitende Schüler und Studenten (§ 27 Abs. 4 SGB III), Arbeitnehmer, die die Regelaltersgrenze erreicht haben (§ 28 Abs. 1 Nr. 1 SGB III), Personen, die wegen einer Minderung ihrer Leistungsfähigkeit dauernd nicht mehr verfügbar sind, von dem Zeitpunkt an, an dem die Agentur für Arbeit diese Minderung der Leistungsfähigkeit und der zuständige Träger der gesetzlichen Rentenversicherung die volle Erwerbsminderung im Sinne der gesetzlichen Rentenversicherung festgestellt haben (§ 28 Abs. 1 Nr. 2 SGB III), und schließlich Personen während der Zeit, für die ihnen eine dem Anspruch auf Rente wegen voller Erwerbsminderung vergleichbare Leistung eines ausländischen Leistungsträgers zuerkannt ist (§ 28 Abs. 1 Nr. 3 SGB III). Es gibt in der Arbeitslosenversicherung aber – anders als z. B. bei der gesetzlichen Krankenversicherung – keine Versicherungsfreiheit kraft Überschreitens der Beitragsbemessungsgrenze. Eine **Befreiung von der Versicherungspflicht** entsprechend § 8 SGB V und § 6 SGB VI gibt es im Arbeitsförderungsrecht ebenfalls nicht.

417 Nach § 136 Abs. 2 SGB III existiert für die Zahlung von Arbeitslosengeld die **Altersgrenze** des Erreichens des für die Regelaltersrente erforderlichen Lebensalters. Diese Grenze wird schrittweise auf 67 Jahre angehoben (s. Rn. 239).

418 Der **Anspruch** auf Arbeitslosengeld **erlischt** durch **Erfüllung**, die monatlich nachträglich erfolgt (§ 147, § 148, § 337 Abs. 2 SGB III), durch **Entstehung eines neuen Anspruchs** (§ 161 Abs. 1 Nr. 1, § 147 Abs. 4 SGB III), durch kalendermäßig bestimmten **Zeitablauf** von 4 Jahren nach seiner Entstehung (§ 161 Abs. 2 SGB III) oder wenn der Arbeitslose Anlass für den Eintritt von **Sperrzeiten mit einer Dauer von insgesamt mindestens 21 Wochen** gegeben hat (§ 161 Abs. 1 Nr. 2 SGB III). Für den Anspruch auf **Teilarbeitslosengeld** gibt es darüber hinaus die **besonderen Erlöschensgründe** gemäß § 162 Abs. 2 Nr. 5

SGB III, z. B. bei Erfüllung der Voraussetzungen für einen Anspruch auf Arbeitslosengeld.

Der **Anspruch** auf Arbeitslosengeld **ruht** grundsätzlich beim **Bezug von oder** 419
Anspruch auf Arbeitsentgelt oder Urlaubsabgeltung (§ 157 Abs. 1 und 2 SGB III), d. h. er kann nicht mit Erfolg geltend gemacht werden. Eine Ausnahme davon stellt die Gleichwohlgewährung nach § 157 Abs. 3 S. 1 SGB III für den Fall dar, dass der Arbeitslose trotz eines entsprechenden Anspruchs tatsächlich kein Arbeitsentgelt oder keine Urlaubsabgeltung erhält. Dabei geht der Anspruch auf Arbeitsentgelt oder Urlaubsabgeltung in Höhe des geleisteten Arbeitslosengeldes auf die Bundesagentur für Arbeit über (§ 115 SGB X). Außerdem ruht der Arbeitslosengeldanspruch, wenn der Arbeitslose wegen der Beendigung des Arbeitsverhältnisses eine **Entlassungsentschädigung** wie eine Abfindung erhalten oder zu beanspruchen hat und das Arbeitsverhältnis ohne Einhaltung der ordentlichen Kündigungsfrist beendet worden ist (§ 158 SGB III). Denn die Entlassungsentschädigung kompensiert bereits (teilweise) den Entgeltausfall aufgrund der vorfristigen Beendigung des Arbeitsverhältnisses. Dann erscheint es nicht angemessen, dass darüber hinaus zu Lasten der Versichertengemeinschaft vor Ablauf der regulären Kündigungsfrist ein Arbeitslosengeldanspruch besteht (LSG Rheinland-Pfalz v. 26.9.2008 – L 1 AL 78/07 – juris Rn. 26).

Während einer **Sperrzeit** ruht der Anspruch auf Arbeitslosengeld in den meis- 420
ten Fällen für zwölf Wochen (§ 159 Abs. 1, Abs. 2 S. 2, Abs. 3, Abs. 4 SGB III). Die Sperrzeit kann jedoch unter den Voraussetzungen des § 159 Abs. 3-6 SGB III auch verkürzt bzw. generell kürzer sein (z.B. weil das Arbeitsverhältnis ohnehin innerhalb von sechs Wochen nach der Eigenkündigung geendet hätte, BSG v. 14.9.2010 – B 7 AL 33/09 R –). Gründe für ihre Verhängung sind Arbeitsaufgabe (auch Aufhebungsvertrag, s. BSG v. 12.7.2006 – B 11a AL 47/05 R –), Arbeitsablehnung und Ablehnung bzw. Abbruch einer beruflichen Eingliederungsmaßnahme, aber auch unzureichende Eigenbemühungen, ein Meldeversäumnis oder die verspätete Arbeitsuchendmeldung (§ 159 Abs. 1 SGB III). Eine Sperrzeit wird nicht verhängt, wenn der Arbeitslose für sein Verhalten einen **wichtigen Grund** hatte (§ 159 Abs. 1 S. 1 SGB III). Bezüglich dieses unbestimmten Rechtsbegriffs ist im Einzelfall stets eine Abwägung vorzunehmen zwischen dem unter Umständen grundrechtlich geschützten Individualinteresse des Arbeitslosen einerseits und dem von dem Sozialstaatsprinzip getragenen Gemeinschaftsinteresse an der Funktionsfähigkeit und Finanzierbarkeit der Arbeitslosenversicherung andererseits. Im Ergebnis soll eine Sperrzeit nur dann eintreten, wenn dem Arbeitnehmer unter Berücksichtigung aller Um-

stände des Einzelfalles und unter Abwägung seiner Interessen mit den Interessen der Versichertengemeinschaft ein anderes Verhalten zugemutet werden kann (BSG v. 12.7.2006 – B 11a AL 73/05 R –).

421 Weitere Ruhenstatbestände folgen wegen der Neutralitätspflicht der Arbeitsagentur aus dem Vorliegen eines **Arbeitskampfes** (§ 160 SGB III) und dem **Bezug einer anderen Sozialleistung**, z. B. Krankengeld (§ 156 SGB III).

422 Für die Leistung des Arbeitslosengeldes ist die Agentur für Arbeit am Wohnsitz des Arbeitnehmers zuständig (§ 327 SGB III), so dass sie der **richtige Anspruchsgegner** ist. Die mögliche **Bezugsdauer** des Arbeitslosengelds beträgt prinzipiell mindestens sechs Monate, höchstens aber 24 Monate, in Abhängigkeit von der Dauer der der Arbeitslosigkeit vorangegangenen Beschäftigungszeit und dem Lebensalter des Arbeitslosen (§ 147, § 188 SGB III). Seine **Höhe** beläuft sich bei kindererziehenden Arbeitslosen auf 67 Prozent (erhöhter Leistungssatz), ansonsten auf 60 Prozent (allgemeiner Leistungssatz) des pauschalierten Nettoentgelts (§§ 149 ff. SGB III). Das Arbeitslosengeld wird als laufende Geldleistung regelmäßig monatlich nachträglich ausgezahlt (§ 337 Abs. 2 SGB III). Unschädliches Nebeneinkommen i.S.v. § 138 Abs. 3 SGB III wird nach § 155 SGB III auf das Arbeitslosengeld angerechnet.

423 **b) Teilarbeitslosengeld.** Mit dem Inkrafttreten des SGB III ist auch die Leistung des **Teilarbeitslosengeldes bei Teilarbeitslosigkeit** eingeführt worden. **Teilarbeitslos** ist jemand, der eine versicherungspflichtige Beschäftigung verloren hat, die er neben einer weiteren versicherungspflichtigen Beschäftigung ausgeübt hat, und der eine versicherungspflichtige Beschäftigung sucht (§ 162 Abs. 2 Nr. 1 SGB III).

424 **Beispiel:**
Dies betrifft etwa Menschen, die in zwei Halbtagsbeschäftigungen arbeiteten, wenn ein Beschäftigungsverhältnis beendet wird.

425 Das Teilarbeitslosengeld soll einen Ersatz für das durch die Teilarbeitslosigkeit ausfallende Entgelt bieten (BT-Drs. 13/4941, S. 181 zu § 151). Ohne die Regelung der Teilarbeitslosigkeit würde vielfach keine Leistung erbracht, da keine Arbeitslosigkeit i. S. d. § 137 Abs. 1 Nr. 1 SGB III vorläge (LSG Baden-Württemberg v. 19.1.2005 – L 5 AL 192/04 – juris Rn. 34). Die Vorschriften über das Arbeitslosengeld bei Arbeitslosigkeit gelten hier entsprechend, soweit sich aus den Besonderheiten des Teilarbeitslosengeldes nichts anderes ergibt (§ 162 Abs. 2 SGB III). So ist z. B. die Dauer des Anspruchs auf Teilarbeitslosengeld auf sechs Monate begrenzt (§ 162 Abs. 2 Nr. 3 SGB III).

c) Insolvenzgeld. Das **Insolvenzgeld** nach §§ 165 ff. SGB III ist eine eigenständige Sicherung für Arbeitnehmer, die einen aufgrund Insolvenz ihres Arbeitgebers unbefriedigten Anspruch auf Arbeitsentgelt haben. Diese Sicherung kommt ihnen anstatt der Bevorzugung ihres Arbeitsentgeltanspruchs im Insolvenzverfahren zu, an dem sie wegen des Insolvenzgeldes nicht teilnehmen müssen. **Voraussetzung** ist das Vorliegen eines Insolvenzereignisses, also der Zahlungsunfähigkeit des Arbeitgebers (§ 165 Abs. 1 S. 2 Nr. 1–3 SGB III), und das Bestehen rückständiger Arbeitsentgeltansprüche des Arbeitnehmers (weiter gefasst als in § 14 SGB IV: z. B. auch Reisekosten und Spesen, § 165 Abs. 2 SGB III). Des Weiteren muss nach § 324 Abs. 3 SGB III der Arbeitnehmer das Insolvenzgeld innerhalb einer Ausschlussfrist von zwei Monaten nach dem Insolvenzereignis beantragt haben. **426**

Insolvenzgeld wird gemäß § 167 Abs. 1, § 165 Abs. 1 SGB III in **Höhe** des Nettoarbeitsentgelts, d. h. des um die gesetzlichen Abzüge verringerten Bruttoentgelts der letzten drei Monate des Arbeitsverhältnisses vor dem Insolvenzereignis geleistet. **Zeitlich** ist das Insolvenzgeld somit gleichsam auf drei Monate **befristet** (LSG Berlin-Brandenburg v. 27.9.2005 – L 4 AL 15/03 – juris Rn. 35). Die **Finanzierung** erfolgt durch ein Umlageverfahren (vgl. die Regelung der Einzelheiten in §§ 358 ff. SGB III). **Trägerin** der Insolvenzversicherung ist die Bundesagentur für Arbeit, welche anstelle der Arbeitnehmer an dem Insolvenzverfahren des Arbeitgebers teilnimmt (§ 169 SGB III). **427**

4. Leistungen an die Arbeitgeber und Träger von Arbeitsförderungsmaßnahmen. Die vormalige Gliederung der SGB III-Leistungen nach Empfängern wurde mit dem Gesetz zur Verbesserung der Eingliederungschancen am Arbeitsmarkt m.W.v. 1.4.2012 zugunsten einer Gliederung nach Unterstützungsleistungen in bestimmten Arbeitsmarktkontexten aufgegeben (BT-Drs. 17/6277, S. 78; s. auch oben Rn. 378 ff.). Dies ändert freilich nichts daran, dass **Arbeitgebern** weiterhin z.B. Arbeitsmarktberatung, Ausbildungs- und Arbeitsvermittlung, Zuschüsse zu den Arbeitsentgelten bei Eingliederung von leistungsgeminderten Arbeitnehmern, Zuschüsse zur Ausbildungsvergütung für die betriebliche Ausbildung und weitere Leistungen zur Teilhabe behinderter und schwerbehinderter Menschen geleistet werden können. Auch **Träger von Maßnahmen** können weiterhin Leistungen erhalten, wie beispielsweise zur Förderung ausbildungsbegleitender Hilfen oder zur außerbetrieblichen Ausbildung förderungsbedürftiger junger Menschen, Maßnahmekosten einer berufsvorbereitenden Bildungsmaßnahme. **428**

429 **5. Weitere Aufgaben der Bundesagentur.** Die Arbeitsagentur bzw. das Institut für Arbeitsmarkt- und Berufsforschung erforschen Lage und Entwicklung der Beschäftigung und des Arbeitsmarktes und erstellen dazu Statistiken (§§ 280 ff. SGB III). Die Forschungsergebnisse werden veröffentlicht (vgl. http://www.iab.de).

430 **6. Anspruchsgegner. Trägerin der Arbeitsförderung** ist gemäß § 367 SGB III die Bundesagentur für Arbeit mit Sitz in Nürnberg. Sie wird in § 367 Abs. 1 SGB III als rechtsfähige bundesunmittelbare Körperschaft des öffentlichen Rechts mit Selbstverwaltung bezeichnet. Die Bundesagentur für Arbeit nimmt ihre Aufgaben in Selbstverwaltung wahr (§§ 371 ff. SGB III). Ihren Verwaltungsunterbau bilden auf der mittleren Ebene die Regionaldirektionen und auf der örtlichen Verwaltungsebene die Agenturen für Arbeit (§ 367 Abs. 2 S. 1 SGB III). Die Selbstverwaltungsorgane der Bundesagentur für Arbeit setzen sich nach § 371 Abs. 5 S. 1 SGB III zu gleichen Teilen aus Vertretern der Arbeitnehmer, der Arbeitgeber und der öffentlichen Körperschaften zusammen (sog. „Drittelparität“).

431 **7. Finanzierung.** Die **Finanzierung** der Leistungen der Arbeitsförderung und der sonstigen Ausgaben der Bundesagentur für Arbeit erfolgt nach § 340 SGB III durch Beiträge der Versicherungspflichtigen, der Arbeitgeber und Dritter (§§ 341–353 SGB III), durch Umlagen (§§ 354–362 SGB III), durch Mittel des Bundes (§§ 363–365 SGB III) und durch sonstige Einnahmen. Die Beiträge der versicherungspflichtig Beschäftigten in Höhe von 3,0 % der beitragspflichtigen Einnahmen (§ 341 Abs. 2 SGB III) werden grundsätzlich je zur Hälfte von diesen selbst und von den Arbeitgebern getragen (§ 346 Abs. 1 S. 1 SGB III).

Stichwortverzeichnis

Die Ziffernangaben beziehen sich auf die Randnummern des Buches bzw. des auf die CD ausgelagerten Teils .